成都市文化体制改革和文化产业发展领导小组办公室 主编

成都百年风俗

天府文化 百年成都 丛书

唐建
白郎
编

成都时代出版社

天府文化 百年成都

Tianfu Culture, A Century-old Chengdu

"天府文化·百年成都"丛书
编委会

主　任：毛志雄

副主任：母　涛　　高志刚

委　员：王小军　　李文凯

　　　　汪令江　　杨效松

　　　　赵　海　　韩　毅

　　　　曾登地　　楼　民

编辑部主任：曾登地

"天府文化·百年成都"丛书序

最温暖的记忆,最深刻的年轮

毛志雄

在中国城市体系,乃至世界城市体系中,成都是少有的千年城池未变、城名未改的现代都市。而这座拥有4500年文明史和2300年建城史的中国国家历史文化名城,如今正呈现出国际化、现代化的崭新形象。在成都迈向可持续发展的世界城市的历史当口,有必要回顾成都刚刚过去的百年历史,研究和探索成都究竟有什么样的昨天,凭什么走到如此壮阔的今天,靠什么走向更加美好的明天。

从上世纪初到本世纪初的这一百年,是成都历史上记忆最温暖的一百年。这一百年,离我们如此之近,时光刚刚过去,但尚未走远;历史刚刚翻篇,但仍触手可及,大量的史料和物证还在手中,众多的亲历者和见证人还在身边,历史的余温尚在;这一百年,和我们如此之亲,是我们和父辈共同走过的一百年,其间充满了我们和父辈乃至祖辈的共同经历,当年一起的追求与梦想还历历在目,当年一起的艰辛与付出还记忆犹新,件件都那样的亲切,那样的温馨感人;这一百年,惠及我们如此之多,是每个成都人、每个成都家庭变化最大和收获最多的一百年，也是最值得回味和最值得珍视的一百年，大家共同目睹了成都影响中国甚至影响世界的重大事件，共同收获了成都发展带来的繁荣与富足、进步与和谐。回顾百年历史，可以看到父辈的昨天是如何的青春飞扬、城市的昨天是如何的莺飞草长，可以看到在这一百年里，时代、城市和家人给予的爱和力量，让我们永远感恩这个蓬勃发展的时代，感恩这座生生不息的城市，感恩生我养我的挚爱亲人。

这一百年还是成都历史上变化最深刻的一百年。这一百年，本质上是成都从传统走向现代、从封闭走向开放的一百年，是成都从农业文明走向工业文明和城市文明、从内陆城市走向世界城市的一百年，堪称成都建城史上最深刻的年轮。成都现代文明是于这一百年开局的。1875年，洋务派官僚张之洞简放四川学政后，在成都创办尊经书院，不志科举，专事西方科学知识教育；而后的1897、1902和1910年，四川第一所官办新式学校——成都中西学堂、四川大学的前身四川省城高等学堂、华西协合大学相继在成都设立；1901年，成都开始外派留学生，当年即派出首批赴日留学生24名和赴美留学生23名，截至1909年，成都府共派赴日留学生311名。成都现代工业是在这一百年生长的。1877年，洋务派成员四川总督丁宝桢在成都创办"四川机器局"，从上海洋行购买机器，仿造洋枪洋炮，修理军用机械，此后，四川机器局又先后开办银圆局、铜圆局，并更名为成都造币厂；我祖父日本留学归国后就曾担任成都造币厂厂长。1903年，成都设立四川通省劝工总局，并先后成立富国机械厂、启明电灯公司、乐利造纸公司等企业。成都现代意义的城市是在这一百年起步的。1921年，北洋政府建立成都市政所，专门管辖川西道成都、华阳两县的城区。之后，成都城区开始大规模修建道路，建成春熙路等重要道路，并兴建自来水、电力和电话等基础设施。1928年，民国政府正式设置成都市。回顾百年历史，我们可以深刻感受到时代变迁、制度革命和文化演进对城市的巨大作用，可以深切感受到国家刻骨铭心的磨难、民族感天动地的奋斗和人民彪炳史册的创造对城市的巨大影响，并发自内心地致敬伟大的时代，致敬伟大的祖国，进一步坚定中国特色社会主义的道路自信、理论自信、制度自信和文化自信。

这一百年也是成都历史上发展最精彩的一百年。这一百年，每当国家、民族的危难关口，成都人总是挺身而出，主动担当。1911年，成都人民掀起保路运动，直接引爆辛亥革命；1912年，成都人彭家珍炸死良弼，直接促使清帝逊位，被孙中山先生誉为辛亥革命的"收工弹丸"；抗日战争中，川军参加抗日正面战场主要战役340万人，伤亡64万人，许多人来自成都，成都人王铭章将军率所部122师死守滕县，壮烈捐躯，为台儿庄战役的胜利立下不朽功勋。这一百年，成都总是行进在中国开放的大道上，无论被动开放还是主动开放。20世纪初，成都设立法国领事机构，之后又设立华西协合大学和圣修、仁济、协合医院等教会学校和教会医院，让成都在百年之初最先接触外来文明；抗战期间，燕京大学、齐鲁大学、金陵大学、金陵女子文理学院等高校内迁成都，大批专家名流和文化人齐聚蓉城，使成都一跃成为重要文化中心。这一百年，成都总是顺应历史潮流，积极应变，主动求变，努力与时代同行。20世纪初，经学家廖平、思想家宋育仁等在成都成立蜀学会，创办《蜀学报》，鼓吹维新变法，为中国和四川维新变法做出重要贡献。而后，成都最早的马克思主义者王右木等在成都组织马克思主义读书会，成立"四川社会主义青年团"和中共成都独立小组，宣告中国共产党早期组织在成都成立。回顾百年历史，可以深刻认识成都在中国社会进步中的重要作用，成都不仅是时代变革的引爆器，还是社会进步的加速器；可以深刻认识历史变量在成都发展中的重要作用，即时代变迁赋予了成都重大机遇，制度革命带给了成都巨大能量，文化演进给予了成都持久活力，更加自觉地与时代同行，为历史担当，书写更加精彩的成都篇章。

从上世纪初到本世纪初的这一百年，是当代成都人最期望探寻、最值得研究和最应当书写的一百年。这一百年，成都在中华民族波澜壮阔的复兴征程中一路前行，基本走完发达国家城市几百年才走完的工业化、城市化历程。回顾百年历史，在由衷地赞叹其辉煌成就、感叹其来之不易的同时，有必要反思成都百年巨变的主要成因。

首先是得益于时代的力量。这一百年，是激烈动荡又快速前进的一百年，是先进的社会生产取代落后的社会生产的一百年。这一百年，成都经历了资本主义、帝国主义的入侵，特别是日寇侵华战争的巨大冲击，经历了结束封建帝制、消除军阀割据、消灭入侵日寇和成立中华人民共和国等重大事件的巨大影响。可以讲，在成都几千年建城史中，没有任何一个百年像这一百年遭遇如此深重的社会磨难，没有任何一个百年像这一百年实现如此深刻的社会变化。也正是这一百年，使成都凤凰涅槃，浴火重生，让成都彻底结束闭关自守和贫穷落后，真正走向文明进步和繁荣富强。没有这个时代的洗礼，成都人思想不可能如此解放，状态不可能如此昂扬。

其次是得益于制度的力量。革命是历史前进的火车头。这一百年，是风起云涌又不断跃进的一百年，是先进的社会制度取代落后的社会制度的一百年。中国特色社会主义制度在这百年中显示出强大的生命力，推动中国成为富强民主文明和谐美丽的社会主义现代化国家，推动成都成为具有竞争力和影响力的体现新发展理念的国家中心城市。正是由于优越的社会制度，这一百年成都经济社会飞速发展，经济总量从1949年的3.99亿元增长到2017年的1.39万亿元，发展成为全国城市第七、省会城市第二的特大中心城市。没有中国特色社会主义制度，不可能有成都的今天。

再次是得益于文化的力量。成都历来具有不排外、汇百流、善吸收、能创新、勇进取的开放性格。历史上，开明氏入蜀，带来了荆楚文化；秦定蜀，带来了关中文化；清代"湖广填四川"及1949年后的"三线建设"，加速了文化的交融。在数千年的历史长河中，成都依托优越的自然条件、深厚的历史积淀和独特的文化底蕴，在自然与人文、封闭与开放、农耕文明与城市文明碰撞融合中传承发展，形成了创新创造、优雅时尚、乐观包容、友善公益的天府文化，这一文化在20世纪初到21世纪的百年间创造性转化和创新性发展，成为成都百年发展的精神力量。正是天府文化所蕴含的崇德向善的精神品格、自强不息的风骨气质、海纳百川的胸襟气度、爱国忧民的家园情怀，支撑了百年成都的革故鼎新、善谋图变，支撑了百年成都人的达观向上、兼容并包，最终成就了成都的百年巨变。

在中国共产党建立一百周年即将到来之际，为进一步弘扬中华优秀传统文化，传承和发展天府文化，成都市文化体制改革和文化产业发展领导小组办公室专门编撰了这套"天府文化·百年成都"丛书，目的在于从建设可持续发展的世界城市的高度回望成都从20世纪初以来的百年历史，从政治、经济、文化、社会、生态等多个领域，和城市基础设施、规划建设、空间拓展、经济布局、产业演进、教育医疗、科技文化等多个方面，全景式多视角地反映成都的百年变化，揭示成都百年的发展轨迹，并对成都发展的规律做出深入透彻的阐释。首批出版的《成都百年学校》《成都百年医院》《成都百年小镇》《成都百年风俗》《成都百年风物》和《成都百年影像》六本书，从教育、医疗、城镇、民风、民俗等角度，以图文并茂和叙议结合的方式，记录成都既充满温情又饱含认知的百年历史，力图为读者带来新鲜的视觉感受、丰富的文化体验、全面的地域认识和深刻的历史认知。

期待这套丛书能从历史与现实的维度，展示成都这座国家历史文化名城的深度与广度。

作者系成都市文化体制改革和文化产业发展领导小组副组长，"天府文化·百年成都"丛书编委会主任，成都大学成都研究院院长，法学硕士、经济学博士。

Contents 目录

016 引言 流衍中的记忆

民国亲历记

046 古城映像　　　　　　孝顺武
049 蜀游心影　　　　　　舒新城
059 1928年的视角　　　　曹亚伯
066 西行杂记　　　　　　李孤帆
069 蜀都怀古　　　　　　段公爽
072 成都揽胜　　　　　　梁乙真
079 蓉行杂感　　　　　　张恨水
084 乡谈与饮食　　　　　李劼人

民国礼俗

100 蜀游闻见录　　　　　徐心余
103 蓉俗撷录　　　　　　胡　天
108 成都琐记　　　　　　莫钟骏
110 西风渐进易婚俗　　　陈钟慧
118 新都风俗志　　　　　鞠式中
126 繁缛的丧葬礼俗　　　陈钟慧
134 锦色岁时　　　　　　陈慧权

蜀都市井

162	清末民初的妇女时尚	铁波乐
168	难忘的市井风情	李 英
176	旧成都端午节	李 英
181	锦城杂俎	魏道尊
188	成都剃头逸史	魏道尊
193	成都庙会	郑光路
197	青羊宫的打金章	郑光路
200	川菜逸闻	罗亨长

蜀风流衍

218	成都是一座古城	李劼人
221	成都的一条街	李劼人
225	川西春台会	赖 武
234	成都最后的乾隆大院	白 郎
239	纸鸢的阳春：大邑王泗风筝	且一可 杨庆珍
246	手艺的黄昏	雨 聆
253	笙歌鼎沸的安仁婚俗	杨庆珍
259	川剧"变脸"的历史真相	蒋维明

最忆是芙蓉

278	西洋镜，外国人眼中的老成都	唐 建
288	1952年的中山街	铁波乐
295	水井街，本色忆念	蒋维明
302	老成都的叫卖声	罗亨长
304	一个人的茶馆生活史	张 哮
308	成都井	赖 武

民国初年的成都教会医院　和习联 提供

旧时，正准备穿过九眼桥的运粪船只　和习联 提供

民国时,都江堰的索桥 和习联 供图

引言
流衍中的记忆

唐建

真是令人惊异的发现，这么庞大的一个城市！我似乎觉得地点竟是这样偏僻。站在它作战的城门楼上，朝着日落方向，你能望见被雪覆盖的那些山的巅顶。人口这样稠密，你只有在城墙上才能安然散步，就是一个步履快捷的人也要三个小时才能绕完它一圈。这里一千英里以内没有铁路，同时河道水浅，只有轻载的民船才能完全航行。坐小船需要五天才能到达长江的上游。

在那心绪不安的时刻，你会自问：是否火车、轮船正如我们每天用它时所认为的那样，是生活行动所必不可少的？因为这里没有这些东西，成百万人也要安家立业、男婚女嫁、生儿育女，到最后衰老死亡；在这里，成百万人也要忙碌地从事商业、文化和思想（创造）。

这是享誉世界的英国作家毛姆在《在中国屏风上·哲学家》一文中开篇时对成都的描述。

毛姆到成都的时间是在1919年的冬天。远处的雪山给四十五岁的毛姆留下了难忘的印象。成都人的男婚女嫁、生儿育女、衰老死亡以及商业、文化、思想的模式，让毛姆饶有兴趣。

回到上海后，1920年元月毛姆给友人写信，炫耀自己从重庆到成都走了"四百英里"的陆路。毛姆从北平南下跋山涉水来到成都，或许想尝试游历他向往已久的西藏，或许想切身感受旅居中国的西方人口碑相传的成都魅力——当时英国驻北平的外交官台克满对外宣传成都是"中国境内建筑最精细、生活最富足、人口最稠密的城市"。

中国之旅为毛姆提供了丰富的创作素材。1951年他发表了短篇小说《马贝儿》，讲述英国男子乔治为逃婚且不让未婚妻马贝儿找到自己，从缅甸出发，途经今天的五个国家来到中国上海。由于一直摆脱不了未婚妻发来电报的纠缠，于是从水路来到重庆，改走陆路抵达心目中与世隔绝的成都。乔治住在好友英国领事的家中，不时能欣赏到日落时远处的雪山，尽情享受着闲散、舒适和安全感。但几周后未婚妻马贝儿竟然也来到成都，并且请英国领事见证了她与乔治的结婚仪式。

毛姆对婚姻一向持批判的观点。短篇小说《马贝儿》充满着讽刺意味，它的创作背景无疑与毛姆的成都之行，以及自我感觉并不幸福的婚姻有关。

毛姆眼中因循守旧的成都，只是表象，而表象之下早已暗流涌动。这一年发生的"五四运动"给成都带来了前所未有的冲击。著名作家巴金、李劼人，具有传奇色彩的进步女士胡兰畦、秦德君，均在成都接受了"五四运动"新文化、新思想的熏陶。

当时十五岁的巴金住在正通顺街，十八岁的胡兰畦住在酱园公所街，两条街之间只隔着北东街，向西直通文殊院，距成都的英国领事馆很近。二十八岁的李劼人住在城南的状元街，十四岁的秦德君则在省立女子实验学校就读。

在毛姆抵达成都之前，李劼人已启程前往法国留学，后来寓居巴黎。1927年巴金留学巴黎，两年后胡兰畦留学德国途中游历了巴黎。与三位成都青年结缘的巴黎，正是大文豪毛姆的出生地，毛姆在那里生活了八年之后才回到英国。

毛姆乘坐小木船离开成都，从重庆改换船只返回上海。秦德君几乎与毛姆同时启程前往重庆，她想寻求吴玉章的帮助留学俄国。

受"五四运动"的影响，女权思想兴起，与成都妇女有关的风俗，变化较为明显，与旧势力的冲突也最激烈。秦德君等人发起的女子剪发运动，就遭到封建势力的抵制，对方认为"身体发肤受之父母，不敢毁伤"。有一次，秦德君在学校附近的理发店修理头发，被认为"有伤风化"，市政当局竟把理发店封闭，将理发师关进监牢。不过，劝禁女子缠足运动在成都开展得比较顺利。1930年成都市政风俗调查结果显示，"市内女子二十岁以下者均系天足，其有老年前曾缠足者均已解放"。但农村的缠足旧俗并未根绝，1935年华阳县的女子缠足者"约占百分之十二，以乡村为最多"。

在美国人乔治·哈伯特的笔下，1920年的成都充满着希望和失望：一方面是现代化的(modernized)、有生机的(alive)、活跃的(active)、进步的(progressive)，另一方面是发展迟缓的(retarded)、保守的(conservative)、衰弱无力的(effete)。

此时婚姻习俗仍沿用"周公六礼"，即纳采、问名、纳吉、纳征、请期、亲迎。它占据着成都生活的传统舞台，碾压着年轻人受新文化、新思想影响而向往婚姻自主的萌芽。胡兰畦为逃婚离开成都，成为进步女士。在秦德君的支持下，1929年茅盾以胡兰畦为原型创作了小说《虹》，文中叙述了女主人翁"梅行素"勇敢地挣脱传统婚姻束缚的过程。四年后巴金的代表作《家》出版，故事背景就设定在1920年前后的成都。小说的女主角令人同情：鸣凤因反抗包办婚姻投湖自尽，梅表姐因不合理的包办婚姻郁郁而终。

1935年蜀人任鸿隽就任四川大学校长，曾在美国留学的妻子陈衡哲随行来成都担任学校的西洋史教授。有感成都社会和风俗中存在的一些弊端，次年陈衡哲发表《川行琐记》，文中使用夸张调侃的语气，称四川的鸡蛋缺乏蛋味、水果缺乏甜味、兰花缺乏香味，凡此种种；又批评女学生甘愿为妾的现象，结果引起轩然大波，被乡土观念极强的川人群起抨击，扣上"侮辱四川妇女界"的罪名。陈衡哲被迫辞职离开了四川。

陈衡哲的文章，今天看来不足为奇。令人感兴趣的反而是，从1919年到1936年，成都婚俗的变化程度和真实状态究竟如何。

1924年湖南人舒新城来成都高等师范学校担任教授。任教期间他爱上了女学生刘舫，不料惹上大祸，次年5月官方以"诱惑女生、师生恋爱"为罪名在省城悬赏通缉舒新城。幸得李劼人等好友相助，舒新城乔装逃离成都抵达重庆，而李劼人却受到牵连，被关入监牢十天。

舒新城的倾城之恋轰动全国。它反映出当时成都的氛围是何等保守和压抑。时任四川军务督办的杨森，一向高呼"反封建""解放妇女"口号，虽为成都百姓做过不少好事，自己却娶了七八个小老婆，其中不乏读过书的女学生，让人匪夷所思。

就在舒新城逃离成都的第三天，日本著名纪行作家迟冢丽水抵达成都，寓居在距少城公园不远的领事馆内。他此行的目的是向成都文殊院赠送一套日本刊印的《大藏经》，之后打算登临峨眉山金顶眺望藏区雪山。

在蓉期间，迟冢丽水游历了文殊院、武侯祠、青羊宫、万里桥、草堂寺、望江楼、支矶石等名胜古迹，还漫步染靛街寻访古代蜀锦作坊的遗迹。他发现繁华的东大街散发着古典的气息，卖糖人吹的唢呐声虽有一丝哀凉却饶有兴味。街头，见到有女士着洋装、剪短发的时髦打扮，迟冢丽水惊讶万分，原以为只有在上海才能出现。从时髦打扮，他联想到成都妙龄女学生为满足虚荣心甘愿做飞扬跋扈的军阀的小妾，又不禁悲叹。

1928年南京国民政府颁行《婚礼草案》，主张"破除迷信、提倡质朴"，推广新式婚礼，剔除了一些繁缛和封建的仪式。于是主张自由、自择的新式婚姻传到了成都，早期为知识分子们所醉心，后来成了"一种时髦的风尚"。从此成都新旧婚俗并存，而1936年陈衡哲撰文讽刺女学生给军阀做妾，实际上只是个别现象，并不普遍。

随着抗战爆发，来自五湖四海的教师、学生汇聚成都。1944年7月在华西协合大学任教的加拿大人陈普仪给国内的教会写信，提到自巴金小说《家》改编的话剧在成都已经上演了好几个月，广受欢迎。成都妇女的女权思想进一步解放，在婚姻地位上多少改变了旧风俗桎梏下的孱弱、被动的形象。仅以1945年成都法院受理的离婚案件来看，妇女主动提出离婚的比例就高达八成。当然，成都婚俗发生根本的改变还是在新中国成立之后，它受益于 1950 年中华人民共和国颁布的《婚姻法》以及提倡的婚恋观——婚姻自主、礼仪从简。

陈衡哲离川的这一年，著名教育家黄炎培来到成都。他在 1936 年 3 月 1 日的日记中记载成都风俗："中产人家特多，至今尚能维持。一草之灯，主仆食同桌……初二、十六牙祭吃肉。各县中产人家皆然。子弟皆读书，故学生特多。贫富不甚悬殊。除军阀外无致暴富者。上下之间，尚平等，称你我，不站立，得对坐。"

黄炎培发现成都乡村的"男女老小必白布缠头，少数用黑布或蓝布"，认为这是很古老的风俗，怀疑可能与印度有关。其实，这个服饰风俗与纪念诸葛孔明有关。早在 1918 年，藏卓在入川游记中将其记载为"戴天孝"，并援引宋人程大昌的《演繁露》考证来源："明皇幸蜀国，山谷间老叟出望驾，有著白巾者，释者曰：'为诸葛武侯服也。'"

一些忌讳白色与丧葬有关的外省人，来到成都后在街上遇到头缠白布的百姓时往往大吃一惊。为避免这方面的误会和负面影响，抗战时期成都当局干脆禁止百姓在城内头缠白布。

除婚俗、服饰之外，成都的岁时节令也特别值得一提。宋代的成都繁华无比，"正月灯市，二月花市，三月蚕市，四月锦市，五月扇市，六月香市，七月七宝市，八月桂市，九月药市，十月酒市，十一月梅市，十二月桃符市"。市井每月都有涌动的人流，几乎一直被璀璨的花海装饰，如万花筒般幻变绮丽。民国时期成都的岁时节令，有些保留着宋代的传统，如元宵节的灯会，元月三日出东门祭祀东君，二月花市，二月二日踏青节，七月初七的"乞巧"；有些与宋代的节日活动类似，如元旦游武侯祠、望江楼、丁公祠取代了赴安福寺拜塔；有些则形成于清代，如正月初七"人日"游草堂。

据谢国桢《锦城游记》记载，1963 年四川大学的冯汉骥教授在杜甫草堂向谢介绍道："成都的风俗，每逢春节旧历的正月初一必游武侯祠；'人日'必游草堂祠，到了那时，真是游人如鲫。"当时这两个节日风俗还依然延续，但估计不久便消失了。

1992 年，成都杜甫草堂博物馆为弘扬民族优秀传统文化，首倡恢复"人日游草堂"的活动，至今已成功举办了十七届。"人日游草堂"现被列入了成都市非物质文化遗产保护名录。倘若这一风俗能吸引成都市民广泛关注和参与，最终使之恢复成为传统的节日，一定会更有意义。

就成都百年风俗而言，仅提及婚俗、服饰和岁时节令是远远不够的。丧葬、饮食、游戏、礼仪、交通、世情、人事、信仰、禁忌、器用、居住等等，也属于风俗的范畴。因此，本书在选编民国时期和当代的文章时，尽可能从不同的历史节点和视角切入，力求还原或记录芸芸众生之下成都风俗的延续和变化。

笔者有幸参与了本书的编辑工作。从动机而言，首先与十多年前读过的一篇文章有关。该文大意是，巴金晚年寓居上海，间或托人从成都带去川西特有的豌豆尖，他说烫豌豆尖配面条吃最有家乡的风味。巴金的话，曾让笔者醍醐灌顶，意识到风俗对人产生的影响潜移默化，终生难忘。其次，编辑此书也是想致敬本土作家李劼人先生。

李劼人的作品深受法国现实主义文学的影响，他被郭沫若誉为"中国的左拉"。李劼人又是成都文化的名片和代言人。日本京都大学的中裕史教授从李劼人的作品中读出了他对成都深深的爱。

1962年12月李劼人去世，他的追悼会在旧皇城的明远楼举行。二十五年后巴金回到成都，专程到城东的菱窠凭吊好友李劼人。

留学法国之前，李劼人应当见到过一个经常在成都城内淘气乱跑的外国男孩，这个男孩叫吕西安·博达尔，是法国驻成都领事的公子。1981年，吕西安·博达尔获得了"龚古尔文学奖"，成为法国知名的作家。

成都这座古老的城市，容易启发作家思考生与死、爱与恨，毛姆如此，李劼人、巴金如此，吕西安·博达尔也不例外。在此，仅以吕西安·博达尔《领事先生》书中的成都记忆作为结语：

一片片鲜花一片片火，一层层梯田一层层绿；山峰像在玩跳山羊，山里人的村庄安详沉静……成都就位于这个鲜花王国的中心，在绵延起伏的红色冈峦的包围中。世纪的长河让这座边远的老城渐次沉积了鞑靼文明、帝国文明和中华文明。……

有时候，我会被带到城门边芳草萋萋的老坟上。这里只有坟头，没有记号和标志。这里是人们尊敬的逝者的群落，有成千上万个坟冢，但并不是墓地。大自然收回了他们的遗骸……

我爱这些宁静的小土包。

（唐建，巴蜀史学者，四川德阳人）

成 都 百 年 风 俗

2007年的彭州白鹿镇上书院圣母堂　白郎　摄

启尔德与家人在成都,他是华西协合大学的开创者之一　和习联 提供

成 都 百 年 风 俗

民国时岷江上的外国人　陈新宇 提供

晚清时，加拿大医学博士启希贤，与川西妇女在一起 选自《成都，我的家》

1923年秋，Cecelie Sophie Hockey 与外孙女在华西协合大学校园南墙根　Carl Crook 提供

清末，川西新春打春牛民俗 那爱德 摄

成都百年风俗

Chengdu 100 Year Customs

民国初年,川人春节时的舞龙民俗 和习联 提供

天府文化 百年成都 丛书

晚清时,成都主持春耕仪式的官员　陈新宇 提供

民国初年,成都的更夫 和习联 提供

成 都 百 年 风 俗

百年前，成都满城的街道 威尔逊 摄

民国时的华西协合大学钟楼　和习联 提供

成都百年风俗

1940年，华西坝上的婚礼　Carl Crook 提供

洋教师与中国儿童　图片来自《华西坝——当年风物当年人》

成都百年风俗

1933年高琦初中农业班第一次收获纪念会　Michael Crook 提供

1926年，成都弟维学校（杜威学校）校董饶珍芳（后排右一）与部分师生　Carl Crook 提供

成都百年风俗

民国时华西协合大学的牛奶作坊　陈新宇　提供

成 都 百 年 风 俗

2009年，成都朱成博物馆的一匹汉代陶马　白郎 摄

民国后期的春熙大舞台　和习联 提供

成都百年风俗

天府文化 百年成都
Tianfu Culture, A Century-old Chengdu

Chengdu 100 Year
Customs
成都百年风俗

民国亲历记

古城映像

孝顺武

成都，名锦城。又名芙蓉城，昔时城之四周植芙蓉树甚多，因名。树今则无矣，惟城内尚多见之。一曰锦官城，又谓成都之水为濯锦江，此其名称之所由来也。原有大城、少城之异。少城一名子城，今满城是也；大城一名龟城，今汉城是也，为秦张仪所筑。附郭为成都、华阳二县。闻成都县署有张献忠所书之《七杀碑》，其文曰："天生万物以养人，人无一善以报天"，文末连书七"杀"字。今则用物蔽之，不令人见。相传见此碑文者必出凶事，或因忠之凶悍残暴，即其遗物，人亦厌见之。

省城周三四十里，凡四门（辛亥后新辟二门，东西各一）。其式方，以经纬线度之，地势偏斜不正。如东门向东南，西门向西北，皆不得直向。城内除皇城及皇城附近之街巷则为直线，余皆依城之方向建设。故行人问路，答者不言南北东西，如"端走""毕端""左首倒拐""右首倒拐"等词。

皇城居城之中心，周约四五里，南北略长，东西较窄。凡四门，东西二门，今已堵塞，仅开前后二门出入行走。前有街为皇城坝，南行为三桥。过桥直至红照壁，即蜀汉时宫门前之照壁也，距皇城约二里。皇城为蜀汉时宫室故址。明时有藩王守此，年湮代远，故址无存。今之皇城或为明时修造遗址，不然何以照壁相距如此之远也？其中地势宽敞、花木繁茂，东北隅有土山为景山。清时以皇城为贡院，停科后改学堂。惟明远楼、至公堂尚仍旧贯

（即昔之宫殿）。改革后，都督及省长公署皆设于内。

城内街道狭隘，地铺以石，惟东大街较宽。街巷人户众多，道路污秽。各街巷口皆设置栅栏。商铺于下午六七点钟即闭门，十点后各栅锁闭阒，无行人矣。

城内驻有各国领事。外人设有医院、教堂，各数处。有电灯局、造币厂、兵工厂（在东门外）。商务惟东大街、总府街、华兴街、水花街等处较为繁盛。中有商业场（在总府街），西式楼房，地尚宽敞，商店颇多。洋广杂货、绸缎、布匹各种品物皆备。惟洋货因路远运艰，价甚昂贵。场内茶铺、酒馆、饭馆、澡堂均洁净。又新建锦华馆一处，与商业场相等。戏园川班居多，调为高腔，音调与京都高腔不同，然亦有可听处。各街巷茶铺甚多，座客常满。饭馆惟海棠春、聚丰堂，暨少城内聚丰园为佳。

城内外机房林立，人民多业纺织，绸缎价均廉。物质较苏杭稍逊，惟嘉定所出大绸甚佳，每匹价仅十五六元，足与杭纺相伯仲也。有制革厂数处，以土产牛皮用西法制染，制出各品料美价廉。东大街、总府街等处，有夜市摆卖各种品物。外省人在此贸易者，陕帮、广帮为最多。

城内购物，大半皆有定处。如木器在磨子街、锣锅巷；绸缎、布匹在总府街、东大街、走马街；洋广杂货在商业场、总府街、东大街；牛羊肉在皇城坝。其余各种杂品，随处皆有售卖。肆中并印有购物地点表，购阅甚便。成都附近多产鹦鹉，尝见土人携以售卖。

省城气候颇佳，冬不甚寒，不冰不雪。因无霜，虽隆冬时期尚见野花遍地，且多不凋之树。夏季雨多，亦不大热，惟略潮湿。风俗崇尚俭朴，男人无论冬夏多用布帕缠头，妇女亦然，下等人皆赤足着草鞋。

城内外各街巷，每至夕阳斜下，尝见年老道学以桌为台，高坐焚香对众宣讲，名为"劝善"，望之颇有古风。

城内西南隅为少城，周四五里（满人居其中，人口尚繁。众生计多困苦，惟满汉感情尚洽）。街道宽阔，空气较佳。有人力车，仅在少城内行之。此外，各处只有轿子（以藤为之，工料精细）通行。有名"拱桿"者，其桿中间上凸，两端下垂，三人抬之甚速且平稳。坐此轿者，皆富绅。川省轿夫最称特色，他省不及也。寻常人多坐二人藤轿。随处均有轿铺，雇用甚便。又有手推车，其式甚低，如小椅，只容一人，惟在城外及各乡镇尚多见之。

少城内有公园，花木甚多，冬季梅开尤盛，朱黄白紫，花色不一，惜无甚点缀，地亦不宽。园内楼阁厅堂，皆设座备茶，供游人休息。

东门外二里为万里桥,江畔有望江楼,为古校书薛涛故居。楼阁亭台、长廊水榭,结构俱佳。名人联额、碑碣不可胜记。竹韵吟风,梧阴蔽日,苍松丹桂,参错成林。内有别舍三楹,四壁皆石刻,题咏中嵌薛涛石像,丰致嫣然。井曰薛涛井。其水味清洌,富家多汲以烹茶,平民则饮河水。省城四周河流环绕,乡间稻田赖以灌溉,河发源灌县。川省河流遍地,致潮湿略重,故土人因食辣椒以辟之。有饭时无此不能下咽者。

南门外五里有武侯祠,殿宇巍峨,辉煌耀目。前殿供昭烈帝像,左侧为北地王像,两庑为蜀汉文武功臣像,后殿供武侯像,案前置铜鼓二(相传即诸葛鼓)。祠内古树葱笼、亭台幽致。祠右为昭烈墓(即先生墓陵),竹阴栢影,苍翠欲滴。墓城宫殿,虽已无存,惟四周仍缭以短垣,禁人樵牧,流风余泽于此可见矣!夫先主以布衣起兵讨黄巾,三顾孔明于隆中,当时文有伏龙、凤雏之佐辅,武有关张赵黄诸虎将,连吴破魏,据荆取益,势成鼎足,遂称霸业。曾几何时,而山河未改、人物全非。俯仰古今,不胜兴亡之感。

南门外西南行四五里,有草堂寺,庙宇宏壮。右侧为杜公祠,相传杜工部草堂故址,内供工部、放翁、山谷三先生像,各处联额甚多。松竹森秀,鱼池亭榭,清幽可爱。城外西南隅里许有青羊宫,殿宇宽敞,树木阴翳。中供老君像,案前有铜羊二。左侧为二仙庵。每届仲春开庙一月,各种商货毕集,古玩字画尤多。庙前旷地为售花场,各种花木皆备。

川省古称天府,土地膏腴,野无旷土。尝见光滑之大山石上铺以土即可种植。地利之富,民力之勤,概可想见。地虽多山而水稻不少,故米价甚廉。出口货以米、盐、药、丝、糖、烟叶为大宗。出产之富,实甲全国。中更离乱,未暇振兴,遂致匪风日炽、人民困苦,为可惜也。

川省物产丰富。除大宗出口货外,余如竹器,楠木,建昌花板、巴缎,叙府糟蛋、绵州大曲,内江夏布、冬菜,太和豆豉、银耳、竹荪,皆为特产。又如鸡血藤,药有鸡血藤膏。其余各种物品,莫不物美价廉。

川省各县亦多产茶。川西所产春茶,不逊于杭州龙井。

(孝顺武,北京人,1915年5月以幕僚身份随同四川军务会办陈宦来到成都,一年后当参加了陈宦发起的反袁独立运动,不久出川。孝顺武撰有《川行日记》一卷,文中对成都的形胜和风俗格外留心。本文节选自该日记,标题为编者加)

蜀游心影

舒新城

● 东大路

简阳是离成都一百四十里的一个县城,是东大路的孔道,小北路在此与之会合。若以八百二十里路程计算,则真正走的小北路不过六百八十里。

东大路确与小北路不同,最大的特征,就是行人特多,路也较宽:例如在小北路中有些地方,两乘轿子相遇,非一乘站在一边不动,另一乘扶着那乘的轿杆慢慢地走过,便会相撞而至互相挤倒;东大路不然:无论何处都可以容两乘轿开跑步走过。又如在小北路中虽然也不时听得"踩左——左""踩右——右"(让路时轿夫所发的口号)的声音,但是次数很少,有时甚且半日不听得一次,在东大路中则闻不了几分钟,有时甚且在继续的几分钟之中听得"踩左——左""踩右——右"的声音。挑子轿子固然多了若干倍,而坐在轿上的旅客,除了雄起起的军人、腹便便的商人外,还见着许多学生式的小姐与太太。

因为过客特多之故,沿途的客栈也较小北路上的宽敞,都是一间一间的房子;有许多客栈并有重庆经济饭店式的蒸菜。最特别的是小便桶已从房内移在房门口，洗脸由竹筒而改用脸盆——并且多用"下江人"所通用的洋瓷脸盆。堂倌的招待也特别好，凡属所谓上等客人一进店，便有一杯热茶，一盆洗脸水，清早起行也有一杯热茶，一盆洗脸水；而且天将明时他便逐号（每房一间曰一号）催醒客人而用着长号式的歌声谆嘱客人留心银钱，照顾行李。虽然出店门时他说着吉利话向客人取几十以至一二百文的茶钱，但他能使你心里痛快，恐怕是谁也愿意出的。

简阳虽是一个小县，但街上很闹热，我们在一座断桥旁的客栈午餐，看得各种商店都有，客也很多；而途中往来的过客，则如蚂蚁结队寻食一般地梭动，更难计数。行人之中的形形色色自然很复杂，交通的工具也多了马和鸡公车。

马驮货物是和我们在各处看见的一样，是将货物放在马背上由人指挥着前进；鸡公车是四川特制的人力车，或者你也是乐于要知道的。

在这样宽的道路——大概有一丈左右——本可以通行下江所谓东洋车的人力车，可是在现在，要使重庆以上的四川人知道东洋车是什么，还只有用电影和画片；要找实物为例，是不大可能的。他们也觉得长轿不是无钱者所能坐得起，滑竿儿虽然价廉一点，但因为是两个人抬着，所费还是不少；以马代步自然很合理的，可是豢养马与马夫的代价仍是不少，只有鸡公车只费一人之力可以推动一人，车的资本也很少，故取价特廉。在这种经济史观的状态之下，所以鸡公车在这段路上特多。

● 锦城杂拾

成都远在西陲，自然不比北京，但是教员先生们还能保持几分古风，譬如说：长轿——尤其是三人轿——是表示个人在社会上的地位的，教师既是上等社会的人，——实际上也有些是为谋兼课的便利——自不能不备三丁拐的长轿。而且据闻这里的所谓校长，以至于重要职员与大教员大半都是在衙门里兼有差事的，为上衙门的便利计，也不能不用长轿。于是相习成风，就是克仁夫妇也为环境所迫，——因为做了教务长——而不能不备两乘轿子、六个轿夫。此地上等社会的人都长备有轿，即使无北京式的轿子，老妈子、门房、长班等等那样齐备，但最少日用物品是有轿夫代劳的，即使自己高兴去买，无论如何是不必自己提携的。我为高等师范的教师，既置身于上等社会的圈子内，而破坏上等社会人的惯例自己提箱笼，无怪乎学生们因我的奇形怪状而发笑！

……

自二时起至六时止，走过的地方不少，虽然四处都因修街而将平坦的街道拆为崎岖的滥路，使人"有行不得也哥哥"之感，但小巴黎的成都确有她动人之处，绝不因行路难而伤你对她的感情。

已经重修的新街道从前已经说过不必多加赞美，就是未曾改造的旧街道也很宽敞、清洁；街心也如长沙、武昌一样，都铺以石块，而稍微幽僻的地方，两旁并有成荫的树林，则为长、武所不及。铺户除商业场一带，虽然很少楼面，但都很高敞（就是单层的也常在丈五六尺高，若在上海则改作二层而有余）爽洁；构造的材料最大多数为杉木，稍微体面的商家，其门面上的柱头常常大至合抱。临街的住宅，构造更为堂皇：大门照例是八字式的厢房，最大多数都油漆得很光亮，而且大多数都有一块黑漆金字的大匾横悬在大门之上，有些并有木刊对子悬在门之两旁。这些匾对决无自制者，都是亲友于新屋落成时集资赠送而来。此外还有一种最通行的装饰品，就是本宅的一对大灯笼，无论何时都是挂在大门之外的。所以我们要清理某宅的世系与其在社会上的地位，就可以从其灯笼与匾底上下款中求得。大门内大概都有一个很大的天井，天井的对面普通为轿厅，两旁或为客厅或为别厢，上房照例是在轿厅后一进或二进的，这种肯构肯堂的建筑不独在海滨的都市中不易见到，就是内地的省会也不轻易见到。这自然是由于此地建筑材料的便易，但生活的优裕，当亦为其重大的原因。

成都虽然远在西陲，交通不通，凡属洋广货都较他处为贵——商务、中华之书在别处售八折或八五折，重庆与成都均加一，但是舶来品与下江货的种类几乎应有尽有，而且据我今日经过的地方看来，无论何种广货店，生意都很不恶。虽然所看见的顾客多有带马弁的老爷太太们，但普通平民之枉驾者也不少。此亦可为此地人民生活优裕之一证。

"四川菜"是海内闻名的，就是我这不讲究饮食的人，也因振于其名而常在下江上四川馆子，可是在下江的所谓四川馆，其成分中总夹有他种元素；四川省里面的四川菜自然是最纯粹的：就我看来，其纯粹的地方，不独在味的方面，就是形式上也有大特譬征。如说：上海的美丽川、兴华川何尝不被称为真正的四川馆呢，然而自座位以至杯盏无不是上海化。此地的小馆子在数量上固然布满了大街小巷，在形式上也颇有统一的现象：大概所谓小馆子，照例只供小吃，不办筵席，而且都只有一二间门面、三五张桌子，所卖的菜，每日都定只有某几样，并且每家都有一二种拿手菜招揽顾客；但也有公共的特征。就是辣椒、花椒、醋三样东西，除了客人特别关照外，那怕你只吃一碗面也是二位一体的。他们的出品虽然都很精，然而价钱却比重庆的还廉。即如我今晚在东大街某小馆子吃一碟鸡肉、一碟牛肉、一碟肥肠、一碗豆花，一顿饭合起还只费八百文，算大洋不过二角余。你想世界上还有什么地方比这里的生活还廉而舒服吗？因而所谓小馆子的生意也特别好，稍微著名的店家，不到下午四五时，便一个"毕"字牌悬在门外而谢客了！

还有两种现象足以证明此地人民生活的特别休闲。第一是茶馆，第二是戏院。

讲到茶馆，你以为其情形也不过如南京一样。南京人上茶馆的习惯自然是很普遍，但是他们的时间只以早晨为限，而且茶馆里的份子以中下等社会者为多，茶馆的数量也还有限。这里的茶馆数我不敢一定说是占全商店的几分之几，但就今日在各公园所见的现象推论起来，什一之数大概总算不多。茶馆虽然多，可是店面又并不小，最小的都有三四间门面，大的常十余间以至数十间。座位大概为竹制的靠椅，每家总可容座客数十以至数百。以这样大的店面，这样多的座位，你以为各店决不会满座的——我不亲历其境，也要作如是想——可是事实上，无论那一家自日出至日曇都是高朋满座，而且常无隙地。坐在这些地方的客人，并无衣服褴褛的所谓下等社会的人，除了极少数时髦女子外，几全为长衫队里的分子，而且以壮年居多数。他们大概在生活上是不生什么问题的，既非求学之年，又无一定之业，于是乃以茶馆为其消磨岁月之地。其常课总是九十时以后邀集同伴上馆，一个人进茶馆的不多，——座位定后，便有侍者照料茶食，上焉者饮于斯、食于斯，且寝处于斯；下焉者只饮而不食、寝而不处。上焉者于饮食之余，或购阅报纸，讨论天下大事；或吟咏风月，诵述人间的韵事；或注目异性，研究偷香方法。及至既饱既疲之后，乃颓然卧倒竹椅之上，使一切希望都在南柯中一一实现。等到一梦醒来，不是月已东上便是日已西沉，于是此日之日课已毕，乃转回家中，吃过夜饭，再进戏院去上夜课。下焉者受经济势力之限制不能为上焉者之寝处于斯，但一坐亦可数小时。其忍耐力已超过南京人，不过与上焉者相较，未免有小巫见大巫之感耳。

戏院在量数上大概与长沙的差不多，全城不过二三十家，不过满座的现象恐非长沙所能及。这些戏院散在各处，我无如许闲钱、如许暇时，把每家的门票都购一张而一一看之，不过就今日在中城公园的戏院中情形看来，真有人山人海之感。这戏院，并非特有的建筑，只是用若干篾席与树条搭成的，座位总在五百以上，观者满座而外，并有若干站立者。而观众中之百分之九十以上是妇女，两性之数量正与茶馆中者成反比例。据闻此地所谓中上之家的妇女，日课之最重要者有二：一为看戏，一为打牌，其情形正与长沙相等。

这许多的男男女女在茶馆戏园中度日子，你将以为这样地耗费时间与金钱未免太可惜！你果这样想，你之愚蠢真不可及。你第一要知道钱是以流通而见效用的，用钱又以能满欲望为最有价值，他们的欲望既在此，每日用去几文自然是"得其所哉"。而况在茶馆里坐一日，若仅只喝一壶茶，所费不过一百或二百文——合大洋三分或六分——就是吃一顿面也不过费三四百文，再加一二百文的点心，每日也不过费大洋二角。戏院中头等票只六百文，二三等只要四百三百文，就是天天购头等票去看戏，每月也不过费大洋五元而已，比上海一个工人的纸烟费还少，所谓耗费金钱实在是很少的事。

至于时间，在这地方根本是不值钱的东西；莫说是一般无事可作的人，就是所谓军政界、教育界有固定职务的先生们，约定晤会的时间相差至于两三小时也是很平常的事。"虚耗时间"几个字在这里是很少有人道及的，你又何必替他们着急。

● 电影场

认识了（李）劼人之后，便不时到他家中去闲谈；无谓的无聊自然可以减去许多。但不能天天去，于是又以一部分的休闲时间消磨于电影场中。

我记忆我最初看电影是在长沙受了青年会无代价的诱惑，但因感不着什么趣味，在沪宁各处除了陪客人而外，总不到电影场去。这里的电影仍在商业场，首先邀我去的是傅校长与克仁，虽然因着有遣不能消而去过几次，但是所有的电影剧情都不能使我满足，在我脑筋中所留的印象也极有限。我现在要同你说的，只是此地电影场情形的大概。

据说成都电影场只有两处：一在青年会，一在商业场。青年会自然是以传教为目的、以电影为诱人之工具的，商业场者则完全为营业性质。因为交通不便，底片难运之故，所以取价特贵，最起码的座位是六百文（合大洋一角六七分），包厢则要大洋五角；若演中国影片，票价一律加倍。所以如此者，盖因中国片合于中国人之心理也。

商业场的电影场面积很不小，总可容七八百人，普通的观众都在楼下，包厢则在楼上。此地的五角大洋，要换当二百的铜元八九枚，在一般平民看来实是可以作五六天生活费的一笔大数，所以上楼者大概为军政机关上的老爷太太，与教育界的活动份子（我虽上楼，但系慷他人之慨，而非自己做主）。除包厢外，男女都不能杂座，并且在门口售票处便已由军事当局派兵督察使两性决不相混地分道而驰（（买包厢票者在外），演毕时亦有军人监察。由此可见此地当局对于礼教维持之苦心。

● 公园

成都最大的特色而最足以使人流恋的恐怕就是公园罢！

城内共有四个公园，第一公园在北面，是成都县立的，支矶石公园在正西，少城公园在西北角，中城公园在城中，都是成都市立的。四个公园，地点的分配不及东方，据说这一面是商业区域，目前不易得相当的地点。

第一公园就设在成都县文庙隔壁，面积很小，但花草树木却不少，附近的小学生常利用之为植物园，而且自己在里面种植许多花草。中城公园系新辟的，树木不多，面积也不过二三十亩，但以地点适中，游人也还不少。支矶石公园依城墙而立，宽只十余丈，长有数百丈，有苍郁的古木荫蔽全园，故有森林公园之称；惟游人不多。少城公园最广大，面积千余亩，有体育场、图书馆、通俗教育馆等，无论何时都是游人络绎不绝。

这里的公园都很整齐清洁，花木也决不像南京鼓楼公园之常为人攀折。这自然是由于市政之修明，使人民爱清洁的习惯亦远过于南北两京：因为在任何街道中决发现不着屎尿遍地的现象。

我曾经说过，成都人民的时间极充裕，常借茶馆以消磨之，若到各公园一看更证明我这话不错。第一公园是以口字形的茶馆为中心的，中城公园的茶馆踞北部之一大部分，什么东西都没有的支矶石公园，也有一座很大的茶馆，就是少城公园各色俱备，但是就各种场所所占的面积看来仍以茶馆为第一。茶馆为游人休息最适当的地方，无论什么地方的公园都是不能少的，不过公园以茶馆为中心却是比较地少有。而茶馆于其他游戏场所渺无人影时还是高朋满座，那更是少有了！

第一公园我只去过一次，中城公园虽去过几次，但肃索异常，不足以使我留恋，故我对于此二公园所得的印象都不深。少城公园离学校较近，课余常去，各种设置，在我都认为是不可多得的：如辛亥保路同志死难烈士碑的庄严、公共体育场的宽敞、通俗图书馆的幽静、通俗教育馆的雅致，绕园小溪的清冽，我每去一次都无不为之神往，而常常一人独坐其间听脑中的游离思想，如失驭之马自由奔驰，直等到无所联想而后起身。不过这地方虽然可以使你快心怡神，但络绎不绝的游客，声震屋梁的球声，雷鸣鬼哭般戏院里的锣鼓声、花脸声，无时不来打断你的思路，甚至常为聪明的士女视为无聊的疯子。你想，在这样的情形之下，所得又足以偿所失吗！所以我虽常到少城公园去，但对于它仍无什么大不了的好感！

我最欢喜的便是支矶石的丛林。在成都你要找丛林是很容易的事：因为所有的寺观差不多都有数百年不曾采伐而苍郁长数里的树林，不过那里面的清福，只有佛家弟子才能享受。（各寺观虽也可由人参拜，但非特别介绍不能进其丛林）。惟有这支矶石，既有郁郁葱葱古木参天的丛林，又可自由出入，而游人之稀少更不是其他公园所能及；有时除守门的警察外，什么都没有，有时虽有几个游客，他们有茶可喝，也就不到茶馆以外地段去游行。所以这里是最清洁而又最幽逸的地方。

● **欢迎会**

川滇黔三省是外国人在中国的基督教会所划定的华西区域：他们有华西大学为三省教会教育的最高机关，同时也就是基督教教义宣传发号施令的地方。他们的一切，都是有计划、有组织的；三省的风土民情，他们有详细的调查，三省的人口物产，他们有详细的统计；他们有充足的金钱雇用可以供给使用的中国人为他们服役，有迎合人心的方法（如中小学读四书五经之类）使人愿意供他们麻醉；最得心应手的工作，就是于内战时藏匿战败的军官以及依军官为生的政客官吏们：因为三省常常有内战——以四川为最多——而内地又无洋场十里的租界，可以作军官们失意躲命藏娇之用；可能援手的只有假借不平等条约所遗留下来的教会。洋教师们知其然也，凡有战事，他们总打着慈善的名义，尽力先救护军人政客官吏们的家属，而军官们也就心领神会，无论在得意或失意时，对于教会也都借上帝之名必恭必敬地爱护之，于是教会便成了不倒翁，所谓中西文化也由此沟通；而教会与军阀政客官僚的势力，也就由互助而成正比例地增长！

好早便宣传华西三省的基督教会要在成都开年会，到会的据说有"下江人"及"洋人"。到了一月十日以后，满城都充满了洋人在小天堂开会的空气，我并且得着他们的一张请帖，事情绝不会假的。不过本城的报纸，好似不愿把这良好的消息传给大家的一般，都一字不提（只有小报晓光日报于过半月后登载其消息）。我的好奇心本要驱我去与会，不知终为一种"不愿意"的感情所阻而不曾去。到十月六日，本地的军民长官鉴于这些教友们不远数千里与数万里而来成都的盛意特在通俗教育馆开一个盛大而庄严的欢迎会，以尽地主之谊。当日到会的都是些"士大夫"之流的高等华人与高级军官。就是某督办的七八个年轻貌美的学生式的太太，（此处并不漏字）也都穿着新装在场与洋小姐们说"火腿油多"（即英文"How do you do?"之转音，为成都知识界之通行成语）。当日演说的很多，主人自督办以至成都知事，都有表彰治川成绩的长篇言论，客人自新到的美国人以至久驻此地的华西教职员也都是赞不绝口地鼓吹他们治川的功绩，不过结论仍然是归到"上帝之赐"的上面。天气虽然阴凉一点，但自下午一时开会至五时散会，会众都是很整肃无倦容的。

这一次的欢迎会，确是很盛大而庄严的一个会：因为第一主人按时而到，第二门口的招待员都是穿洋服的，第三到会的女士都是很整齐而且最少都能说"火腿油多",第四实行洋礼教的男女杂坐,第五任何客人都有一份洋点心。

● **除夕之夜**

时间过得真快,今天又是阴历除夕了!

三个星期前,曾经过了阳历的除夕与元旦:元旦那日,学校及许多铺店都曾挂了五色旗,通俗教育馆并举行民意测验,街上并添了一种为成都当地人士从未见过的东西——就是崭新的十二辆黄包车。黄包车初上街,街上的人都争着去看,有钱的人也争着去坐,而车夫穿着新制的红边蓝布号衣,更昂然自得地拉着人向前飞跑;虽然一日之间撞倒了两个人,但车夫的勇敢、观众的人数,并不因而稍减。这些都是很有趣味的事情,也足以表示元旦的特征。然而我的心并没有什么感动,只是照常过去而已。

……

夜市在成都原来是有的:东大街一带每到日落月升、各家店门关闭之后,廊檐外便满布了各种物品,顾客也逐渐齐集,比白昼的人还多;是因从这地方可以购得许多价廉物美的东西的原故。这样的夜市我同克仁、淑班曾过了几次,虽然也感着趣味,但与今夜比较,却相去甚远。

我们从中城公园出来已是万家灯火时矣。辉煌的路灯加上两旁的蜡烛,街上已映成白昼;而各店门首一对一对之朱红纱灯、舆夫伙计们喜充眉宇的忙碌,更表现一种除旧迎新的气象。我们从商业场转过东大街以后便信脚所之,走过许多不知名的街道,除了白日常见到的各种货物外,并添了许多不轻易见的东西:如小孩玩具、年节礼物之类。最特别的是香烛铺的面前都要燃烧高逾五尺、大如饭碗的一对烛,以表示其营业上之特点。我们走过许多地方,遇着闹热的地方也曾前去看看,想购买几件东西:但我们都不要换新帽,也不要换新鞋子,更不要敬祖宗,所以经过通夜售帽子、鞋子、香烛的各店,都不曾买得什么。最后,我在某处购得五六件玩具,备将来带回来供甯们玩。

我们一面走,一面各讲个人度岁的经验,一直走了几点钟,都不曾疲倦,但走到一个分路的地方,忽然得记克仁家消夜之约,终于依依地与她们分途返校了。

她们去后,寂寞之感忽来占了心意的全部,街上景物虽犹如故,但都不能得着我的注意。蹒跚回校,疲倦异常,不赴克仁之约,就闭门就寝。可是睡又睡不着,多年来度岁的往事与目前经历的新境,都一一浮现于心意之中,恍惚间听得工人消夜的欢乐声、街邻的炮竹声、锣鼓声，一阵一阵地起伏，一直到五时半始蒙眬去。

● **新都之游**

新都是自成都至汉中必经的大道，道路宽敞，中铺以石，虽然与成都相距四十里，但官道极其易走，所以我们商议除林母坐轿外，一律步行。

……

到新都已经是四点钟了。我们不进城，沿城墙直趋城东之宝光寺。因为陈居士早有信通知方丈，所以我们进去不感"背履历"的麻烦，由迓招客招待至内客厅安息，方丈也即时出来照料一切。

文殊院、昭觉寺的丛林，在我以前的经历中，已算观止，今日到宝光寺，又觉它们与之相较，未免有大巫见小巫之诮。它的围墙周数里，从晚霞的阳光中，远远望去，俨然一朵极大的晚云，悬在天空，随风为微波的起伏，那树叶之茂密真无以复加。它前面的院墙与照壁成一字形，延长线总在半里以上，除了照壁内之八字大门前为空地外，其余都为丛林密布，最特别的，就是丛林中各树都有全黑的乌鸦栖止。每到天将晚的时候，它们成群蔽天从四方来集此间：未到以前，在空中唱着欢歌互相牵引；近寺之时，则疾飞而下，其声有如旋风摧树。它们落在树上，决不一落即定，必得飞去数十丈而又再回者数次。落定以后，又复互相欢唱，声音如奏乐般有抑扬起伏，已不如来时之嘈杂，等到天黑以后，一切声音都寂然无闻，它们已在交颈而眠，过它们的甜蜜生活了。等到东方将发白的时候，它们又零乱着唱着起身歌，等到大家起来，便又如夜来时结队在附近数十丈回翔而分途去觅它们一日的生活之资。而僧众们的起卧，也按照禅戒与乌鸦们同时，所以我们六时吃了晚饭以后，在院外看乌鸦归巢正有趣的时候，已有招客请进去安息而封了。

寺内的房屋极多而且极静爽，除各种佛殿及禅堂僧众住室而外，客堂就有好几处：有专会普通施主的，有专会习佛居士的，有专会军政界伟人的，有特设的食堂，有专备的寝所。各处的设备，都以客人的身分为准则，而且是男女各别的。

六点半钟便将岳安、劼人、本立、万里及我五人安置在南院，把林母等四人安置北院。我们虽然知道禅院的规矩是要早卧早起，但除万里、本立两人外：我与劼人、岳安竟不为习惯所许，于是劼人的法国故事，岳安的和尚故事，便又连二接三地说个不清；我却因为乌鸦与禅院的诱惑，只努力在想怎样做和尚。

我们起来，已经日上三竿矣，和尚们早已赶过斋，就是林母等也吃了早点，收拾齐备，在等我们去游桂湖。我们匆匆吃了和尚特制的菌油面，便同他们一道出去。

桂湖是新都城唯一的名胜，以桂树得名。湖中桂树成行，遍地皆是，有大至合抱者，每逢中秋前后，桂花盛开，香闻十余里，树上黄金与水中荷花相映成趣，可惜我们不于三个月前来此，现在只能对绿叶的桂树与干涸的池塘（湖中凹处，实系人工凿成的小池塘，水亦无来源，并非真正的湖）瞻望赞赏而已。

桂湖地居城之西隅，一面沿城墙，有楼可望外的田野风景。湖内有亭台水榭、有茶居、有摄影处，平日实为一公园，现在则因各处玩把戏者多，而且天气尚冷，故游人甚少。我们于周览之余，即在茶亭上喝茶，直到午后一时寺中招客来请回去午餐而后返。

桂湖的爽适，宝光寺的幽静，本可以留我们久住，但是和尚招待得太客气：前晚和昨晚都是八大八小的便席，昨午又吃了十二大十二小的正餐，虽然都是素的，但有特制的菌油，其味远胜荤菜。就是晚间的被帐，也完全是新的。我觉得这样和尚生活比那忙忙碌碌的教师、商人、著作者都高得多；寺中的设备尤远过西南唯一的国立学校，倘若我能长久居此，我的俗气，一定会被这湖光山色洗涤干净，我的身体也会特别健强。然而他们太客气了，一举一动，一饮一食，都有人在旁伺候，反使我们心里不安，而且事实上也不容我终老于斯，故于今天吃过早点之后，为他们及罗汉们各摄一影而依依地与他们告别。

（舒新城，著名教育家、出版家，湖南溆浦人。1924年他在成都高等师范学校任教，次年出蜀，之后出版了《蜀游心影》一书。本文节选自该书，叙及当时成都的交通出行、生活家居、娱乐游闲、饮食、节庆等风俗）

1928年的视角

曹亚伯

● **简州途中**

汽车所经之路，只有规模，未铺砂石，稍遇天雨，即不能行。但川人经营马路市政之心，固不弱于别省也。自宜昌至简州，所见之妇女，除重庆较多放足外，各地能放足者，不过万之一二。衣服装饰，犹存古色。乐至一带，尤多着蓝布衣、黑布裤；年轻者红布裤，边镶青，黑线为花，任田野中操作，间有挑担，作剧烈辛苦之劳动者。由简州至石桥，沿途石砌之牌坊甚多。

● **赴龙泉驿的滑竿**

自石桥乘滑竿起行。滑竿者，似轿之略形，无蓬，而坐位亦小，取其便于上山也。路自此渐盘曲向上十五里，赤水铺，又十五里，石盘铺。十二时，过茶店子（石盘铺至茶店子二十里），由茶店子上山廿五里，下山十五里。二时，抵龙泉驿。

● 少城公园

公园在旧旗人之少城,市人均以少城公园名也。园为两部,进出凡四门。东部假山旷地,亭榭池塘,疏柳古柏,点缀成趣。桥随地转,数二十有五。有动物园,兽如虎、豹、熊、狐、鹿、猞猁、野兔,鸟如鹰、鹫、鹤、雉之属,均有之。

有佛学社位于西,国技院位于东。池塘树下有茶舍数家,清雅殊宜人。西部为通俗教育馆,民国十四年杨森改商品陈列馆而成,随列植物、动物、矿物、粮食、全川土产、标本甚多。附设图书馆,有图书一二万册。陈列室有古物,如新出土之菩萨、庄严石像、西藏之经文、花苗之圣经、五代以前之砖瓦、陨星、陨石、峨眉山石、铁铸菩萨、大像、大钟、大鼎、古碑刻、古钱、古印、瓦棺、石达开(太平天国翼王)之诏书,及玉桌、玉印各种。最令人触目者,为张献忠之"七杀碑"。碑已残破,字磨灭不复可识,边缘造龙及碑末一"盛"字尚明白,闻原碑系六言体。……

成都公园侧,有四川图书馆,藏书甚富,经史子集之属,约十余万卷,依类编架,收藏甚佳。书多有南皮张之洞之手泽(张于清时曾督学四川)。公园之后,为君平街,汉严君平卖卜处。园之西北约三里,有森林公园,就大树百章构成。夏日来游,必能祛暑十丈也。

由森林公园马路南行,经旧玉龙街至后宰门入王城(俗名皇城)。……今为四川师范大学校址,地方宏阔,旧宫殿龙凤栋梁犹有存者。

● 各行各业

成都市商业,以此街及总府街、华兴街、东大街为全城巨擘。商业场在总府街,中有商店五百余。对街为锦华馆,有商店二百余。洋货、五金、化妆品、绸缎、棉布、毛织物、漆石,所谓衣食住之具,靡不备焉。西式浴池,尤以沧浪歌浴室为合法。茶馆最多,整洁广阔,茶甚精致,种类亦多。普通喜毛尖,老人喜沱茶及云南普洱。

土产最著名者,为绵竹大曲酒、温江酱油、内江干醋、资阳陈色酒、泸州香花酒(有十余种)、彭山杏仁豆瓣酱、灌县白茶、隆昌荣昌夏布、嘉定绸、顺庆大绸、成都青布、江安竹篁器具、叙府糟蛋、青石桥棒棒鸡、温江豆花、郫县葡萄干、太和豆豉、稻香村点心、钟汤元、成都油茶、灌县煤、南路松柴、牛市口辣椒、鹿蒿厂磁器、彭山曹达(纯碱)等。

学道街、青石桥有书店五六十家、笔墨店三四十家。

全城有银行八九家，钱庄五十余家，典当店五十余家，米油盐柴店一千四五百家，洋货店千余家，玉石古董五金店千余家，旅店大小八九百家，布匹绸缎三四百家，毛棉丝织物房千余家，医院十余所，以平安桥法国医院较为完备，公园五所，慈善会廿余所，救火会二十余所，旧剧院七八所，影剧院五六所。药店八九百家。医生约有二千余人，西医信用很微。中医出诊，最高诊金十元，最低一千（铜币），交易用沙秤，以银两为本位，每大洋一元，合铜币十千。日报七八家，通讯社三四家，定期刊物十余种，工厂三十余，小作房约四五百所，教堂二十余所，庙宇二百余所。学校大中小共约四五百所，教会主办约五六十所，最大为华西协合大学，省立者以四川师范大学规模最大，法政、工业、农业、外国语、国学各有专门学校一，中学约二十余，成都联合中学及省立一中最发达，各有学生一千余人。国技馆十余所，清真寺十余所。无名教坛闻有五六十所，皆请仙扶乩、画符、传教之类，川人未脱尽野蛮性气，信矣！鸦片烟馆，开有五六百处，上者陈设极精，并有女侍供招待云。

全城人口约六十万，回人约二万，旗人约三万。……钱庄票号在银行及邮政未通时之所有权，均操于山西人，近年渐归淘汰。

四川商业旧操于晋、赣、陕三省人，晋人业汇兑，陕人业借债及典当，赣人营棉纱及进出口业。陕人在清季包办盐税，川人恨之。今则都成过去陈迹矣。

● **轿夫与出行**

成都之马路，创于民国十四年，杨森令王缵绪督办市政，诸政并兴。虽不尽善，但规模已备。所惜者，工程人员非专家，材费而工程不坚，资耗而不尽材用。交通除汽车、人力车外，轿尚盛行。

军政人员位高而多薪者，莫不人一汽车、一包车或一轿。富人尤必人一轿，或三四轿。轿有常备之伕三或六。行时，二人为一班，力注于腰，两肩左右转，其臀团团然。行其速，长途旅行，则加班三五，日可行二百里。成都至重庆一千零华里，凡十站，旅行者须按日一站。此特别之轿夫，五日即可到，即可见其技不同于一班矣。

薪俸亦厚，人月可廿元。凡起码之政客，即备有一轿，以供奔走也。青年男女，及许多可造之士，沉醉于此较摩托舒服之轿而堕落者，不知凡几。一轿值二三百元至卅元。公子王孙、留学生、大少爷供职于高等机关，月终支二百元舆马费，仅足伕费，真所谓名符其实矣。

● 华西协合大学

是校建筑规模，极为伟大，估地一千余亩，位于锦江（岷江至成都，水清莹，可濯锦，因名）南岸。地势极佳，马路纵横，不啻一新式公园也。

大学为欧美各国教会共同组织之教育机关，但各教会在大学内之建筑，仍分门别户，又不啻庐山租界之歇暑场。其设备之佳、眼光之远，盖欲将西方物质文化灌输于西南各省及蒙藏大于内地十八省三倍之领土。以大学为教会行政中央，欧美人之知识，实较自私自利之汉人高万倍也。大学学生极少，尚不逾三百，倘在欧美，则此建筑物至少亦当容三万人也。

大学门前可望见全城唯一饮料之水车，其水由铁管流入城内盐道街之贮水池，汲者就池汲取。大学之左为国学专门学校，校为尊经书院存古学堂国学院递嬗而来，川经学家廖平、小学家兼词章家宋育仁、文学家赵熙（尧生）等，先后为之长，所习仍经史子集、小学、词翰之学，学生有二三百人。

四川历来在中国文化史上贡献至巨，清代较为落后，帖括之学，聚于四郊。张之洞督川，始提倡汉学（即考据、训诂之谓），立尊经书院以毓士，刻廿四史、十三经等书，风气丕变，川人士始注力于文章。然乡僻之地，蔽陋犹甚深也。川人对外（国）人感情极恶，边远之人，至有谓"外（国）人有尾""吃小孩""取死人天灵盖配洋药"一类劣词。其崇拜外（国）人者，不过少数留学生及比较有新知识之青年而已。

● 成都话

成都人言语较外县人秀丽，妇女谈吐极清细柔和。

● 勤劳的农夫

成都以西之田，年三种，一谷，一麦，或蔴或菜，一烟（旱烟）。土肥沃，为他处所不及。一亩田年可收谷二石至三石，麦一石五斗至二石，烟一石五至一石八。田塍植豆，年可收黄豆三四斗，豌豆二三斗。但农人极辛苦，所用之肥料亦多。

余自巫山至成都，所见之农田，无草一茎杂立田内。闻川西之农人更为勤恳，每晨辄以锹凿田，使土质松活俾种植得以速长。全国农人尚悉能照此法，相信年产必可多二三倍也。

● **成都四大寺**

文殊院与昭觉寺、二仙庵、青羊宫、草堂寺，同为成都之大丛林，刻有经籍甚多，住院者多优婆夷、优婆塞。成都有歌云："一昭觉，二草堂，三马堵（祖），四迎祥。"

此四庙为四川庙宇之最大者，各常有十方长住僧道一二千或数百不等。庙产本富有，历年为军人提去过半。

● **草堂寺**

寺南五里，为草堂寺，杜甫草堂故居也。有僧二三百，奉香火于此，寺址亦广。游者乘车马来，络绎于道。僧居寺东，佛像在焉；杜甫像肖于西，有屋二三十间，疏竹曲石，极尽奇趣，题刻多清名士手笔；有黄山谷石像，位于左。寺中餐馆茶室均备。寺后有阔地一万余米，清周孝怀曾于此为新式之公园建筑，辛亥秋全毁于火。

● **青羊宫的花会**

出（草堂）寺东北行五里，为青羊宫，左为二仙庵，道家太上道君锡教之处。川人有古迹谣云："一进东门天涯石，二出南门五块砖。三桥九洞石狮子，青羊宫去会神仙。"

青羊宫外，每年二月，举行花会十五日，相传每日有一神仙过也。青羊宫内道祖殿，有青羊，铜所铸，寺因以名。花会者，全川之花期以是日聚，以资竞赛。虽有照例有花，而实质已变为各县土产展览会，今且更名"劝业会"矣。届期，各县货集，千奇万有。而边远人士，多乘此际一瞻省会之繁华。既开文明，又销国货，诚善举也。二仙庵传为吕纯阳及钟离子降世渡人之处。二寺年因花会而收入之地租及香资，约有二三万元。寺前有市镇，约有二三百户，为成都去川西之又一道。

● **浣花溪**

青羊宫东一里道，为浣花溪。溪上有百花潭，潭中有放生池一，游者亦众。自是循江流至成都之南门，古树夹藤，苍松蔽日，蓊郁遒劲，添人逸兴不少。

● **哥老会**

成都在清季，袍哥之势力极大。袍哥者，即哥老会之流，俗又名江湖，明末遗老反清复明之组织也。其组织凡市镇、县城，均曰码头，码头有大哥。……其戒有三，曰："不杀、不淫、不盗。"其条有二，曰："同患难，同死生。"袍哥势力最强而规律最严之时代，莫过于民（国）元（年）、二年。辛亥四川保路同志会之队伍，即由大哥号召弟兄为之也。

民（国）元（年），同志会改编，编余者失业，习为盗，戒条日惰，以后人品亦不齐。土匪、棒客，皆出其门，贤者日益远之。但各县仍有此组织。民团警队之首领，均为此会之大哥充当。现据川边之刘文辉部羊清全，即川边袍哥之大哥也，刘以旅长羁縻之。刘名为拥有川边，但实权却完全在羊之手握，是亦四川社会特别之现象也。

● **郫县的农耕**

郫县一带，田土肥沃，土作黑色，上沙而下黏，极易发育。农夫甚勤，一人一牛，年可耕十五亩。犁地极细：种谷之田，犁三次，钯三次，始放水灌田，插秧后糊田二次，拔草二次，镐田二次；种麦之田，犁二次，钯二次，始锄为窝，以麦植之，及长，复匀其苗，大小相距皆若。苗内无一草存在，复以小锄镐一次。以是发育极皇大，而结实累累如贯球。谷一穗多至三百粒至五百粒。其去他省人之疏懒闲散，播种后皆置若不闻不问者，诚不可以道里计也。

● **都江堰的索桥**

二郎庙之前，有索桥一，长八百四十尺，以竹缆十余为经，互相牵挽，上铺木板而成。年换一经，地方有专款。惟桥身过长，人行至中段，桥身左右动如秋千然，但行者人马、车仗，安之若素，盖习惯成自然矣。桥之两栏，以竹缆四构成，此世界奇异之桥梁也。但年年耗费人财，殊非一劳永逸之计。上游十里许，有大滩一，水流如千军万马疾驰，川人拟借此水力发电，以供给全川。惜为时太促，未能一往参观。由桥上望之，其形势殊可惊讶，此水力蕴蓄无量财富为川人储藏，只待有智慧之贤豪，起而利用之耳。

● 青城山

山中最富于瀑布，悬岩千丈，日夜不休。鹿兔走松林，万鸟鸣草野。以美风景名世界之瑞士，其美果可以逾于此耶？山箐之中，藏虎、豹、熊、猴、野牛、野猪、野驴之属最多。山居之人，智识极低，男长辫，女小足，日出而作，日入而息，受豪强者之剥削压迫，呻吟而已，迷信性强。

● 大慈寺

寺有大雄殿，有藏经楼，有铜铸丈六阿弥陀佛金身，为禹后第一治水圣人李冰所铸，用以镇压海眼，流泽后世，指众生之迷津者也。有颜楷联云："立脚镇潮音[①]，预防沧海横流日；以手援天下，应现金刚不坏身。"

（曹亚伯，湖北阳新人，参加过同盟会和反清运动。1910年毕业于牛津大学，1928年9月入蜀，次年出版《游川日记》。1937年他在江苏昆山筹措抗日军饷，还上前线抢救伤员，因积劳过度染疫而逝。本文节选自《游川日记》，标题为编者加）

---

①原对联为"立足镇潮音"，此处应系原作者之误。

西行杂记

李孤帆

我于去年十月廿八日由重庆飞成都，那时对成都的印象已不错，也与一般人一样当它是小北平，一切风物和食、住、行各方面都和北平相仿佛。这次我从八月十三日由渝飞蓉，在成都住了一个月之后，我觉得成都像北平的成分不如像杭州的成分来得多了。比如马路虽然很多，但是路面没有北平的宽大，而有杭州的交通便利；又如屋宇的建筑，没有北平的古色古香，而有杭州的静院幽径；又如饮食，没有像北平各省口味的俱备，而有杭州的本地风光；至于名胜古迹，也缺少伟大的宫殿，如故宫、天坛、颐和园等建筑物，而有杭州的寺院和美人名士的遗泽。成都的风物颇有与杭州遥遥相对的：如武侯祠可比岳庙；薛涛井可比苏小小墓；浣花溪可比浣纱溪；草堂寺可比云栖或理安。

成都是三国时候的蜀国，历代多为州郡首府，现为四川省会。孟蜀后主曾于成都城上遍植芙蓉，秋季花开时，满城如锦绣，故又名锦城，或锦官城，复称芙蓉城，或蓉城。我去年到成都，正值芙蓉盛开，殊不愧锦城之称。城垣靠锦江的西岸，有皇城、少城、外城。皇城在外城的中央，但是与外城成叉角形，为明代蜀藩的故宫。少城在外城的西南隅，为胡清驻防的所在，现已拆毁。外城周围二十里，雉堞崇宏，颇壮观瞻。城内人口六十九万，现因空袭关系，妇孺疏散至四乡者颇多。夏季天空蔚蓝，赤日可长，入秋以后，至次年的春季，阴雨时较多，所以有"蜀犬吠日"的谚语。气候夏不过热、冬不过冷，实至为适宜。成都为一大盆地，四面皆山，所以终年没有大风。

…… ……

成都因为是西南文物荟萃之区，物产富饶，人民家给户足，因而形成市民的生活比较安适而奢靡。现在且把一般的民俗写在下面，我是一个毫无地方观念的成见的人，因为生长在江南的缘故，最看不惯江南人自以为是的态度，而且我到过的地方，没有一处不发生相当的依恋，尤其是成都，我希望下面的观察不致得到成都朋友的反感。

成都人好吃茶，一条街上总少不了几家茶馆，成天坐在茶馆的人真不少，虽然一部份是谈生意经的，犹如上海商帮的"茶会"，但是群居终日，言不及义的是占大多数，此种风俗实在是要不得的，我劝有志的青年不应再染上坐茶馆的陋习。其次好看戏，散戏的时候，门口总是人山人海，不论星期日和平日，一般人多以看戏为唯一的消遣，富者宁赏戏班，不愿捐助慈善和公益事业，有些贫者宁忍饥寒，而庙会观剧则不可不去。

成都人有些性尚虚荣，所以凡自建住宅的人家，往往自己做了匾额，下面把有面子的亲友的姓名刻上，悬在大门口或厅堂上，以示阔绰。胡清有功名的，必自书报条，遍送亲友，和将官衔刻在征诗文的小启上，或在死后刻在讣文上，只为无上的光荣。因此绅商以结交官场为荣，士绅尤喜学官派，性最怕官，而好与官场相交往，并以出入公门骄人。

青年子弟嗜烟酒、赌博，习惯奢华，不能耐劳，不大读书，喜学时髦，口中常叫唱戏词，举止轻佻，不畏人言。

妇女迷信鬼神，常与三姑六婆相往来。性好修饰，……摩登女子识字无多，喜冒充女学生，妇女改穿西装的，在香港、上海都不多见，而成都则实繁有徒，即此一端，可概其余。

成都是一个讲求吃的地方，川味也的确值得一尝的，在国内名都大邑已有不少的川菜馆，但是在四川则以"成都味"为正宗。成都的吃真是大小咸宜，一般的说，比较是价廉而物美的，较大的馆子如荣乐园、明湖春、醉沤和一些不醉无归小酒家等，均是生意鼎盛，其价较之上海、香港一餐动则数十元的，也已便宜不少了。至于较小的馆子，如靠近少城公园一带，只要数角至一二元钱，也可吃得很舒服。等而下之，在最小的食店中，叫一只大肠和一碗豆花，吃三碗饭，合计不出二三角钱，成都可算在西南吃饭问题最易解决的地方了。

住的问题在成都也比较尚称便宜，最小的栈房不过一、二毫钱一宿，普通旅馆均仅一二元的房价，较高等的也不过三五元的房价，倘然自租一所住宅，几十元钱，就有一二进的院子，花木俱全了。若只要分租几间房子的话，则每月十元、八元即可租得二三间房子。

成都人的物质享受也可算西南首屈一指的地方，如大旅馆有抽水马桶和洗澡房的设备，浴室有男女之分，复有家庭房间的布置，瓷盆沙发，应有尽有，就是以浴室出名的平津，也没有这里的讲究。其他如木器的精巧而低廉，凡是最近到过兰州和昆明的人，来到成都时，没有不啧啧称羡的。

（李孤帆，浙江宁波人，民国时期经济界、文化界的著名人物，与徐志摩、郁达夫、胡适等名流交游。1939年8月来游成都，撰写了《成都的风物与民俗》一文发表于香港的《大风》杂志，后汇集入1942年出版的《西行杂记》。本文节选自该书，标题为编者加）

蜀都怀古

段公爽

我这次在成都住的地方是祠堂街。从祠堂街向东去,顶端的那一截,叫做东御街,这是最初吸引我,使我对于成都发生兴趣的地方。原来成都的打铜业,就是制造红铜器皿的手工业者,都聚集在这条街上。

当我到成都的第二天,坐车子经过这条街的时候,眼睛所接触的都是很精致的红铜器具,耳朵所听到的都是郎当郎当的打铜声音,当时我就非常的惊异。中国手工业的精巧和发达,这是我们在教科书上早就得到了的知识,但是却从来没有看见过这么广大的场面。整个的一条街,至少有百分之八十,都从事同一的制造事业。假使我们的眼睛里要是生出一种幻象,把它化零为整的看去,这真是一个规模最宏伟的"东御制铜大工厂"了。当时我就把车子停了下来,走到一家规模比较大一点的店子里去参观,对于那些陈列在货架上的红铜器具,如饭鼎、茶壶、菜锅,各种大大小小的家常用具,其式样的精巧、色彩的雅致,真是爱不忍释。特别是对于那些"制造家",一方面要答复参观者或顾客的询问,一方面仍是一锤一锤的进行制造的工作,更是使人感动。

成都的手工业，其实并不以铜器著名。最著名，最能代表成都，而为一班人所津津乐道的，当然是蜀锦。

读者大概都知道有一个所谓"被面大王"，对于被面大王所出产的被面，没有不啧啧称羡的。然而我要告诉读者一个悲惨的现实，那些很精美、很富丽，简直可以说是艺术品的被面，她的制造者并不是什么大王，而是一些食不饱腹、衣不蔽体的小手工业者。

成都有好几条街都是织造这些被面的店子，而规模最大、制造最精，看了足使你把舌头伸了出来而缩不进去，使你感觉到好像是置身于世界上最伟大的艺术之宫里，要算是甸湾巷的几家。当我站在织机旁边一面静静地欣赏他们一梭一梭地织制他们的艺术品，一面倾听他们对于自己境遇的申诉。据他们说，成都的织锦业，约有织机八千台，从事织锦工业的技术工人（我想应该称之为艺术家）将近两万，但是因生活的高涨，近来已有许多同业，都停歇下来，另自经营小本生意去了，因为他们的工资，每天只有一块多钱！读者试想，每天块把钱，能够做些什么，然而他们手头上所生产的却是道地的艺术品！现在重庆的文艺界，天天在呼吁社会待遇他们的不平等，说是每千字或每一幅画五元至十元的稿费太菲了，并且责备社会没有好好地照应他们。我想这种呼吁，似乎应该把成都这一大批织锦的艺术家，也要包括进去。

除此外，如铁丝业、纸花业、牙刷业……无不有他们的势力范围。当你踏进他们的势力范围后，也无不使你热烈的赞叹和至高无上的佩仰。赞叹的是他们制作品的精巧，佩仰的是他们工作态度的诚笃及他们那种"聚业而居"的社会组织的合理化。中国的都市，我游览过的也不少了，在每一个都市中，自信没有放弃切实观察的机会，然而像成都这样有组织的，好像并不多见。这个原因，或许很多，但我想，或者是受了武侯的遗惠罢。史家称武侯治蜀：

立法施度，整理戎旅，工械技巧，物究其极，科教严明，赏罚必信，无恶不惩，无善不显，至于吏不容奸，人怀自励，道不拾遗，强不侵弱，风化肃然也。

——《三国志·本传》

"工械技巧，物究其极"，成都手工业的精巧，我想应该是接受了这个优良的传统的缘故。而且成都人的"聚业而居"，决不是偶然的，因为中国历代政治家之肯注重民众组织的，只有法家，儒家是无为而治，对于人民主张"不可料也"，反之法家则要"定民之居，成民之事"。……

武侯养志隆中，就自比管乐，王船山先生曾嫌他"深染申韩之习"，他既然手执蜀汉的政权，自然要把他的怀抱见诸实施。成都社会的形态比其他各都市不同者，我们把它归之于武侯的流风余韵，大概不是毫无根据。

从以上所说的看来，可见成都社会是相当的紧张，成都人并不怎样懒惰，然而批评成都的人，却每每爱说成都是如何的糜烂、腐化，成都人是如何的好吃懒做，整天到晚都坐在茶馆里摆龙门阵，或提起鸟笼在公园里消磨那无聊的时光。固然，这些都是事实，我们没有法子替成都人掩饰，可是这些人，在几十万的成都人中，不过占极小的一部份，亦犹之于北平的天桥、南京的夫子庙、上海的青莲阁……

所以说，成都人有两种，一种是幽闲的，一种是不幽闲的。人们不对广大的社会，作深入一层的考察，而仅仅接触与自己身份相同的阶层，遂下断论，这种人不能作为成都的朋友。

（段公爽，湖南城步人，1937年为武汉文化界抗敌协会的理事。1941年入川赴雅安创办《西康国民日报》，他将途中所感撰成《入康记》。本文节选自《入康记》，标题为编者加）

成都揽胜

梁乙真

● **初到锦城**

　　成都在平原的中央,沃野千里,是四川顶肥腴的地方;因名产有锦缎和环城有锦江,所以也称锦城。又因多芙蓉,又叫蓉城,是渝蓉汽车站的终点。我们诵"金城石郭,兼匝中区,既丽且崇,实号成都"的赋,及"锦城丝管日纷纷,半入江风半入云。此曲只应天上有,人间能得几回闻"的诗,就可晓得这地方向来是很繁华富丽的。

　　我到成都后,住祠堂街青年旅社,这是三民主义青年团四川支团部所开设的,价钱便宜,房屋清洁。因为这几天在汽车上颠簸得太疲乏了,所以到旅馆后那里都没有去。洗沐后,早早关门就寝。

　　醒来天已黎明,听到窗外雨声淅淅沥沥的下着,阵阵的寒气,随着侵晨的凉风,飘到屋内:锦城的天气,真是"不测",白天虽然热的汗流浃背,但一遇下雨,马上会冷起来,幸亏我离开重庆时,带上御寒的绒衣,不然这时真要上当了。

　　早起有一位姓朱的朋友,约我和东旭到"邱佛子"吃早点,这个小吃店可说是道地的成都味,同时也有些像北平的风味。吃饭回来,四川支团部黎光明(劲修)兄来访,他约我今天下午三时,参加成都市学生联谊会的讲话,到有任君觉五、黄君季陆,及蓉市青年学生三百余人。因为今天是"五四",所以我讲"中国青年运动之过去现在及将来",用来鼓励在座的蓬蓬勃勃的青年。讲完之后,有很多人要我签字题句,我写的多是"持其志勿暴其气,敏于事而慎于言",及"腹少机心心便阔,身无媚骨骨常尊"等句。

● 草堂与青羊宫

今天上午,检阅第三分团,晤邓亚民、沈天如。下午往游草堂、浣花夫人祠、青羊宫三处。草堂系唐杜甫隐居的所在,他晚年穷愁抑郁,甚不得志,便在这里筑个草堂,饮酒赋诗,聊以自解。这草堂虽不甚宽大,但结构严整,亭宇参差,花木葱笼,境界清邃,何子贞有一联云:"锦里春风公占却①,草堂人日我归来。"现堂中正楹奉杜少陵先生像,旁配以陆放翁、黄山谷,额书"诗中三杰"。少陵先生的塑像,系五柳长须,面团便帽,左放翁塑像,右山谷塑像,堂后有石刻杜子美像二幅,一癯一丰,丰者精神饱满,有"酒酣视八极,猛志逸四海"的气概。山谷、放翁像,诚不愧是一个诗人,然不及少陵像之奇气浮眉宇间了。

在草堂之侧,另外一栋屋宇,供奉浣花夫人(即冀国夫人)的神像,垂杨流水,风景秀丽。……在归途中路过青羊宫,是唐时所建的老子庙。相传老子牵青羊过此。竹树荫浓,庙殿宏壮,两楹间塑老子骑青羊像。《蜀本记》云:"老子为关令尹喜著道德五千言,临别曰:'子行道千日,后于成都青羊肆寻吾。'今为青羊观。"这是成都最古的道观。每逢春日,青羊宫街至杜甫草堂一带,罗列万花,任人买玩,谓之"花市"。兹择录几首关于咏"花市"的诗篇:

成都花会竹枝词

清 彭懋琪

百花潭上游船回,玉女溪头夕照开。

小立青羊宫外路,车声络绎过桥来。

百花潭对百花庄,小小朱楼隐绿杨。

听得门前花担过,隔帘呼买夜来香。

春泛浣花溪

清 彭懋琪

小艇孤篷画桨摇,鸭头初染夜来潮。

踏青处处人成队,春在城南第几桥。

---

①原对联为"锦水春风公占却",此处应系原作者之误。

相传二月十五日，游人特盛，遂谓此日为老子诞日，称曰"老君会"。远近来进香的，路途填塞；可惜我们这次来时，花会已经过了多时，走进青羊宫，静悄的很，除了"皓首庞眉星冠鹤发"的老君外，就是那只"修筋细肋长须落落"的铜羊了。

● **望江楼、薛涛井**

夜里又下了一场大雨，天气更觉凉爽，上午至成都青年劳动营检阅。营在东门外四川农政学院，风景优美；晤雷清尘、冯均琏、任和平、黄梦元诸兄，他们对团都很热心。这里共有学生三百人，都是身体强健、精神蓬勃的青年；但因经费不足，常闹"食荒"，亏得清尘兄在成都人事好，东挪西补，想法使学生饱肚而已。散会之后，均琏兄约我到东门外的郊外第一公园望江楼。

望江楼临锦江，岷江到成都，水清莹濯锦，故名锦江。成都有名的蜀锦，据说必以锦江之水洗濯，始艳丽鲜明。杜甫诗"锦江春色来天地"，白居易"望江楼上临江望，东西南北水茫茫"。我们登楼饮茶，看前面自然的风光，觉得非常清雅，旋即上楼散步，附近修竹茂林、园亭曲折，什么酒肆、茶馆、书摊，都应有尽有。薛涛井亭台掩映，林树阴翳，曲径通幽，有流杯池，有枇杷门巷，并有一轩额薛涛井之句"似待诗人赏月来"。亭内有"石碑多绝迹；江水起哀声""独坐黄昏谁是伴；怎教红粉不成灰"等对联。

● **青城山**

黎明起来，到西门外乘汽车往灌县，天气阴沉沉的，薄雾笼罩大地，汽车在进行中，放出呜呜地叫声。在川西的乡下，那才是幽美的乐园。矮矮的茅屋、青青的竹林、漠漠的水田、翩翩的白鹭，和湾湾的流水，……一切的一切，都到处教人留恋。汽车过郫县，正是早炊时候，这里古代以酒著名，望帝、扬雄、何武之墓，都在县城附近，可惜车停不久，不能下车凭吊了。

正午到灌县，城临岷沱二江分流处，一路古木森森、流水潺潺，到处引人眷恋。我们由汽车站到离堆公园，在青年食堂吃过午饭，乘车往萌唐中学，检阅学生军；遇老友杨焕门君，他坚留我们在这里宿一夜，但为行程关系，今晚一定要宿青城山。……

这次到青城山，因为黎光明兄同来，主持吴椿仙特别客气。夜间宿天师洞，殿宇宏丽，客厅整洁，晚更初动，钟鼓声发，恍如置身仙境。到了二更，钟声既歇，报更鸟声又继之高响于山巅。余有句云："钟声响罢报更鸣，正是山僧晚课钟。"据道人说："全山仅二鸟，入夜交换鸣，左右声不相混。位置亦有定处，其声俨若击铎，节拍整齐，彻夜不断。天一发亮，钟鼓声再起，而鸟声亦就重归于寂静了。"

吃晚饭在观内，除四盘素食外，尚有鸡子、腊肉。吃过了饭，黎光明兄约到观后亭子上看神灯：见远远的迷雾中，星星之火，此明彼灭，远近错落，不一而足，星光呢？灯影呢？

夜深了，外面觉着有点寒意，我便回到道士预先为我设置的床铺。这是一间单人住的客房，四壁不见窗户，只在顶棚上开了一个一尺见方的亮瓦，虽然有了帐子，但蚊子仍然嗡嗡嗡，床铺上的臭虫，成群结队像五月的苍蝇，驱之又来，躺在床上面，如卧针毡。那能够闭住眼睛。

耳房里铿锵着一个道士诵经的音浪，从门缝中透出来一线暧昧的灯光；我正在不能合眼的时候，忽然呀的一响，门开了，走出一个蓄着白髯的道貌岸然的老人，但脸上并没有很多的皱纹。他一切的举动都很合乎出家人的规矩，谈吐亦很温雅。他问我从那儿来，我和他打了招呼，他又问我到那儿去，做什么职务，他详详细细地问了我一遍，我亦详详细细地回答了他，并为他谈了很多中国道教史上的故事，于是我们谈得更加亲热了。

"时候不早了，睡吧，你们很辛苦的。"他说着站起来，在荧荧的灯光下，他的脸上浮着一层一层微笑的浪花。

风吹着，报更鸟依然在叫着，耳房里诵经的声音渐渐低弱下去了，只留下门缝那一线暧昧的灯光。

声声不住的报更鸟，整叫了一夜，我觉着它太辛苦了。朦胧中仿佛被钟鼓声催醒。起来洗完脸后，站在院子闲步，我所住的屋子，名"烟云深处"，旁边写着一付对联："野寺有情留客住，青山无语看人忙。"我一个人跑上天师洞后的凉亭，想看看青城山的朝景：起初还是云雾苍茫的，最先承接了初日的光辉的，是高插天际的山峰，孤独的全镀上了一层璀璨的金光。朝阳渐渐在东方的天壁上出现了，湿粘的白雾，在温暖的晨风中，轻轻地抖动着，抖动着……开始往低洼的山坳之间沉落下去，缠绕到苍翠的松林上，最后终于消散了。

在天师洞吃过了早点，我们便与"野寺"离别了。今日所经过的名胜古迹，如天师洞、朝阳洞、金鞭岩、上清宫、长生宫、白云溪，有的是道家的神话，有的是隐逸的传说，有的是帝王的记载，有的是美人的韵事，所以有人说青城山是一部神仙、隐逸、帝王、美人的合传，这话我很同意。

● 在灌县

横跨在岷、沱二江上的安澜索桥，的确是一个伟大的工程。据说这桥是民国八年落成的，费时五年，耗资两万。它是用巨竹绠纽结成为大索，把来系在两岸的山石间，然后上面铺以竹板，就算是桥了。当我们行在它的中间的时候，但见银涛雪浪，奔腾而来，这时觉得桥身飘飘摇摇，像荡在半空中一般，不由的眼花缭乱、两腿酸软。据过桥有经验的人说，这时只有凝神敛魄，奋步直踏而过。若稍一畏惧，连寸步也再难前进。

过了安澜索桥，就是杨泗将军庙，更前为二王庙。前殿祀李冰之子，后殿祀李冰夫妇，俗称"二郎庙"。进城经斗犀台绕至伏龙观，观内祀李冰父子，俗所谓"老王庙"。殿后即离堆，为王当日导江凿石设堰的故迹。按堰水来自岷江万山丛中，奔腾澎湃，至此分流；据传李冰命他的儿子二郎凿堆作堰，分岷江为内外二江。内江为沱江之源，外江为岷江之源，也就是《禹贡》所说的"岷山导江，东别于沱"。引灌农田数百万亩，每年可获谷一千数百万担。

自内江向内流者分三支河——走马、柏条、蒲阳，灌溉的区域为灌县、崇宁、郫县、新繁、新都、成都、华阳、金堂、彭县、广汉等县。外江系岷江正流，分六支河——沙沟、黑石、江安、新开、羊马、杨柳，这六支流灌溉的区域，为崇宁、灌县、温江、双流、郫县、华阳、新津等地。内外江分出的九大支流，全恃都江堰为分配调节的枢纽。

都江堰每年断堰二次。外江在立春间、霜降时断流，使水流入内江。内江则于立春时断流，清明节开堰。在二郎庙的墙壁上刻李冰的治水六字诀"深淘滩，低作堰"，这六字是为内江而设的，它的解释是"滩须深淘，堰水乃得畅流无阻；堰须低筑，洪水乃不致淹没田畴"。在城隍庙山与离堆中间的深流急湍，俗名"宝瓶口"，左侧山岩，刻有水则，记内江水量，自四画至二十二画止：水面逾十三画时，内江各县的用水已足，如超过则成水患，低则不足。惟一补救的办法，则多砍枋槎，流量自足。故老俗传，灌县半城之底皆空，下为水国，龙若蟠动，城即覆没，所以在上面建老王庙以镇之，名曰"伏龙"。陆放翁有谒英显王诗[1]。庙门口有一首对联："活水寻源，看波涛万顷掀腾，始信长江奔似马；神威伏孽，有祠庙千秋肸蚃，本来老子道犹龙。"

旧历六月二十六日为王诞期，附近各县来朝拜者甚多，谓之"朝王"。当地百姓对于李冰的崇敬，可见一班。其实，是因为李冰治蜀时，导江灌田，

---

[1]陆游原诗为《离堆伏龙祠观孙太古画英惠王像》，此处系原作者之误。

教民利用水利，蜀人感念他的好处，尊为非常人物，所以由此附会出"镇龙"等神话来。他们至今仍尊王为"川主"。

● **青城茶**

从青城山回来，疲乏得很，迟迟起来，太阳已经很高了。整理工作报告，赴分团部周主任之宴，县长及党委都在座。饭后到分团部（在离堆公园内，丛篁绿木，风景颇幽）举行业务座谈会。

过午回寓，小睡片时，醒来已斜阳暖暖，将近薄暮了。晚间黎光明兄请吃饭，在座的大多数是灌县朋友。饭后孙县长约到县府吃茶，这茶据说是产于青城山深处，采撷颇不易，分绿茶与黑茶二种，尤以绿茶最著名，不但可以解渴，而且能够帮助消化，所以很是名贵。另外还有一种红白茶，为灌县特产，我对于"品茗"是位门外汉，吃不出它有什么特别的味道，但却也觉得清甘芳冽，余味醰醰。县府里庭院寂寂、花木森森，很是幽雅，殊令人联想不到"簿籍纷纭""案牍劳形"等等句子。

在花下吃了两杯茶，孙县长约定明晨早聚，便告辞而出。遇同乡魏振华夫妇，送给我几样青城玉，作为此行的纪念。

● **郫县绮丽的神话**

等到警报解除，已是夕阳在山了。第二天早晨，汽车还不见来，我们只好坐人力车回蓉，并在郫县停车访古。

郫县俗名杜鹃城，李雄据蜀，曾在这里建都。郫县的名胜，最有名的是望丛祠，望是望帝，丛是丛帝；丛帝本是望帝之相，俗传望帝在蜀，娶蜀山氏女，后为丛帝占有，并夺取他的帝位，望帝悲愤哀泣，死后便化作啼血之杜鹃。但这是神话的传说，据《华阳国志》说："周失纪纲，蜀王杜宇称帝曰望帝。会有水灾，其相开明（鳖灵），决玉垒山以除水患，帝遂禅位于开明，升西山隐焉。时适二月，子规鸣，因名子规曰杜鹃，曰望帝。"高适诗"子规犹是蜀王魂"，李商隐诗"望帝春心泣杜鹃"，杜甫《杜鹃行》"君不见昔日蜀天子，化为杜鹃似老乌"。明高奕宣诗："最是空山啼望帝，声声思蜀总难听。"从此"杜宇"便成为文人常援用的故事了。

在郫县偶然想起杜甫诗"酒忆郫筒不用沽"之句。据云郫县有一边有竹，截竹为筒，以汲井水，水变为酒，他竹则否，竹尽则井中之水亦成了凡水。这个故事，到唐时已经没有了，所以杜甫才这样说。又按范成大《吴船录》

（一名《出蜀记》）云："郫商截大竹，长二尺以下，留一节为底，刻其外为花纹，上有盖，以铁为提梁，或朱或黑，不漆，大率挈酒竹筒耳。〈华阳风俗记〉所载，乃刳竹倾醸闭以藕丝蕉叶，信宿馨香达于外，然后断取以献，谓之'郫筒酒'。"但这个东西，我们在郫县却不常见，后来在绵阳见竹筒盛豆油的很多，这许是郫筒的旧法。又范记所说的"郫邑屋极盛，家家有流水修竹，犹为壮镇"，但自宋迄今，郫邑已几经沧桑，无复昔日旧观，现在已是街市湫溢、屋宇低平的小市了。

过此一片水田，于暮色苍茫中到达成都。

（梁乙真，著名散曲家，河北鹿泉人。1941年5月到四川视察团务工作，在此期间撰写了《蜀道散记》。抗战胜利后曾任傅作义将军的秘书，1949年1月他参加了北平和平起义。本文节选自《蜀道散记》，标题为编者加）

蓉行杂感

张恨水

● 北平情调

不才随重庆新闻界参观团往成都,《上下古今谈》须停笔若干天,以代其缺。自然卖担担儿面的也不会作出鱼翅席,还是古今谈解数。

到过成都的人,都有这样一句话,成都是小北平。的确,匆匆在外表上一看,真是具体而微。但仔细观察一下,究竟有许多差别。凭我走马看洛阳之花的看法说,有一个统括的分析,那就是北平壮丽,成都是纤丽;北平是端重,成都是静穆;北平是潇洒,成都是飘逸。自然这类形容词,有些空洞,然而除了这空洞的形容,也难于用少数的字去判断。若一定要切实的说一句,应当说是成都之北平味是"貌似"而微,而不能说是具体而微。

虽然成都这个城市,决不同于黄河以南任何都市。就是六朝烟水的南京,历代屡遭劫火,除了地势伟大而外,一切对成都都有愧色,苏杭二州更是绝不同调。由江南来的人,看到了这个都市,自然觉得这是别一世界。就是由北方来的人,也会一望而知这不是江南,成都之处就在此。

看成都的旧街道,两层矮矮的店铺夹着土质的路面宽达三四丈,街旁不断的有绿树。走小巷,两旁的矮墙,簇拥出绿色的竹木,稀少的行人,在土路上走着,略有步伐声。一个小贩,当的一声敲了小锣过去,打破了深巷的寂寞,这都是绝好的北平味。可是真正的老北平,他会感到决不是刘邦的新丰。人家的粉墙上,少了壁画,门罩和梁架上,少了雕刻,窗栏未曾构成图案,一切建筑,是过于简单了。

看一个地方的情调,必须包括人民生活,自不定光看建筑,而旅客对于人民生活的体念又是一件难事。然则我们说成都之北平味,是貌似而微,不太武断吗?我说不,建筑也是人民生活之一部分,在这上面,可以反映到他的生活全貌。试看苏州人家的构造,纵有园林,也只有以小巧曲折见胜,你就可以知道苏州人之闲适,而不会是北平人之闲适。于是以成都之建筑,考察到北平风味,是不中不远矣。

● 驻防旗人之功

成都作为都城,在历史上,可以上溯到先秦。然而,它不能与西安、洛阳、开封、北平、南京比,因为它不过是一个诸侯之国,或僭号之国的都城而已。经较成为政治重心的时代,共有两次:一次是刘备在这里继承汉统,一是唐明皇避免安禄山之乱而幸蜀。但这在当时,为时太短,到如今又相距很久,留给成都的遗迹,那恐怕是已属难找。自赵宋灭孟氏之后,只有张献忠在这里大翻花样。然而,那并不是建设,是彻底的破坏。所以,我们看成都之构成今日的形式,应该是最近三百年来的储蓄,谈谈太远,那是不相干的。

……成都是西南政治军事文化据点之一,尤其是那班驻防旗人,他们扶老携幼,由北京南来,占了成都半个城,大大的给成都变了风气……在专制时代,原有"宫中好高髻,城中高一尺"的倾向,成都人民在旗人的统治与引诱之下也不会例外,由清初到辛亥这样继续的仿效共二百多年。然则这里的空气,有些北平味,那是不足为怪的。

● 桐花凤

自我们念过王渔洋的词："郎是桐花，妾是桐花凤。"我们就联想到桐花凤是怎样一种鸟？这回在灌县离堆的李冰祠面前，我们有个机会仔细地看到了。鸟贩子将竹丝笼子，各关着两头或三头，送到游客前面来兜售。这小小的动物，它比燕子或麻雀，还小到一半，嘴长而弯，像钓鱼钩，紫色头，大红脖子，胸脯黄，与颈毛交错，翅领深灰色，中间夹着淡黄，尾长二寸余，约为身体之两倍，翡翠色。总而言之，美极了。就为了它太美，捕鸟者，就把它关在笼子里了。

它是怎样被捕的呢？这里有无数的桐花树，高达六七丈，淡紫色的桐花，大如酒杯，作喇叭形成球样的开在枝上。大概是花蕊里有蜜，桐花凤与蝴蝶一样，在树枝上飞来飞去，时时钻进花里吃蜜。捕鸟人利用它这个弱点，将长竹竿接上两三根，顶上涂以胶着物，再抹些香蜜，它就被粘着了。据说，这鸟被关在笼里，顶多一个月就死，甚者只可过两三天。在这小鸟不住将头伸出这竹丝笼子里来，便知它是如何焦躁了。

● 夜市一瞥

无意中在西城遇到一回夜市，在一条马路的人行道上，铺了许多地摊，夹街对峙。那菜油灯光的微光，照着地摊上一些新旧杂货与书本，又恍然是北平情调。这虽然万万赶不上北平夜市的热闹，我跑了许多城市，还不见第三处有这作风，恐怕这又是驻防旗人所带来的玩艺了。

夜市中最让我惊异的，就是发现有十分之三的地摊，都专卖旧式婴儿帽箍，这种帽箍，是用零碎绸片剪贴，或加以绣花，有狮子头，莲花瓣等类。不说我们的孩子，就是我的兄弟辈，也没有戴过这种帽儿，它早被时代淘汰了。今日今时，在这些地摊上，竟是每处都有千百顶，锦绣成堆，怪乎不怪？于是我料想到这是到农村去的东西，并推想到川西坝子上，农人的如何富有，又如何不改保守性。而成都的手工业，积蓄很厚，也不难于此窥见一斑。

● 茶馆

北平任何一个十字街口，必有一家油盐杂货铺（兼菜摊），一家粮食店，一家煤店。而在成都不是这样，是一家很大的茶馆，代替了一切。我们可知蓉城人士之上茶馆，其需要有胜于油盐小菜与米和煤者。

茶馆是可与古董齐看的铺，不怎么样的高的屋檐，不怎么白的夹壁，不怎么粗的柱子，若是晚间，更加上不怎么亮的灯火（电灯与油灯同）。矮矮的黑木桌子（不是漆的），大大的黄旧竹椅，一切布置的情调是那样的古老。在坐惯了摩登咖啡馆的人，或者会望望然后去之。可是，我们就自绝早到晚间都看到这里椅子上坐着有人，各人面前放一盖碗茶，陶然自得，毫无倦意。有时，茶馆里坐得席无余地，好像一个很大的盛会。其实，各人也不过是对着那一盖碗茶而已。

有少数茶馆里，也添有说书或弹唱之类的杂技，但那是因有茶馆而生的，并不是因演杂技而产生茶馆。由于并不奏技，茶座上依然满坐着茶客可以证明。在这里，我对于成都市上之时间充裕，我极端的敬佩与欣慕。苏州茶馆也多，似乎仍有小巫大巫之别。而况苏州人还要加上一个吃点心，与五香豆糖果之类，其情况就不同了。一寸光阴一寸金，有时也许会作个例外。

● 安乐宫

记不起是在哪条街上，经过一座庙，前面像庙门敞着，像个旧式商场，后面还有红漆栏杆，围绕了一座大殿。据朋友说，那里供着由昭烈祠驱逐出的安乐公刘阿斗，这庙叫安乐宫，前面是囤积居奇的交易所。这太妙了，阿斗的前面也不会有爱国家爱民族的人，他们是应该混合今古在一处的。朋友又说戏台上有一块匾，用着刘禅对司马炎的话，"此间乐，不思蜀矣"那个典故，题为《此间乐》。我想此匾，切人切事，很好，可是切不得地。请想，把引号里的话，出之囤积商人之口，岂不危乎殆哉？

蜀除帝喾之子封侯，公孙述称蜀王，李雄称成都王外，还有三大割据皇帝：刘备、王建、孟知祥，而都不过二传，他们的儿子，刘禅荒淫庸懦自不必说，王衍虽能文而不庸，可是荒淫无耻了，孟昶更是奢侈专家，七宝便壶，名扬千古。因之他们也就同走了一条路，敌人来了就投降。

于是，我们下个结论："川地易引不安分之徒来割据，割据之后，就以国防安全感而自满。自满之后，就是不抵抗之灭亡了。"此间乐，其然乎？岂其然乎？

● 手工艺

物产展览会的手工艺品，真是琳琅满目，美不胜收。这何用说，是好好好！

然而，我有另一个感想，觉得往年的四川保路会，实在给予四川一个莫大的损害。假使川汉铁路成在十年之前，把西洋的机器运入成都平原，以成都工人这一双巧手，这一具灵敏的脑筋，任你飞机上的机件如何复杂，我想，他们决不会是目无全牛的。

走过昌福馆，看到细致的银器；走过九龙巷，看到美丽的丝绣；同时发现那些工人，并不是我们所理想的纤纤玉手的女工，而是蓬头发，黄面孔，穿了破蓝布褂的壮汉。让我想到川西人是相当的"内秀"，不能教他造飞机零件，而让他织被面，实在可惜之至！

虽然经过某街，看到印书匠还在雕刻木版，舍活字版而不用，又感到好玩，手工艺，是成都一个特殊作风。

（张恨水，著名作家，安徽潜山人。1938年入川，寓居重庆。1943年3月成都举办花会和农业展览会，时任重庆《新民报》主编的张恨水应邀观光访问。之后，张恨水在《新民报》的专栏以"蓉行杂感"为题目陆续发表近50篇文章，编者从中节选出7篇）

乡谈与饮食

李劼人

● **逢场的乡谈**

在前八年的光景,春夏之交,我不知为着什么事情,须出南门到青羊场去走一次。

青羊场在道士发祥地的青羊宫前面,虽是距南门城洞有三四里,其实站在西南隅城墙上,就望得见青羊宫和它间壁二仙庵中的峨峨殿宇,以及青羊场上鳞鳞的屋瓦。场街只一条,人家并不多,除二、五、八场期外,平常真清静极了。

我去的那天,固然正逢赶场之期,但已在午后,大部分的乡人都散归了。只不过一般卖杂粮的尚在街的两侧摆了许多箩筐;布店、鞋店、洋货店等还开着门在交易;铁匠店的砧声锤声打得一片响;卖零碎饮食的沿街大叫。顶热闹的是茶铺和酒馆。

乡人们散处田间，又不在农隙之际，彼此会面谈天，商量事情，只有借赶场的机会。所以场上的茶馆，就是他们叙亲情、联友谊、讲生意、传播新闻的总汇。乡人们都不惯于文雅，态度是很粗鲁的，举动是很直率的，他们谈话时都有一种特别的语调：副词同感叹词格外多，并且喜欢用反复的语句和俗谚以及歇后语等，而每一句话的前头和后头又惯于装饰一种詈词。这詈词不必与本文相合，也不必是用来詈人或詈自己；詈辞的意思本都极其秽亵，稍为讲究一点的人，定叹为"缙绅先生难言之"的，（其实缙绅先生之惯用辞词，也并不下于乡人们，不但家门以内常闻之，就是应酬场中也成了惯用语。）然而用久了，本意全失，竟自成为一种通常的辅语。乡人们因为在田野间遥呼远应的久了，声带早经练得很宽，耳膜也已练得很厚，纵是对面说话，也定然嘶声大喊，同在五里以外相语的一般。因此，每家茶馆里的闹声，简直比傍晚时闹林的乌鸦还来得利害。

乡人们不比城内人，寻乐的机会不多，也只有在赶场时，把东西卖了，算一算，还不会蚀本，于是将应需的买得后，便相约到酒馆中去，量着荷包喝几盅烧酒。下酒物或许有点咸肉、醃鸡，普通只是花生、胡豆、豆腐干。喝不上三盅，连颈项皮都泛出紫色。这时节，谈谈天气，或是预测今年的收成如何；词宽的，慨叹一会今不如古，但是心里总很快活，把平日什么辛苦都忘记得干干净净的。

我那天也在茶馆里喝了一会茶，心里极想同他们谈谈，不过总难于深入，除了最平常的话外，稍为谈深一点，我的话中不知不觉，总要带上几个并不新奇的专名词。只见他们张着大眼，哆着大口，就仿佛我们小时候听老师按本宣科讲"譬如北辰，众星拱之"一段天文似的。我知道不对，只好掉过来问他们的话，可还是一样，他们说深一点，我也要不免张眼哆口，不知所云了。

● **成都的房子**

成都——也可以说四川大部分的地方——是历来没有大风大雪的，每年只阴历二月半间有一阵候风，顶多三天，并不厉害。所以成都的房子，大抵都不很矮，而屋顶也不大考校。除非是百年前的建筑，主人们还有那长治久安的心情，把个屋顶弄得结实些，厚厚的瓦桷之下，钉着木板，而又重又大的瓦片，几乎是立着堆在上面，预备百年之内，子孙三世，都无须乎叫泥水匠人来检漏。但这种建筑，已是过去了，只有民国时代，一般较笨较老实的教会中的洋鬼子，他们修起教堂、医院和学校来，才那样不惜工本的，把我们不屑于再要的老方法采了去；而且还变本加厉，模仿到北京的宫殿方式：檐角高翘，筒瓦隆起。我们近代的成都人，才不这样蠢！我们知道世乱荒荒，人寿几何，我们来不及百年大计，我们只需要马马虎虎的享受，我们有经济的打算，会以少数的金钱做出一件像样的东西。所以自从光绪末年以来，我们大多数的房子，都只安排着二十年的寿命，主要柱头有品碗粗，已觉得不免奢侈，而屋顶那能再重？所以合法的屋顶，只是在稀得不可再稀的瓦桷上，薄薄铺上一层近代化的瓦片。好在没有大风，不致把它揭走，也没有大雪，不致把它压碎，讨厌的是猫儿脚步走重了，总不免要时常招呼泥水匠人来检漏。

● **饮食与生活：麻婆豆腐**

以做豆腐出名之麻婆，姓陈，成都人皆称之陈麻婆。既曰婆，则为老妇可知，既曰麻，则为丑妇可知，然而皆于做豆腐无关。缘陈麻婆者，成都北门外万福桥头一家纯乡村型的小饭店——本名"陈兴盛饭铺"，"麻婆豆腐"出名后，店名反为人所遗忘——之老板娘也。（万福桥已于民国三十六年阴历丁亥岁被大水打毁，迄今民国三十七年阴历戊子岁八月犹无修复消息，据云，此桥系清光绪丁亥岁重修，恰恰享寿一个花甲六十岁。）

万福桥路通苏波桥，在三十七年前，为土法榨油坊的吞吐地，成都城内所需照明和做菜之用的菜油，有一多半是取给于此。于是推大油篓的叽咕车夫经常要到万福桥头歇脚吃饭，（本来应该进出西门的，但在清朝时代，西门一角划为满洲旗兵驻防之所，称为少城，除满人外，是不准人进出的。）而经常供应这伙劳动家的，便是陈家饭店。在早饭店并没有招牌，人们遂以老板娘为号，而呼之为陈麻婆饭店。

乡村饭店的下饭菜，除家常咸菜外只有豆腐，其名曰"灰磨儿"。大概某一回吃饭时，劳动家中的一位忽然动了念头，想奢华一下，要在白水豆腐、油煎豆腐、炒豆腐等素食外，加斤把菜油进去。同时又想辣一辣，使胃口更为好些。于是老板娘便发明了做法：将就油篓内的菜油在锅里大大的煎熟一勺，而后一大把辣椒末放在滚油里，接着便是猪肉片，豆腐块，自然还有常备的葱啦、蒜苗啦，随手放了一些，一脍，一炒，加盐加水，稍稍一煮，于是辣子红油盖着了菜面，几大土碗盛到桌上，临吃时再放一把花椒末。劳动家们一吃到口里，那真窜呀！（窜是土语，即美味之意。有写作爨字的，恐太弯曲了。）肉与豆腐既嫩且滑，同时味大油重，满够激刺，而又不像用猪油做出那们腻人。于是陈麻婆豆腐自此发明，直到陈麻婆老死后，其公子小姐承继衣钵，再传到孙辈外孙辈，犹家风未变。

虽然麻婆豆腐在四五十年中已自乡村传到城市，已自成都传到上海、北平，做法及佐料已一变再变。记得作者在民国二十六年"七七"抗战以后，携儿带女到万福桥陈家老店去吃此美馔时,且不说还是一所纯乡村型的饭店:油腻的方桌,泥污的窄板凳,白竹筷,土饭碗,火米饭,臭咸菜。及至叫到做碗豆腐来,十分土气的幺师(即跑堂的伙计)犹然古典式的问道:"客伙,要割多少肉,半斤呢?十二两呢?……豆腐要半箱呢?一箱呢?……"而且店里委实没有肉,委实要幺师代客伙到街口上去旋割,所不同于古昔者,只无须客伙更去旋打菜油耳。

● **饮食与生活:成都的用柴**

　　成都是平原地带,产煤产炭的地方都在西北百里以外的灌县、彭县,而且皆不通水道,也无铁路,虽有短短一段公路,可是用汽油用酒精的大车,连载人且不够,而又向不知道利用兽力来拉运;以前人工便宜时,多费些劳力汗水,倒不算什么,但是愈到近来,人工愈贵,而我们成都百分之二十的住户,仍然在烧着这种不经济的煤炭。因为烧炭也有条件,比如人口众多,时间较长,方划得来,无此条件的其余百分之八十的住户,便只好烧木柴了。而木柴的出产地,在一百五十里外眉山县和青神县。幸此二县皆在岷江之滨,虽是逆流上行,倒底比在几十里的陆地上,纯用人力搬运的,较为便宜。却是也因运费日昂,使得七十余万的成都市民,对于必须生活费用中,最感头痛而开支最大的,就是这个燃料。成都人为了要非常经济的来使用木柴,岂但是古人所说的像烧"桂树",而且吻合了许多田舍人家所讥讽的在烧"檀香",确乎其然,柴是劈的那么短,那么细,那么匀,排在小巧的灶肚内的铁桥上,又那么精致;弄菜弄饭要大火时,可以一口气排上四五根,只要菜饭一熟,喊声"退火",便立刻将柴拉出弄熄。

● **饮食与生活:包席**

　　馆是餐馆,越是人口集中的都市,餐馆越发达,越利市,四面八方的口味都有。顶大顶阔顶有为的餐馆,人人皆知,可以不谈,所欲谈者,乃中等以下之馆,及专门包席之馆耳。中等以下之馆,大多为本地口味,以成都市上者为例,在三十年前,红锅菜馆最为盛行,虽然水牌上写着蒸炒俱全,其蒸的只有烧白和蒸肉,白菜卷酥肉等;炒哩,大抵肉片、肉丝、肝花、腰花、宫保鸡丁、辣子鸡丁等。最会用猛火,即武火是也。最不会做蔬菜,有些甚至连炝白菜都炒不好。如其菜品较多,加有海味,加有鱼虾,则称之南馆,这大概是南派馆子之简称。

　　以前,此等馆子,只能临时点菜,备客小吃,而不能备办席面。专备席面的,为包席馆。包席馆可以一次办席几十桌,专供红白喜事之用,也可精心结撰的办一桌两桌,以供考较口味者,应酬宴客,但是馆内并无起坐,只能准备好了,到人家去出菜。此两派虽历有变化,但有一与前之厨不同者,即菜单有定型,甚至刀法及放在碗内的形式,通有定型。吃一次是此味觉,吃百次还是如此味觉,所谓落套是也。此缘人人口味各殊,不能将就人人口味,只好得一种中庸之味,使人人感到"都还下得去"而已。及至私家之厨,分入于馆,虽在菜单与口味上起了变化,多了些花样,然而久而久之,还是要落套的,其故即是厨只在服事少数人,只求馔之如何精,脍之如何细,而用钱则不计。馆哩,除了服事多数人外,而每一席的成本,终不能不有所打算也。

● **饮食与生活:温火**

家常菜的味觉范围更窄,经之营之的时间更从容,故一切都与厨、馆不同,除了馆派之"纯"不能用,除能兼用之文火外,(以岚炭为原料,必使火焰熊熊高出炭外数寸者,为武火,宜于煎炒煠烩,器为耳锅。亦用岚炭,而不用火焰过大,有时须专用木炭,即枫炭,即硬木如青枫、檀木等烧出者,更有专用泡木烧成之炭,名桴炭,或桴楂者,名文火,宜于煨煮焖炕,红烧清炖,器以沙之陶的为最佳,搪瓷者次之,不得已而再思其次,则点锡纯银之器差可,顶不可用者为铜与锑。据说,法兰西之煨家常牛肉汤,至今仍用陶罐,此一色菜,即曰"火煨罐"也。)尤能用温火,温火之器曰"五更鸡",成都人曰"灯罩子",以竹丝编成,中间置燃棉绳之菜油壶,比燃煤油之"五更鸡"尤佳。举实例言之,如用温火制燕窝、银耳,可使融而不化,软而有丝;以煨鸡汤海参,则软硬之间,尤难言喻。然而前者一器,须费十小时,后者一器,须费三十小时,其软化如烂熟了的寻常的红烧肉,苟以此法此器为之,已绝非文火所做出者可比,自然更谈不到武火。即此一例,厨派、馆派如何梦想得到?

● **饮食与生活:语言**

中国人对于其他生活要素,由于顶顶重要的"自由",大概都可模糊,有固然好,精粗美恶倒不十分计较,只要有哩,并不一定拚身心性命以求之。独于食,那便不同了,在川人中间,按照旧习,见面的第一句话,并非是"你过得怎样?""你好吗?"而是"你吃了饭没有?"或曰"吃过了没有?"而且在询问时,还带有时间性,在上午,问的是早饭;过午,须问午饭,四川语谓之"饷午",读若"少午";入暮则问晚饭,谓之"消夜";其严格犹洋人之问早安、日安、晚安也。其他,凡与人相交接,团体与团体相交接,大至冠婚丧祭，小至邻里往返，庄严至于纳贡受降，游戏至于"撇烂"打平伙，甚至三五小儿聚而拌"姑姑艺儿"——黄晋龄的餐馆名，引用为"姑姑筵"，亦通——无一不有食之一字为其经纬。

（李劼人，著名作家，四川成都人，中华人民共和国成立后曾任成都市副市长、四川文联副主席等职。本文节选自李劼人《成都是一个古城》，标题为编者加。"逢场的乡谈"出自《"唉! 讲演"》，写于1925年；"成都的房子"出自《危城追忆》，发表于1937年；"饮食与生活"出自《漫谈中国人之衣食住行》，写于1948年）

晚清时,锦江上的船只 魏司 摄

1913年，川西推着鸡公车的乡民　魏司 摄

1917年，四川新都宝光寺内的塑像　甘博　摄

1917年，成都皇城前的石狮　甘博　摄

1945年，锦江行舟　威廉·迪柏 摄

成 都 百 年 风 俗

Chengdu 100 Year Customs

天府文化 百年成都
Tianfu Culture, A Century-old Chengdu

Chengdu 100 Year
Customs

成都百年风俗

民国礼俗

蜀游闻见录

徐心余

● 花会

　　成都花会相沿已久，不知创自何年。以地气和暖故，各种花木，发育最早，比及春初，均含苞待放矣。每年就西门外二仙庵青羊宫两庙区，集合各园主，将各种花木，营运来会比赛，所以推广营业也。乡村古寺，平添无数花园。初不过争妍夺艳，点缀春光。久之各项营业，与年俱增，均得聚集此间，设市销售，遂辟成临时街道，居然成极大商场。茶楼酒馆，不下百数十家。每日往参观者，都十余万人。会址也逐年增加，宽广且十余里。车马喧阗，官商毕集。红男绿女，结队偕来。出城数武，即拥挤不堪。舟车所至，凡远在数百里外者，亦莫不联翩庋止，诚盛会也。查地离城三里余，庙区而外，均属农田，附近农民，以花会地租腾贵，较春麦收入，不啻数倍，故上年秋间，即不事耕种，且有各铺商于冬腊间，预向农民租赁者。本以每年二月初十日开会，至月底宣告闭幕。清末为提倡工商起见，就花会名称改为全省劝业会，由劝业道集合官商，扩大组织，所有各州县游民工厂各种出产，均令营运前来，以资参考。举凡临时官厅，分途警察，无不设备周详。会期遂由正月底提前布置，延长至四月初矣。

● 成都公园

　　成都初无公园，光复后收回满城余地，建筑而成。占地百余亩，亭榭多处，水陆交通，有泛舟当歌而管弦入听者，有蹴毬为戏而足战声酣者。其酒馆茶楼，掩映于垂杨古木中者，更不可指数。游人春夏为多，门票仅铜元五枚。晨钟甫动，游者即络绎而来，车水马龙，非至夕阳西下，明月东升不息也。园之南有牲畜场，虎豹等居之，山禽水鸟，以铁丝环绕天空，飞鸣上下，颇具奇观。京班文明等戏，须另购票，方可入座。又有清洁西式浴堂，在园之左偏，游兴既阑，浴罢披襟而归，其乐趣真不可言喻矣。

● 放焰口

成都风俗，凡延请僧道，追荐亡者，或诵经或拜忏，或大张旗鼓，作种种道场，或数日，或十数日，皆永日功德，未有延长至夜分也。有所谓放焰口者，系赈孤之一端，与亡人绝不相涉，或有因病而许放之者。下午八九时，例在大门口举行之，形式与吾通施食略同，惟召请时，或掷红钱，或抛鬼弹，为稍异耳。红钱者，以砆染铜钱，一百廿枚。鬼弹者，以酵面蒸熟如弹子大，约数百枚。彼时聚观者众，无不以全力夺之，据称红钱可以避邪，鬼弹可以消食，亦迷信之说也。

● 烘笼

天寒地冻，富室璇闺，自可围炉作乐。贫苦之家，衣单被薄，则购置烘笼取暖。笼以竹篾制成，有柄可提，略如手炉式，中有瓦钵可盛火，或以铁钵，价极贱，亦有编制精密，作种种花纹，以之作投赠品者。每年冬寒节届，街头巷角，有卖炉火者，以树枝炭就铁锅燃之，或二三文，或三四文，铲入烘笼，就腰间烘之，燃尽再铲，亦甚便也。惟夜深睡熟，偶不经心，往往演成切肤之痛，此不可不慎也。

● 夜市

成都省东大街，长约里余，街道极宽，凡珠宝绸缎各大商店，均在此街，交易最为阔大。至日暮即收市闭门休息，两面檐下走廊，即为摆夜市者，就地陈设，凡百零星，无不应有尽有，行人东西偕游，往来如织，直至二更鼓罢，方各收市。说者谓夜市中，虽无大宗交易，而每夜银钱出入，尚千有余金，就中以吃食店铺，及医卜星相各摊，多恃此为日常生活，官家例不能禁止也。

● 丧祭

川省丧家，每逢开吊之期，例有家祭，与吾通堂奠略有异同。有说孝歌诗两节目，差堪注目。初献礼毕，设一台高三四尺，中安公座，引赞引一人登台宣讲，择《论语》中问孝章，逐层讲演，孝子以下，均匍匐案前，约一小时始止。亚献而后，又有歌诗一节，形式与说孝略同，惟歌诗者，均十二三龄学童，或二人，或四人，歌蓼蓼者莪诗全章，或次第歌，或同声歌，或歌罢择诗中扼要语讲演之，讲毕，行三献礼而退班矣。

● 捏相术

川省暑袜街东，有捏相者，仅陆姓独家经理，其术极神，可以传子孙，而不以之授徒也。余少小居通时，外祖杨庚垣公，曾有此相，在苏州作寓时所捏。有玻匣方长式，高二尺余，相高不及尺，危坐如生，座旁设小桌椅，如庭榭间，茶具镜屏，间以花盆数事，位置极其雅观。闻川省陆姓，亦系于乾嘉时，由苏迁去，售艺已五传矣。据云捏相时，隔案对坐，两目以全神注之，两手缩藏袖中，就案下捏之，不仅得其形似，且能传以神，近今摄影家，恐无此神妙也。该相捏成，仅及头面，颈以下，或衣冠，或常服，均听自便，无论男女，衣服装饰，四时皆备。每捏一相，所有玻匣及装饰等品，须五十金。犹忆昔年在川，常经该店门首，有捏成前四川总督丁文诚公之相，栩栩如生，诚绝艺也。

● 皇城坝

成都皇城正门，与外城略有不同，三门并列，中与西常扃，平时由东门出入，中门非乡试年不开也。门外地，宽广约数十亩，俗所称皇城坝是也。距中门数十武，有木坊，书"为国求贤"四字，每字大三尺余，杰作也。每日自黎明起，或说鼓书，或唱道情；耍百戏者，锣鼓齐敲；卖打药者，刀矛并举。他如医卜星相各家，则争驰于极南之照壁墙下，如棋布星罗，举莫能穷其所至。东西两辕门内外，遍设饮食茶点等处，所谓有物皆备，无美不臻者，直至日落西山，始见人影乱散焉。

（徐心余，江苏南通人，1893年随父入川，在夹江、成都、叙永等地供职。1910年其父病逝，徐心余扶柩归乡安葬。1914年再度来川，曾任川江水警署长等职，数年后离川，被名士张謇聘为家庭教师。本文节选自徐心余《蜀游闻见录》）

蓉俗撷录

胡 天

成都因系西南文物会粹之区，且以物产富饶，人民求生较易。因此形成成都人之性情为尚文，善谣，不知勤苦，好娱乐。清末傅樵村著《成都通览》，有"成都人之性情积习"一章，于呜呼噫嘻王化衰微之慨叹后，有如下之记述：

好换帖，子弟好赌博。
好结交官场，终被官场欺压。
绅士好学官派。
乡间富户多以结会保家。
绅士不顾团体好排挤。
谋事不遂，好造谣坏人。
好饮食，有饮食便口软。
乡间绅粮，好管公事。
茶馆聚谈，好造风谣。

青年子弟好戴眼镜,冒充学生及学洋派。

好看戏,虽忍饥受寒亦必去,晒烈日中亦自甘。

性情柔懦,最怕官长。

阅报者不及百分之一,识字者不及十分之六。

以出入衙门公局为荣,以与官场同财为恃力。

青年子弟习好奢华。

相貌最丑,偏好装饰。

街上夜行,口中好唱戏。

好聚谈。

卜事好求神签。

妇女最信僧道,及女巫、卦婆。

公馆妇女最信卖花婆。

妇女好将小儿拜寄僧道及乞丐。

妇女好看戏,不怕被戏子看她。

富者赏戏班之钱,十倍于作善之数。

好游监视户。

苦力者性情傲妄。抬炭背米抬轿者,一日挣钱即日用完。

每逢水心开日,必令小儿发蒙识字。每逢金满斗日,家家必做裹肚及裆裢。

好扯地皮风。假意留客,客已离座,方假言:"吃饭再走。"

男子遇友人于路,必相问曰:"往何处去?"早晨必相问曰:"吃早饭莫有?"午相遇,则曰:"吃少午否?"夜相问曰:"消夜否?"

平民妇女问人吃饭否,必续问曰:"吃甚么菜?"

凡友人得子必送月礼,鸡蛋、肉、糖、衣料之类,必兼问之曰:"乳够用否?大人好否?"(大人指产母)

凡修宅落成,自己做匾对,下书众亲友同贺,上款自题曰:"某某硕德、仁兄"。

凡得功名,必自己写报条,大书特书,遍送亲友,自称为"某老爷""某大人"。

凡讼事毕,无论胜负,某亲友各放炮道喜。

产母临产,床前燃七星灯,所有箱柜抽屉,均打开不关,否则子难下也。

产母房门,必用倒锁锁上,否则乳浆必为生人带去。

产母须四十日,方准出房门及走人户。

遇九头虫,家家户户拍响器以逐之。

做恶梦,或眼跳,必书四句贴墙上。

凡新到一官，无论贤劣，保正及局绅，必建立德政碑，下书合邑士庶恭颂，其实为保正、局绅数人所为者也。

贫民于年下多放火自焚，以图得赈恤者。

贫民于年下夜间妇女坐于檐下，以求米飞、钱飞。

好赌咒，谓有咒神。

民家商店最尚忌讳，早饭前禁说"人熊""豹子""老虎"等字，童子无知，偶言不忌，故春贴必书"童言无忌"四字。

……

傅文所述，自系古之成都人，今日之成都人，已大异是。

● **夜市**

成都夜市，相沿已久，其地点原来即在东大街。上自城守东大街起，下至盐市口止，每日从下午六钟起至夜九十钟止，即为集市时间，百物萃集，游人众多。其市又可分数段，城守街至走马街口以售卖小食者为多，——如棒棒鸡、水饺子、抄手面、牛肉饭、汤饭、牛肉饼、羊肉饼、烧红苕、冷食肉类等等，——其价较廉，味亦可口，不过不卫生耳；由走马街口至新街口一段，以售书画、铜器者为多，书画皆劣品，铜器亦非精致之物，且均普通用具；新街口至盐市口以售古董玩器为多，附近盐市口又以售卖玩具、乐器、鞋帽、铜首饰者为多，其货多劣。夜市均地摊，雨天稍冷淡。数年除少数钱铺、香铺、药铺，夜不闭门外，而其余铺户均已关门。近年则大多数之杂货店亦闭门较迟，且增加少数饮食店，必待夜市散后再关门者，兼之春熙四路及商业场，为商业中心，必于八钟后方始闭市，电灯照耀，如同白昼，夜市亦相当受其影响也。

● **菜蔬水果市**

成都地方，土地肥沃，蔬菜繁盛，种类亦多，并有许多蔬菜，为他处所无者。兼之种菜园圃，皆近城周围及城内之隙地，又以气候关系，各种新菜出市，皆在其他地方之前，故成都所食蔬菜，如在大市所买者，极为新鲜，如延搁数日者，绝少人买食。惟成都向无菜市之组织，均于清晨在较宽广之街头，自由集市，至于终日售卖蔬菜者，均属铺家，或挡沿街担售卖者。成都菜市所在地，向以太清宫、普准堂、湖广馆、棉花街、康公庙、冻青树（现移康庄庙）、南门大街、北门火神庙、北门新开寺街、将军衙门后、西门大街、青石桥大街、后子门大街等地，近亦仍在各该地段。

水果一项，原均来自外县，如梁山、蓬溪之柚子，合川之荔枝、青果、佛手，泸县之红橘、龙眼，江安之花生，资州之橘子，井研之甘蔗，以及金川雪梨，附近县份之板栗、茨菇，近年附城各果园所产之美国苹果、葡萄、鲜桃等等，均属极好之品种，其价亦廉，而物尤美，不过均未得储藏之法。水果大市在外东芷泉街，零售小铺各街均有，摊担尤多。

● 一落千丈的蜀锦业

"蜀锦"之名，艳称海外。《华阳国志》云："机杼万家，上下蒸蒸，悦豫相从，所至辐辏"，这是古成都织锦的盛况。成都因为织得这样好锦，故名锦城。当时且设锦官专司其事，故又名锦官城。造锦者挨门比户皆是，销场遍于全国，这是"蜀锦"的黄金时代，而机户亦以"富贵行业"自居。清末洋绸、洋缎侵销内地，物虽不美，但价极低廉，数千年独霸市场的"蜀锦"，遭此空前打击，遂一落千丈，这里特将手工业织锦机户没落的现况，片断的写在下面。

记者为了知道织锦业者的生活状况，特亲往访问顺城街，和尚街一带是机户麇集的地点。规模较大的机户，不过十余机头，有的仅二三机头。机户做不完的机头，多雇工人或学徒为之。这角落是劳力贱卖的场合，这儿劳苦大众的工作价值，为人们所不能想象的低微。本来在机户本身，经济亦早已濒于绝境，当学徒的仅有两顿饭吃，而一般工人的工资，则以工作成绩为标准。织锦一尺得工资三百五十文，一个人像机械一样的不停工作，每天最多不过织锦七尺，所得工资仅二千五百文（合洋一角），吃饭还得吃自己，因此工人终日辛劳，仍不免冻馁。弥补的方法，是多做夜工，多换来一餐薄粥，于是你深夜从顺城和尚街过，会听到彻夜的机声，织锦业的生活是这样艰苦。

当记者前往一家机户的时候，一个须发皤皤满脸皱纹的老工人，带着无限感喟的语气说："这行业，哪个愿干？一天做到晚，还养不活自己，连木匠、泥匠都不如！"我问他："这里丝织工人有多少？"他摇着头，沉思了好久说："多少人改行了，有的拉黄包车去，当兵的还不少，××部成立补充连，就有八十几个是……""剩下的咧？""剩下的，剩下的不过四五百人，多是年老的人，和年青的孩子。"可怜的老人和可怜的孩子，便是织锦业冻饿线上的工作者。

● 住家

成都的每一个住宅中，无论怎样都种点树木，故在成都什么都谈不上，而对于住，都有相当的惬意。花的钱不多，而能租到一些别墅似的房子，这在暴发户的南京以及上海，很难找到这优美的环境。

成都的住也分了许多区域，城中春熙路一带，是商业区，房子较贵，但很少完美的住宅，少城一带比较清幽些，亦多大公馆，其他城北一带则颇冷静，房价亦较便宜。

到一个稍好的住宅内，一进门便有一位老者坐在那儿任守门的职务，这些人，都是由主人雇请的，称谓"看门头"。除给以伙食外，每月要另外给一二元钱另用，假使这院内住有几家的话，看门头的伙食便由几家分担，工钱亦由各家分担。这看门头唯一的职务当然是看门，故以老年人为适宜。你试到每一个公馆的门首去看，坐在那门首竹椅上的，必是一个五十岁以上的人，甚至于是残疾。

看门头固然是用来作看门传达的，但成都人几至于家家都用，为什么有这么多？他的用途不止以上所讲是为得看门，除此而外的原因，还有一种传统的观念的支配。成都一向是居西南边疆文化中心的大都市，到这儿住的人，既带几分文气，更带几分官气，官气必须有一定的排场，一定的架子，官的排场与架子，则又必须要表现于衣食住行上。衣食行暂且不谈，单以住而言，必须有花园一样的公馆，有传达室，有厅室之各种设备，既有传达室，必须有守门人传达之类，有厅堂必须有听差、丫头、老妈子之类的人物，可是用守门人乃是有钱人的自由，为什么要说这是传统的观念呢？有钱人用十个八个守门人，这并不算一件了不得的事，但成都之很多公馆，实在是内容空虚。家内尽管在当卖过活，而看门头不可不用，不用看门头不足以表示他的阔气。

自从川政统一后，成都房子租金大涨，向日十数元之一月的房子，近日要涨到三十余元。而且租房子另要一种押金，十数元的房子，押金必须一二百元，甚至有五六百元到一千余元的。

（胡天，生平不详。本文节选自1938年出版的胡天《成都导游》，标题为编者加）

成都琐记

莫钟骏

● **祀典**

市内有文庙（孔子）、关岳庙、忠烈祠各一。每值仲秋，本市军政首长，亲往主祭。礼仪隆重。市民祭祀有家祭、墓祭之分。清明携香帛焚于墓，谓"墓祭"，并插坟标以为识。上元、中元、冬至，祭于家。俗尤重中元之祭。至各家祖宗生日忌日，通行家祭。族大者有宗祠，岁时令节，合族共同致祭。

● **弄璋**

生子三日有庆，曰"洗三"，即汤饼会。生长子，婴父必亲至岳家献神。岳家殷富者，赠婴孩衣履帽物，曰"小衾"。弥月有宴酬客，曰"满月酒"。贫寒之家，不尽行之者。

● **城隍会**

本市城隍庙有三：曰府庙，在下大东街；曰成都县庙，在外北金华街；曰华阳县庙，在东较场。民俗每年办会三次。春季清明节一次，曰"扫瘟疫"，市民多带柳。……秋季七月半一次，曰"赏孤"。冬季十月初一日一次，曰"寄寒衣"。三次会事，规模相仿。届时三庙各杠神像，乘美丽大轿，约聚市区内，结对出赛，游行通衢间，曰"出驾"。……自抗战军兴，政府为节省财力、物力计，已将此种无益之举，勒令停办矣。惟成都县庙，址近乡区，地势宽敞，乡民来往便利，一般农作物、农具，如竹木铁器等，集庙前售卖，经旬不散，曰"赶坝坝会"。

● **盂兰会**

中元，俗呼"七月半"，市民普遍烧纸祭祖。或有数家相集合于一私人庵庙内设醮，拜经礼忏数日夜，以追荐祖宗，冀求超升者，曰"盂兰会"。

● **放生会**

每年农历四月初八佛浴日，民俗有帖架毛虫陋习。是日有会，曰"放生会"。以本市外东河畔为起点,至望江楼为终点。市民竞相游江,或买鱼类放生行善,或投饵料资鱼作食。……望江楼内,有茶酒馆、餐馆,沿途有摊贩小食品等。洵为本市一盛会。近年空袭严重,亦无形停止中。

● 清醮会

本市于逊清时代,每四街即立福德祠一所,俗呼"土地庙"。或因地势关系,有三街立祠者。习俗每年春季,由各祠街坊,集资建醮,曰"清醮会"。人各沐浴斋戒,一律茹素,并禁宰杀,讽诵经忏数日,意在祷免瘟疫火灾。醮末用纸扎一龙舟,沿街一路扫荡,送至江边焚化。会毕,多演灯影剧或木帚剧以酬神,并设宴以酬醮会首领之辛勤。

● 土地会

秋初,本市附廓及四乡有醮,曰"土地会"。诵经祈祷禾稼丰茂,不遭蝗虫之害。此醮四乡普遍盛行。繁荣地区,亦有剧有宴。

● 扶鸾

又名"降机",含有迷信性质。政府恐妖言惑众,早经严令禁止。本市慈善团体中,有好奇探隐之流,于夜阑人静,仍有秘密行之者。用决人之吉凶祸福,多有奇验。降鸾方式,用木质笔,架横梁,形如斗刮,以二人东西相对立,执梁两端,旋回于沙盘之上,逐渐移转,旋即回旋疾书,似有神助。章句精萃,文字生动,不类常人所作。降临之神,语言字句,颇合身分。但文机隐奥难测,所言于事后多有奇中者,故至今犹盛行也。

● 讲格言

俗名"讲圣谕",盖承袭专制时代之称呼也,创于清末。初清廷饬有司设台劝谕。府县首长觅善于词令者为之,用举例方式,以忠孝节义等相劝诱。有司给以相当酬报或赏金。积俗渐久,民间渐乐听闻,遂请人于晚间无事时宣讲。讲者将人情世态,编为故事,尽量形容,信口宣讲,以招来听众。

● 奥神

俗称"坛神"。酬神之礼,曰"参坛"。每值冬季,多举行酬神礼。有三年一小参,五年一大参之习俗。所以保合宅人畜之安宁。聘巫师讽经作法,类似演剧。相传历自周代,迄今相沿成习。或误犯之,有祟人如疯魔状者。晚近都市中业已仅见,乡间暨外县尚盛行之。

(莫钟驸,生平不详。本文节选自1943年出版的莫钟驸《成都市指南》,标题为编者加)

西风渐进易婚俗

陈钟慧

西蜀自古为天府之国,成都其都也,自古帝王多偏都于此,今为四川省会,亦政治文化之中心,对古昔风俗多所保守,而对新文化亦有所采纳。因之许多风俗在无形中乃有变迁,新旧掺杂实为自然结果,故成都之婚礼习俗亦并不一致,仪式各不相同,分述之。

● 旧式婚礼

订婚手续:说亲与合八字

当男女到了十七八岁,父母便托他们的至亲好友,为他们的儿女留意亲事,有的是他们的亲友看见两家的孩子都成人了,而且彼此年龄相当,门户相对，人品及家教大约都相配，于是自己出来为他们撮合。也有彼此父母因为感情太好，双方自己［为］儿女许配终身。说亲的步骤：由父母所托的人或自愿说亲的人，都称为"媒人"，到男家或女家，描述当事人的年龄、门第、人品、家财、家人、家教及能力等，同时彼此就要打听媒人所说是否属实，等到双方允诺、有可能性的时候，男家便要向女家要女孩的"八字"。

"八字"是由媒人索取交与男家，所谓"八字"是将女的生辰年、月、日、时用红纸条写成，名曰"草八字"，有的用口说，名曰"口八字"，男家得到"八字"之后，便连同男孩"八字"一并拿去请算命先生"合婚"，如果两人"八字"相克，这件婚姻无论如何也不会成功的，如果相合，便将女孩"八字"放于神龛上香炉脚下，压过三天，如三天之内家中不打破东西或无其他不幸事件发生，再请媒人正式向女家要一张"红八字"，这是用大红帖写的，于是这婚姻便算成功大半了，只待下聘，若在三天之内打破了东西或竟发生不幸事件，则此婚姻亦不能成功。

这里既然明白了在旧式婚姻中"八字"的相合或相克，实为决定婚姻成否的大关键，即使对方是十全十美，而因算命先生"合婚"的结果，以为相克，则一切都不用考虑，此婚姻是绝无成功的希望。……

这里还得谈谈媒人的资格，因为媒人要到男家或女家说亲，所以他必得熟悉男女两家的一切，此外最重要的还是媒人要全福的人（夫妇子女全在）才行，如此才吉利，如未具此资格，则婚姻说成之后，另请全福人充当，这请来的媒人，因为是安的，所以名曰"安媒"。

【下聘看人】

下聘俗称看人，下聘须择定吉日良辰，男女两家都要张灯结彩，男家早上预备喜面招待亲友，并请一位全福人来写"庚书"。"庚书"为一大红金边封套，上印"鸾书"二字，内装一大红全帖，四周印金色龙凤，中间合缝上印"鸾凤和鸣"之类的吉语。写庚书的人，便在此红纸帖左边写着："乾造某年某月某时健生"。写好之后放在抬庚书的亭子上，庚书封口上放一金玉如意或银如意，此外亭子上还放着填庚书所用封侯挂印的金杯，内盛金粉，庚书即用此粉写成。还有金斗金瓜之类，表示金银满斗及瓜瓞绵绵之意，如意表示一定如意。同时男家还要办许多抬盒，上放送女家的红蛋、花生、花烛、酒鱼、点心、糖果、鸡鸭、火肘等类物品，以及送女孩的衣料、金玉饰物及化装用品。这些抬盒及庚亭都由媒人押送女家，然后男家的母亲同姑母、姨母或伯叔母即到女家，由媒人介绍女家的至亲后，女孩跟即出来，男家母亲将送来饰物与女孩一一带上。这时即可仔细观察女孩是否五指不全，或六指，是否更有其他缺陷；带耳环时看是否油耳，因为油耳人有狐臭。这手续完后，女孩仍回房中，斯时如男家来人认为满意，便向女家母亲道喜称"亲家母"，然后敬神，女孩再到堂屋向未来"老人婆"（成都人称丈夫母亲之谓）叩头四下。男家来人留在女家午餐，同时女家便在庚书乾造的右边写"坤造某年某月某时顺生"，然后放还亭上，女家将男家所送东西收下，并回赠糖果，粽子状元糕取高中状元之意，此外还要送男孩衣料、鞋帽、书籍文具等物，由媒人押送回男家，订婚手续于是完成。如果男家来人认为不满意，当时即回去，不留在女家午餐，而女家亦不能收男家之礼，庚书亦不必填，此即订婚不成。

这上面所说的大多为富裕之家，才能如此铺张耗费，至于贫穷点的家庭就非常简单，仅将庚书及衣料一二件、银饰一二件交媒人带往女家，女家亦然。因为通常都是早已满意，只例行仪式而已，订婚不成的事是绝对少数。

结婚程序与仪式

【报期】

在结婚前不久，男家择定吉日良辰为结婚之日，然后通知女家，用大红金边封套上写"预报佳期"，内装全帖一张……（编者按：帖上写明"度礼""上头""安床""出阁""铺床""进亲"的具体日期）

同时男家还要送女家帐料、缎子及五色丝线，希望女家有所准备，所送东西是叫女家做帐子及枕头用的。

【过礼】

在结婚前一天，女家大宴亲友，家中张灯结彩热闹非常，而女孩却躲在闺房里哭哭啼啼，男家用抬盒抬些特制的糕饼，如喜饼、套饼及龙凤饼之类，红蛋、花生、糖果、海菜、鸡、鱼、酒、肉及花烛等物，以及送与女孩的手饰和特别为新娘所制的五件四季衣服，名曰"五子衣"。女家将所有礼物收下以后，即将嫁奁装于原始盒送往男家。

【簪花与花宵】

结婚的前一晚上，新郎要祭祖的，同时还于地上跪着，先请双福人插金花一对于新郎所戴帽上，并用红绸九尺披在新郎肩上，并说吉利喜话，斯时并放鞭炮。此后则亲友所送之红皆一一披上，是晚还要备酒菜招待亲友消夜，此名曰"簪花"。

至于女家当晚亦请亲友消夜，新娘亦有祭祖之礼，名曰"花宵"。

【铺床和压床】

在结婚前一天，新房中完全陈设好了之后，男家便要请一位全福女客来铺床，当铺床的时候，便要说四言八句。如"铺床铺床，金玉满堂，多生男子，少生姑娘"之类的吉语。床铺好了以后，便用一根红绳，将床的四周围着，不许别人坐床边。但在结婚的前一夜，则要请一位男童来睡，名曰"压床"。

【发轿与亲迎】

结婚所用轿子名曰"花轿"。这轿是专从办红白喜事的轿铺里租来，此轿是红缎绣花的，两边嵌有人物，里面很黑，新娘坐在其中，外面是看不见的，轿子背后挂筛子一把，里面用红纸糊好，并贴上太极图和八卦图各一张。在发轿前先要敬神，然后由新郎亲手持红纸油捻，在轿内四角照一照，然后才由执事、吹手等随同花轿到女家接人，媒人自然也要去的。

发轿之后，新郎跟即坐轿（现改坐车）到女家去，此时花轿尚未到，新郎燃烛向女家祖先行跪拜礼，并向新娘闺房一揖，女家主人并不出迎，只仆人奉烟茶而已，新郎稍坐即辞去，此名曰"亲迎"。

【新娘上头与上轿】

在结婚前一晚上，依男家择定的时候，由一位命好的女客在新娘的头上梳三梳，这名曰"上头"，又用丝线在脸上括一括，名曰"开脸"，此后即穿上旗袍玉带的大红礼服，戴上凤冠，只待上轿。

当花轿抬到女家时，女家仆人将大门关上，待男家扔下"门包"，始将大门开开，花轿抬到堂屋门口，此时吹手奏乐，新娘大哭，媒人或喜娘用一大红绸帕，四角有小钱，名曰"盖头"，把新娘头盖上，用红毡铺在地上，将新娘扶出，到堂屋拜别祖先及父母家人等，而后上轿，痛哭而去。

【回车马，周堂与洒帐】

花轿到达男家时，男家有人在门口等着，点上香烛，燃放鞭炮，一人手拿雄鸡将鸡喉割断，用鸡血绕花轿一周，花轿始抬进去，这名曰"回车马"。

花轿抬到堂屋门口，礼生唱："男出华堂，女下花车"，即由双福女客挽下新郎，礼生再唱："先拜天地，后拜高堂，夫妻交拜，转入洞房。"这名曰"周堂"。

此时即由男童两人，捧烛引导新夫妇入新房。烛于新房中放下，如烛未燃完即熄，这表示不吉利。当其入新房时，由司仪者向新房中洒喜果花生等，亲友等亦然。且大开玩笑，用喜果打新郎与新娘，口中多说吉利话或笑话如："喜洋洋，笑洋洋，捧把喜果到新房，新郎偷眼看新娘，新娘偷眼看新郎。"等语，这名曰"洒帐"。斯时新娘之盖头即由新郎取下。同时家人还要拿两碗桂元枣子汤，给新娘与新郎交换吃，名曰"吃子孙汤"，桂元取"贵子"之意，枣子取"招子"之意，亦吉庆之意也，此似与古礼"合卺"之意同。

【拜客】

结婚当天的正午，新娘与新郎双双站在堂屋中，先请一位双福客人出来受拜名曰"开拜"。然后依次拜父母、家族及亲友等。最后又请双福客人受拜，名曰"收拜"。受拜的人如系长辈，则要给新夫妇衣料、手饰及金钱等，名曰"丢拜钱"。如系小辈，则新夫妇要给与物品，名曰"得倒拜"。

【闹房与听房】

在结婚的当天晚上，各亲友及家族不论大小老幼（所谓三天不分大小）都要来闹房。在新房中戏谑新夫妇，故意作弄他们，尤其是要令新娘发笑或说话，且故意用问题难新娘使之答复，如果能得到满意答复则散去，这名曰"闹房"。是夜新娘与新郎可说是最难过了，而客人们相反的认为最高兴了。

客散了之后，新夫妇因疲倦了一天，自然要安寝的，可是就有人偷偷的躲在窗下，或预先悄悄的躲在新房中床背后或床下，窃听新夫妇枕边耳语，这名曰"听房"。据说要听才吉利。

新婚后的一些礼俗：

【送开门点心与回门】

结婚后的次晨，女家要遣新娘之小兄弟及侄儿，送汤元、发糕及莲子羹等来男家，然后分送家中及留住客人食之。名曰送"开门点心"。

结婚后的次日或第三日，由娘家来接新娘回家，新郎亦要去的，但要去得迟一些。新郎去时还须有两个表兄弟一同前去，此名曰"陪郎"。新娘与新郎到女家后，在午餐前亦同样要拜客的，所拜者为女家父母、家族及亲友，其礼与前同。午餐未完新郎即随陪郎者离席告辞返家，新娘亦跟即回家。女家还要送些糖果及衣料给新夫妇带回。

【入厨】

结婚后第三天早上，新娘要入厨作菜，所作菜的种类并无限定，不过其中有一样菜必定是鱼，此乃取吉庆有余之意。

【坐十与会亲】

结婚后的十天，新娘要回娘家去，在娘家耍十天，然后才回婆家，这名曰"坐十"。

结婚后一月左右，男家须请女家亲戚和自己家的亲戚来聚会一次。因为旧式婚姻男女双方并不认识的，如何往来自然得有一次机会彼此认识一下才是，这名曰"会亲"。因为礼上往来的关系，以后女家亦是要请的。

【谢红】

结婚后新夫妇要备办相当的礼物如衣料、糖果及点心之类，到媒人家去，并双双向媒人行跪拜礼，这名曰"谢红"。

要之成都旧式婚礼程序，大致不出乎《礼记·[婚]义》之六礼范围，所谓"说亲与合八字"，即古礼之"纳采与问名"，"下聘"即古礼之"纳吉"、"过礼"即古礼之"纳征"、"报期"即古礼之"请期"。至于"亲迎"其名亦与古礼相合。是以成都之旧式婚姻实渊源于古礼，不过名词与仪节略有变迁损益而已。晚近以来，婚礼程序，更趋简单化，通常只分订婚结婚二事。以六礼言，则纳采、问名、纳吉与纳征乃为订婚。请期与亲迎乃为结婚，至于上述之旧式婚礼，已因时代之变迁，而渐趋于灭迹，仅绝对少数守旧之家尚行此礼，但已不可多见。

● 新式婚礼

新式结婚：

此种婚礼，并无宗教仪式，但略仿旧式婚礼而来，不过仪式与手续却简化多了，前已言之，且男女婚约也决不像旧式婚姻，专凭父母之命，媒妁之言为定。分述如下：

【友谊阶段】

男女青年已达相当年龄时，由父兄、师长或亲友等介绍，先得父母许可，再取本人同意；或先取本人同意，再征父母许可，作纯粹友谊上的交际，经过相当时期，往还较密，并深知对方的一切，而彼此感觉情意相投，思想融洽，志同道合，以及仪态、容貌、学识、能力又为对方所喜悦，于是男女双方可与其家属往来，如果彼此都认为满意的话，当有婚约的默契。而后男的再向女家父母或本人求婚，如得许可之后即准备订婚，如果不然，双方可各自另觅配偶，而仍不失其为朋友。

有的是因男女为同学的关系，或朋友关系，自己认识的，在最初是并无婚约的意思，或一方面有意而另一方面无意，但后来因为彼此思想、兴趣的相投，或容貌、德行及学识的爱慕，在有意无意的交往中，发生爱情而热恋，于是乃征求双方父母之同意，然后准备订婚。

【订婚手续】

订婚日子由男女双方自己选定，或仍照旧式办法请算命先生择定良辰吉日，订婚前数日即束请证婚人、介绍人及各亲友等于订婚之日在家中或餐馆中宴会。是日设置礼堂，张灯结彩，亲友均来致贺，订婚人男的多着西服戴礼帽，女的多着华丽旗袍。是日除宴会外，证婚人、介绍人、主婚人及订婚人均须在订婚书上盖章。订婚人并互相交换戒指，二人更合摄一照片作为纪念。而且有的仍如旧式之纳聘然，男家送女的一些衣料和手饰，女家送男的衣帽及文具，但分量却较旧式要少得多，不过略为表示其家之阔绰而已。至于订婚费用，则大多为男家独自担负，但也有少数男家和女家共同担负者。

【结婚仪式】

结婚前一日或数日，由男家叫人往接，或女家派人往送，将女家陪奁送往男家，是日男家亦略备点心送与女家，结婚的前夜男女两家并无簪花与花宵之举，但都要请致亲好友来晚餐，以增热闹。女孩也决不像旧式婚姻要睡在床上哭哭啼啼，以及开脸上头等仪节。可是因次日便出嫁了，从今后要到另外一个环境去生活，有时对父母姊妹亦有恋恋难舍，不禁凄然之感，然而与旧式相较，则又大不相若。

结婚之日亦在家中或餐馆中设置礼堂，张灯结彩，亲友等亦来致贺，并馈赠礼物给新娘与新郎。新娘着白色软缎礼服，长袖细腰洒摆，头拖粉红色或白色长纱齐地，手抱花束；新郎着新西式礼服，头戴礼帽，并有男女宾相各一人，陪伴新娘新郎。其服装女宾相与新娘同，惟不拖纱，男宾相与新郎同，新娘同女宾相穿戴整齐静待闺房中，新郎、男宾相及牵纱儿童，坐汽车至女家，新郎向女家祖人鞠躬。稍坐，女宾相伴新娘出闺房，至堂屋中向祖人鞠躬告辞，然后同新郎等上车直趋礼堂，车直礼堂大门即停下，于是奏乐，新娘与新郎等徐步入内，男女来宾以彩色纸屑杂以豌豆，向新娘新郎撒去，如旧式之撒帐然。至此新娘新郎乃至休息室，稍为休息。

结婚仪式开始，奏乐，男女宾相导新郎新娘出休息室，徐步至礼堂，证婚人、介绍人、主婚人及来宾依次入席，新郎新娘依次向以上各人行三鞠躬，新郎新娘相互行一鞠躬，新郎新娘交换戒指，证婚人、介绍人、主婚人及新郎新娘均须在结婚证书上盖私章，证婚人宣读婚书，并致贺辞。以后介绍人、主婚人及来宾分别致辞，新郎新娘亦致答辞，再依次鞠躬致谢，并奏乐，各人依次退席。来宾又以彩色纸屑洒新郎新娘，跟即请证婚人、介绍人、主婚人及来宾与新郎新娘合摄一影，此后二人更独自合摄一影，然后新娘换去礼服，改着普通旗袍，乃同新郎一同招待来宾，并分别敬酒致谢。

晚间有些家族亦如旧式结婚之拜祖人、闹房及听房等习俗，所不同者，旧式新娘应含默，不可有情绪的表现，目前的新娘可以谈笑自如，亦可吃喝。

至于结婚费的负担，则女家多负责新房家具陈设以及新娘服饰，男家多负担婚礼之一切费用。

(陈钟慧，系华西协合大学文学院社会学系学生，1949年5月撰写了毕业论文《成都婚丧礼俗之研究》。本文节选自该论文（参据《民国时期社会调查丛编（三编）·四川大学卷》），编者另加标题)

新都风俗志

鞠式中

谚曰："百里不同风，千里不同俗。"因吾国幅员广大，山岳分区，风气间阻，各因其所习，遂各成一不可移易之习惯，故越境虽千百里，而风俗迥似二国焉。式中生居衣食，悉于新都，于新都之风俗，知之綦详。故乘针黹之余，笔之于书，而名曰《四川新都风俗志》。至词句之俚俗，事实之遗漏，所不计也。

● 属于礼节者

【嫁娶】

吾邑嫁娶之礼实繁，大别之为六：曰"问名"，曰"请庚"，曰"纳采"，曰"请期"，曰"纳征"，曰"迎娶"。"问名"，乃为媒者往返男女家，下以说词，使男女二家，皆心悦之意也。男女二家，既皆心悦，为媒者始将女子年庚，送往男家，是为"请庚"。"纳采"，俗谓"看人"。男家之母或祖母，备猪肉、点心、细面、胭脂、涂面粉等物，富者并有衣料手饰，同媒者并至女家，女家必令女子装烟奉茶，盖供来客之观察也。男家观察合意，女家即报以女子之手工，否则不报。"请期"，乃男家择定迎娶之期，书于红单，命媒者送往女家，并备礼物（如纳采），女家仍报以女子之手工。"纳征"，俗谓"过礼"，乃距迎娶前一日，男家备点心、猪肘、鸡鸭，及迎女之衣服，送往女家，女家则将赠女之妆奁，送往男家。"迎娶"，乃男家驾彩舆，导以鼓乐，至女家迎女之意。结婚礼式，乡民仍为八跪拜礼，政学界人，多行三鞠躬礼。再迎娶之日，女家必派男女各二人，随彩舆往男家，男家设宴以飨，宴后即归，名曰"送亲"。至女家赠女之妆奁，最简者，亦有换洗之衣服及日用必需妆饰品。稍丰者，一厨、一床、二柜、二箱及必需妆饰品陈设品。更丰者，一床、二厨、三柜、四箱、四凳，及妆饰品、陈设品。最丰者，一床、一妆案、四厨、五柜、八箱、八凳、四椅、二几，及最精致之妆饰品陈设品。间亦有以银或田为妆奁者。

【丧葬】

人死则告于亲友（富者用讣文），谓之"报丧"。亲友之至密者，即时送覆死人之衾于丧家。入殓曰"小殓"，封棺曰"大殓"。三日，家人方着孝服。四日，乃设灵受吊。凡往吊者，必送钱纸（钱纸以白纸为之，长约七寸，宽约四寸，中凿二十七圆形）、香烛等物。贫者送钱纸，至少亦须一捆（约二十两），富者增多，并加入金银锭（以黄白纸所造之锭形），及陪灵纸童、挽联等物。自死期越七日为一"七"。遇"七"家人必祭，七七方已。距葬前一日，设灵受祭，亲友多送钱为礼，富者有送猪羊为礼者。祭时，丧家先祭，祭式多行三献礼；亲友后祭，祭式不过跪拜礼而已。出葬时，亲友亦多助孝子执拂者。墓式为圆锥形，富者中砌以椁；余多以土掩棺，而不另砌椁矣。

【祭祀】

元旦，人皆具香烛酒茶，祀其先祖，至初五而止，初九与十五，祀亦如元旦等日。后凡遇朔望亦祀。此外每遇清明、端午、中元、冬至、除夕等日，则具酒馔以祭，名曰"过节"。而清明、除夕二日，子孙必往扫先祖墓，且以黄纸为相连之条，系竹梢，插墓顶，名曰"坟标"。又凡遇先祖之忌日或诞日，子孙亦祭，但亦必具酒馔。

● **属于应酬者**

【馈赠】

邑人遇亲友之娶妇者，多馈红湖绉、金花（以铜箔为之）、爆竹、对联、点心等物。嫁女者，则多馈妆饰品及陈设品，名曰"镶奁"。寿诞者，多馈面、肉、点心等物。丧事者，多馈钱纸、香烛等物。以外之事，或赠银钱，或赠衣物，不能一致。

【肴馔】

普通席桌，九碟、九小碗、九大碗。稍简者，五碟、四小碗、五大碗。稍丰者，十三碟、六大盘、十一大碗。再丰者，用翅席或烧烤席。近日奢风盛行，有用仿泰西之大餐席者。

【服饰】

从前衣服，大率用布，富者亦不过用绸用湖绉而已。近日渐事华丽，有以最精致之花缎及漳绒为常服者，并有以外国丝织品为常服者。妆饰之品，妇女昔多用银，今多以玉，并有以金为之者。

● 属于慈善事业者

【放生】

邑人每于正月八日、四月八日、十二月八日，多购龟、鳝、鲢、鲫等生物，放之于河，谓可免灾。

【宣讲】

邑人每多集资，延口齿伶俐者，于大庭广众间，演说古今之嘉言懿行，以劝戒愚顽。

【育婴堂、贞节堂】

邑人每集资于一处，曰育婴堂者，所以助育婴孩之不能自养者也。曰贞节堂者，所以助贞节妇之不能自立者也。

【散红票】

邑之富人，多置钱或米于商店，而发为一升、二升，或一百、二百之红票。每年之终，遇老弱之贫不能自立者，则与之。

【杂事】

邑人于修桥、铺路、造渡、办赈、施药、施棺等善举，皆踊跃输助。

● 属于贸易者

【中资】

凡一交易，其价值必经"经纪人"说合，而卖者必于价值中提取若干成，为经纪人之报酬，名曰"中资"。

【认经纪】

交易价值，既须经纪说合，而按值收货，亦出经纪之手。故买者、卖者，皆须认定经纪，方无意外之虞。

【花果银】

购人房舍，价值既付，而房舍中有园林者，卖主又另加银数十两，所谓"花果银"是也。盖谓吾售房舍，未售花果，故必另外加银，方能得此房舍之全权。

【年终索款】

商店平日将货赊与买者，至年终结账时，始向买者索款。今虽实行阳历，而商店索款，仍用阴历。

【春酒】

凡与商店常有贸易者，每年春日，商店必请宴一次，名曰"春酒"。盖恐买者今岁不与之贸易之意耳。

● 属于时令者

【元旦】

每岁元旦，人必衣新衣，向其亲长行礼，谓之"拜年"。无事者多游城北之宝光寺（寺甚大，约百亩，殿宇颇多而宏峻，有高塔十余丈，古佛六百余尊，故人多游之），庙为之塞。或在家为赌博之戏。商店皆闭户，纵雇人之所为，谓之"过年"。是日早餐，多食面与汤圆，盖谓此日以后，终年皆圆满，而无遗憾之意耳。

【元宵】

正日十五，俗谓"元宵"。是日之夜，人人必食汤圆，且有击锣鼓为乐者，有携灯步月者，有悬灯门前者，总谓之"闹元宵"。

【二月二日】

是日，各行商贩，麇集城南十五里之木兰寺中，陈列器具，以备观者之购取，俗谓之"赶会"。

【三月三日】

是月，各行商贩，麇集城北十二里之普利寺中，亦陈列器具，其用意如二月二日。

【端午】

是日人食角黍（俗名"粽子"），饮雄黄酒，并多悬菖蒲、艾叶于门首，且有帖方士之朱符于门者，其用意不过谓可驱邪却魔耳。男妇老幼，且多游于桂湖者（桂湖在县南隅，中多楼阁亭榭，盖蜀中之名胜也，有老桂数百株，有池约百亩，中植各色荷花，五六月之交与七八月之交，荷、桂盛开，游人不绝，有不远数百里而至者）。城南泥巴沱并有竞渡之戏。

【七月巧日】

是日，人多于夜间置水一盆，男女多取灯心投水中，乘夜月之光，观水中所呈之影为何形，以定投者巧拙。

【中元】

人以先祖在阴曹是日方为"过年"，故子孙多陈酒馔以祭，且多焚包封以献（包封者，乃以钱纸约二两，用白纸包之，上书先祖姓名，及焚之日月者是也）。

【中秋】

是日之夜，人多以月饼、点心等物祀月，祀毕，则分食之。且有人于是夜乘月宴客者。

【圣诞】

孔子诞日，各学校及各私塾，多集资以庆。

【重九】

是日，人多作登高之举。然邑中无山，故多于高楼阁中设宴而已。自是日起，人家多酿酒，以为御寒计。

【十月一日】

邑人多将糯米蒸熟，入臼捣之如泥，作圆块，和糖与黄豆粉食之，谓之"食糍粑"。

【十二月八日】

是日邑人多煮粥，并将猪羊肉及各种蔬菜和入食之，谓之"腊八饭"。

【倒衙】

十二月十六日，俗谓"倒衙"。盖自是日始，衙署不动刑杖。商店索款，亦自是日始。

【祭灶】

十二月二十三日，俗谓"灶神升天"。多以素点心、白饴糖等物祀之，并作小纸马焚于灶前，谓为送灶神之坐骑。

【团年】

邑人于十二月二十七至三十日，任选一日，聚家人于一堂以宴，名曰"团年"。富贵贫贱，莫不皆然。但亦必设酒馔祭其先祖，且有焚包封者。乡间农民，多蒸糕而食。

【除夕】

邑中人家，俱必洗其门闾及日用器具，并帖春联于门侧。至夜，以茶酒祀其先祖，并燃爆竹，俗谓"送年"。且间有人于此夜不眠，坐以待旦，呼为"守岁"。

● **属于游戏者**

【演戏】

凡庙宇作神会，多演戏者，谓为"酬神"。富贵人家，遇有寿喜等事，亦有演戏者。

【竞渡】

城南泥巴沱，每年必有"竞渡"之戏。盖此地河面甚宽，风景亦雅。该处居人，以柏叶作龙首形，置于船首，一船水手八人，数船相竞，争夺一标，夺得者鸣爆竹以贺。

【玩狮灯】

一班好玩之人，每年正月内，以厚纸为狮首形，涂以彩色，以彩布为狮身，二人居其中，助之以鼓乐，上下跳跃，如活狮然，俗谓"玩狮灯"。多于富家演之，酬以钱即去。

【烧龙灯】

邑中好玩之人，每岁于元宵前三夜，以竹片编为龙形，共七节，连以粗麻布，帖以纸彩，每节置一柄，一人执之，裸体街中，回旋以舞。

商店富人，以爆竹、粉火（爆竹片一束，以松脂末扑之，俗谓"粉火"）、花（以木炭、硫磺、硝等物为末，盛于竹筒，筑坚之，上覆以土，于彼端有节处，凿一小孔，用火燃之，俗谓之"花"）等物烧之。越二三日，亦必酬以钱。

● 属于迷信者

【开路】

人死大殓时，必延羽士诵咒作法，谓之"开路"。

【回煞】

人死有回煞之说，其日期由羽士推算。及期，于死者房中陈设如生时，且燃烛焚香，陈酒设馔，并于地上遍洒稻灰（盖以验死者曾否回来之物也），虚掩其门，置竿于死者屋檐下，竿上帖以钱纸，谓之"天梯"，家人悉避。及时已过，则燃爆竹而归，意谓死者归家，必有鬼随，恐其时未尽去，故燃爆竹以驱之耳。至死者室中，观地上稻灰，有猫犬足迹，则以为死者曾回矣。

【念经】

邑人每家中死人，则延僧道，至家念经，以为可以为死者消除罪恶。

【过关】

邑人以幼儿有病，即以为命带关煞，必延巫者至家，以长刀十余柄，捆于梯上，命巫者背儿，赤足行刀锋一次，谓之"过关"。

【打保福】

家中苟有病者，则以为有鬼作祟，又延巫者至家，作种种怪状，装鬼装神，不一而足，谓能驱除鬼物，名曰"打保福"。

【城隍出驾】

清明、中元及十月初一等日，多驾彩舆，作鼓乐，陈仪仗，杂以牛鬼蛇神，迎城隍于庙，而导之于荒塚间，焚钱纸若干而还，谓之为"城隍赏孤"。

【天师出驾】

每岁端午，亦驾彩舆，陈设如迎城隍，以迎天师，周游街市而还，盖谓天师经行之处，妖魔无不被擒矣。

【打醮】

每岁暮春，火神庙道士，必延羽士，念经五月，令全城人民，必往进香，谓可免火灾。又禁茹荤，县中官吏，复从而附和，黏帖示谕，禁止屠宰。

【晒龙王】

天旱之年，俗谓"龙王作祟"。则聚众将其像置烈日中晒之。霪雨之年，又将其像置而淋之，谓为"惩罚龙王"之法。

【观音会】

每岁二月十九、六月十九、九月十九等日，男女群集观音庙，燃烛焚香，诵经稽首，庙为之塞。近日官吏，已行禁止作会。

【佛祖会】

每岁四月一日至四月八日，城北宝光寺作"佛祖大会"。邑人往观者，不下万人。该寺于此日中，有传戒之举，远近僧人之来求戒者，亦不下百人。

【财神会及荣华会】

每年七月初一，俗谓"财神诞"。六月初六，俗谓"荣华祖师诞"。邑人集资作会，并于庙前之街遍设灯彩，谓为"庆贺菩萨"。

（鞠式中，女，四川新都人。1921年，在《妇女杂志（上海）》第7卷第1期、第9期先后发表了《四川新都风俗志》《女子服装改良》。本文节选自《四川新都风俗志》，标题为编者加）

繁缛的丧葬礼俗

陈钟慧

● 含殓

【送终】

一个人在临死之际,家人等齐跪床前,等待死者最后一口气停止呼吸,为子者尚要在死者背后用手环抱死者,这名曰"送终"。斯时家人便要痛哭失声,与死者长别,名曰"哭煞"。但如果是信佛的,则不能哭出声,以免扰乱死者之心,而不能上西方极乐世界去。当死者气绝时,一定要很快的把死者床上的帐子取下,据云如不下帐子,则死者之魂魄永在天罗地网中寻不着出路。同时放鞭炮,名曰"出煞"。并燃香烛烧钱纸,名曰"烧倒头纸"。意思是生人怕死者到阴间人地生疏,需用钱之故。然后将死者抬下床来,放在木板上,跟即准备衣衾棺木。

【小殓】

死者停放木板上之后，儿子或女儿（死者如是父则为儿子，是母则为女儿）用一新瓦盆内盛柏枝煎的水，用新白布一方，入水后绞干，在死者前后身洗一洗，前三下后四下，洗后水倒在地下，布烧成灰，这名曰"净身"。此后即将死者头发梳好，并将死者所穿衣裤鞋袜等脱去，另换上为死者所特制之新衣，此衣名曰"老衣"。此种老衣有钱者全穿绫绸，无钱者全穿布或旧衣亦可，共穿五、六、七、九件不等，中衣三条或五条，女的穿鞋，男的穿靴，上面载以珍珠。帽子普通多用大披披帽，上面亦载以珠玉宝石等，口内含玉以保其身。如死者之父母尚存，则死者头上要包一白布孝帕，以示死者虽早死于父母之前，而以后父母去世亦为之带孝。死者衣服穿好之后，即由后屋内抬出放于堂屋中木板上。并在死者手上放一包子，另手执杨柳一枝，这表示死者如在阴间遇狗咬的话，可以包子诱之，杨柳鞭之，这过程名曰"小殓"。

【开路】

"小殓"之后，便要请一位道士来，口中念念有辞指示死者阴间的道路，并烧纸做的轿子、车子、房子、丫环、仆人等，以供死者阴间使用，这名曰"开路"。此后孝子又在死者身旁痛哭，同时道士还要算一算死者何时回映，犯不犯重丧，并将七期及百期之日一并写在纸上名曰"七单"贴在堂屋壁上。

【大殓】

"开路"之后，即将棺材抬来放在堂屋正中，四角各垫两块砖，棺材内先放香饼，然后放一床棉被，被上放一床白被单，名曰"衾单"。死者家属将死者抬进棺材，放在衾单上，头上睡一凹形枕头，足上登三片瓦，或一木制莲花，更有放裤子一条者，即俗云"足登'库'家豪富"之谓也。然后将衾单合抱死者，面上更盖以锦被。四角以死者生前衣物放其中，装紧，如当天日子适合（即不与生人"八字"相克，或不犯重丧），跟即将棺材盖子盖上，然后由漆匠将棺材笋头弄好，并敷以磁灰，更油漆之。这名曰"大殓"。

● 设灵、报丧与孝服

【设灵】

"大殓"后，用方桌两张放于棺材前，桌后以白布做成幕，再于幕上用黄表纸写"灵阁"二字，或挂死者之放大像片，像的两边挂孝对一付（用纸或绫绸做的，大抵为死者亲族所送的挽联或女婿送的挽联）。堂屋四周挂亲友所送挽联，屋前横悬亲友所送灵条（绸条上用黄表写字贴在上面），桌前放花圈，桌上正中放死者之"灵"（红绫糊于纸板上做成，上写"新故显考△公讳△△老大人之灵位"，或"新故显妣△母△△夫人之灵位"。如父母尚在，则用蓝绫。）桌上放香炉一个，蜡台一对。香是一天到晚都要烧的，蜡却要供饭时才点。桌上并供点心、水果、纸做金童玉女、五蛮进贡、金山银山之类视家之有无而定。桌下放土罐两个名曰"衣禄罐"，一为供饭后盛菜，一为盛饭。每天供饭之后，便要分别放点菜及饭在内，待出丧时便要装满，用红布将口封好，同棺材一起放埋于地下。此外桌下还放一盏灯，整天整夜的燃着为死者照路，名曰"路灯"。幕后为棺材及放钱纸及香烛之处，夜间为子女者尚要在棺材侧陪睡，名曰"守灵"。又富有者除在堂屋中设灵堂外，并在天井中，搭起木板，上面扯白布"天花"，于其地再设灵堂，名曰"外灵堂"，在堂屋中者谓之"内灵堂"。

【报丧】

人死之后，跟即写报丧单子，言明死者何时去世，死于何地，通知亲友。名曰"报丧"。亲友得悉，当天或三天来，这要看与死者或死者家属之亲疏与感情而定。家门和至亲是一定要来帮忙的，因为孝子是一切都不能管，只跪在灵侧答礼而已。凡有客来便要叩头，不论老幼贵贱皆然，所以有句俗话说"孝子头，当狗头"。据云叩头可为死者解罪。

【孝服】

人死之后，如所住屋子是自己的，则在大门上贴"当大事"三字。孝对一付亦帖于大门两旁。门上的门神要用白纸或钱纸架成十字贴在上面，所供祖先神位亦然。这些都要到出丧后才复原状。如系佃他人之屋，则在大门上钉一红布，以示替主人挂红之意。

死者如系家主，则全家人都要换上孝服，如按照成都正规的礼节，孝服的区别很大，今分述如后：

【孝衣】

妻、儿、女、媳及孙儿女等所着孝衣为粗白布制成。衣的边缘不过针，纽子为布条，两肩上另有一宽四寸，长前齐胸后齐腰之白布条名曰"孝挞"，如系富有之家则普通亲友及家族都散孝服与孝帕名曰"散孝"。其衣虽仍为白布但质料较细，缝制较精，且无"孝挞"。又未婚女婿所着孝衣，其纽子为红带子。

【孝帕】

妻、儿、女、媳头缠白布，后垂至足踵，孙儿女之孝帕较以上诸人为短，普通家属及亲友孝帕长短，则视其亲疏关系而定。有仅缠头上者，有及腰际者，有齐肩背者，各不相同。总之亲者孝帕拖长，疏者则甚短，或不拖头。

【斩衣】

为粗麻布所做成之背心。妻、儿、媳及孙才穿。儿所穿者，背上写"哀哀吾父生儿劬劳"。或"哀哀吾母生儿劬劳"。孙所穿者，背上写"哀哀祖父抚孙劬劳"。或"哀哀祖母抚孙劬劳"。妻及媳所穿者，则不写字。

【麻冠】

儿及孙所戴，用白纸及麻布糊成一圆圈戴在头上齐眉际。前有一麻布如遮阳形。如系儿子则头上有三根"梁子"。孙儿只有一根，前面两侧均有麻系之小棉花球各一。

【麻帽】

妻及媳所戴，帽为粗麻布所做，有如三角形之尖帽，前齐眉际，后齐背心，两侧亦有麻系之棉花球，后面如死者是男则左边短一点，是女则右边短一点，以示男左女右，旁人一看所戴麻帽，则可知死者是男是女。又妻所戴者，顶尖上有棉花一小团，而媳所戴者，为麻一束。

【布帽】

为女儿所戴，帽为白布做成，形式与麻帽同。

【腰带】

妻、媳、儿、女及孙儿女所系腰带为麻带。女婿所系为红带，普通家属及亲友所系为白带。

【孝鞋】

儿及孙儿所穿者为麻草鞋。妻、女、媳及孙女所穿者为白布蒙于普通布鞋上，但后跟不蒙，除非所有老人都去世了才蒙完。

【丧棒】

儿及孙所杖者为木棒，上糊白纸，并于周围贴白纸须，长约二尺许。妻死,夫杖竹杖,亦糊白纸,但无纸须,长约四尺许。

● 回殃与供七

【回殃】

回殃俗名"回煞"。就是说死者的魂魄要回家来,至于何时回来,这就要阴阳或道士在事前先推算何日何时,于是就要在推定之时日前一小时,在死者临终时的房内,布置得和死者生前一样。供设死者生前所爱食的东西,燃点香烛。又在房门角用碗盛鸡蛋数枚,引诱鸡足神(亦名殃神,即管死者回家来的神)去食,这样因鸡足神去贪食鸡蛋,则不会很快的去催死者走,而死者可在家多留恋一会。

【供七】

人死后的第七日名曰"逢七",这"七日"分一、二、三、四、五、六、七七,每逢七之期家人便要特制酒菜来供奉,并烧"封子",用白纸将钱纸封成一封的,每次烧百余封,有的还烧纸的金银锭,又如死者系初一死的,则"头七"之期恰是初七。这名曰"撞头七",据云死者罪重。如每七都不撞七的日子,则死者无罪,但主子孙不倡。所以在这种情形下,则在"五七"之期,为女儿的便要回娘家供饭,并持一木棒在棺材上撞,并说:"你不撞,我撞。"如此则子孙亦能昌达。

● 成服、开奠、点主与闹丧

【成服】

人死之后,当然要将孝服预备好,到第三天孝子等各依自己服制,将孝服穿好。男孝子手执丧棒跪于灵侧,终日不出门限一步。专作男宾叩头答谢。女孝子则跪于丧侧。成服在富有之家,分家成服与客成服。死者死后三日,家门近族来吊唁。名曰"家成服"。"客成服"则另择日子,当天所有亲友及熟人都来吊唁,并送钱纸、供果、灵条、孝对、香烛及供席之类。家中并张灯结彩,备办酒席招待,门上吹手迎宾,有客来向死者灵前叩头上香,孝子跪灵侧叩头答谢。女孝子有客至则到灵旁哭泣。谓之"哀丧"。是日亦请和尚来转咒。正午用酒席一桌供灵前,孝子依次献酒菜叩头毕,请人念祭文,孝子等跪伏灵前,念毕,家人及亲友(女的)多到丧房哭泣以示哀痛,门上吹手亦伴以细乐,其声犹哀。

【开奠】

成服以后,便请阴阳择定日子,何时发靷,何时下葬,跟即做讣闻,讣闻形式如书册,白纸蓝字……内容复杂的还要请名人题字,做赞词,自己为父母撰"行述"。并在讣文第一页印死者遗像。

下葬的前一日名曰"开奠"。其仪式与情形和成服时候一样,只是亲友另送祭帐、钱纸、香烛与供席。而孝家此日则将孝对、灵条、祭帐及花圈等全挂街上,满街飞扬。街上并扯天花,同时还要"晾罩"(即罩在棺材上用生丝、绫绸及香花扎成四方形的罩子)。午饭前亦燃香烛、供酒席、念祭文,并烧钱纸、金银锭及纸扎衣物等。当天还有一件大事便是"点主"。

【点主】

"主"是人死之后,子孙供奉先人的代表物,以示"慎终追远"之意,"主"是一块木板,大多为梨木枣蹬,男的上面写"故显考△公讳△△字△△老大人神主"。女的上面写"故显妣△母△太夫人神主"。又在其侧写"祀男△△奉"。"神"字的一直与"主"字的一点不写,留待点主官用红笔填此两笔。

【闹丧】

在开奠的当天晚上,下葬的前一夜,亲友等多留孝家,并请玩友来唱戏或请礼生行三献礼。用猪羊设祭,礼生歌以诗,其声之哀令人下泪,并用方灯八个,上写"孝、悌、忠、信、礼、义、廉、耻。"由礼生八人穿花似的用灯摆字,并伴以细乐。街邻都来观光,是夜所有人都不睡,亲友打牌或聊天,女孝则轮流哭泣到天明,一般人认为居丧要闹得好才有发达。

● 发靷、下葬与复山

【发靷】

下葬的早上,由阴阳择定的时候,于是燃点香烛。孝子于灵前叩头,所有家人等跪在地下,女的更要痛哭。在鞭炮声中,丧夫即将棺材抬出大门,罩上丧罩。[当]棺材抬出之后,马上将一盆烧红的炭倾在地上,这叫"红火"。……然后孝子及亲友都到街上,待丧夫用两根宽白带子将灵柩拉着。于是男左女右将带子套入手臂,孝子在前亲友在后,名曰"拉纤"(即古所称之执绋)。吹手、执事、孝对、祭帐、花圈、香亭、灵亭、和尚、道士,富有之家还请人来伴戏抬起,名曰"平台",或用纸扎成人物,更前面则有一人手提灯笼和钱纸香烛,沿路散钱纸,名曰"给买路钱"。若遇过桥、过十字路口及庙宇,并燃香烛敬之。有些亲友在灵柩要经过的地方,用桌子摆上香炉蜡台及点心糖果,当灵柩过来的时候便燃点香烛,放鞭炮叩头致敬,孝子跪谢之,这名曰"路祭"。待灵柩出城之后,将丧罩取下另放一红布在上面,亲友等在茶馆略事休息。孝家待以烟茶,然后进城。以后则只有灵柩、孝子、阴阳及至亲才到坟地。

【下葬】

灵柩抬到坟地之后,待阴阳择定开"金井"的时候,便将要埋棺材的地方挖一尺左右深,棺材一样长大,然后用引火之物将金井烧一烧,旋洒以雄黄及酒,免遭虫蚁侵害。然后再到下葬的时候,将棺材抬入"金井"。孝子跪于坟前,将衣服后面作兜状。阴阳用米洒于其内,名曰"粮米"。以后回家要煮来吃的。此时孝子又要痛哭,因为此后连棺材都看不见了哪叫人不伤心?作坟的人即将泥土掩上,做成圆形,然后孝子复将斩衣、麻冠、麻帽、麻带及孝鞋一并用火焚之。孝衣孝帕亦脱下向坟前叩头返家,并请人早晚代烧香烛钱纸。有的孝子还要留坟地住宿,名曰"守坟"。孝子返家时,留在家中的人早预备好一张桌子,上面放一杯酒、一把梳子、一面镜子,地上放一个盆子,里面烧些柏枝。孝子一进门便吃点酒,照照镜子,梳梳头,在柏枝盆上跨过,这表示一脱以往霉气,梳去烦恼,以后运气即可转好。

又下葬之后灵位火化,神主则抬返,将白纸条架起的家神及门神,撕去白纸条。神主放于神龛上,由阴阳燃点香烛,口中念念有辞,孝子叩头名曰"安神"。

【复山与谢孝】

下葬后的第三天,孝子又到坟地祭拜,并看一看坟堆好没有,是不是要修理一下,或植花木等,还有无不合适的地方?这名曰"复山"。

死者既葬以后,孝子则要到亲友处踵门致谢,名曰"谢孝"。

● 栏社、百期、周年、除服与祭祀

【栏社】

成都习俗一年扫三次墓,即三月清明,七月中元,十月寒衣,新坟如在"春秋社"以前死的,上第一次坟时,要在春秋社前三日。这次上坟名曰"栏社"。

【百期】

人死后一百日,亲友要送香、烛、钱纸及金银锭,家人设宴招待,并请和尚念经追荐,名曰"百期"。

【周年】

人死后满一年名曰"周年",家人亦请和尚念经,并烧纸做衣物等,亲友照例送礼,家人亦设宴待之。

【除服】

依旧俗父母死后,要守制三年,衣不能绸缎绫罗,食不甘美,住不能高楼大厦,女的更不能擦脂抹粉(晚近则只有守孝之名而无守孝之实),要到三年满孝后(普通只守二十七个月)请和尚念经,亲友多来致贺,此后一切恢复正常,这名曰"除服"。

【祭祀】

清明之期祭于墓,七月中元、冬至、忌日、冥寿则祭于祠,无祠则祭于家。

上面已将成都人之普通一般的丧葬程序与仪式描述过了。但晚近以来因战争的关系民生凋敝,于是一般平民对丧葬之礼已有薄葬的趋势,因而对丧葬程序与仪式都简化多了。人死之后经过含殓过程,第三天至亲好友来上香,家人备酒菜待之,是日便算为"成服与开奠"的合并举行,第四天安葬,其他一切仪式都被省略了,当然更用不着念经,家中亦用不着张灯结彩。至于死者所穿老衣也多利用生前穿过的,只面上加一二件新的,自然更无珠玉殉葬。这都是时势使然,各人忙于求生之不易,又何暇来讲此繁文缛礼。

锦色岁时

陈慧权

● 过年

过年，是一年中最大的节令，也是最神圣铺张的日子。在新年，大地回春，喜气洋洋，一切更新，是人类心境最平静、最愉快的时候……

一般的中国人对新年的体会是如此，说中国也太广泛，不如集中说抗战根据地的省会成都吧！

过年前的准备

一个新年才过去，还有一个新年接踵而至，事实上直到现在，成都人对于阳历年还是漠不相关，而对于废历的新年，一种过年景象，却比国历新年浓厚得多，尤其是在岁暮的时候，家家户户忙着准备过年之物，那种忙碌劲儿，真耐人寻味，对于新年的准备充实与否，是与其家庭经济能力为正比例，富有之家，自然杀猪宰羊，大事筹备，即稍能维持生活者，亦必想方设法，节俭几文，买点过年之物，此时期，可称之为新年的前奏！

【腌腊肉】

俗谚说："吃在成都"，证明成都人好吃，这话确有事实为据，单以每条街上的小吃馆子之密布，也知此言不虚了。至于住户人家，每年一过了冬至节，就开始腌腊肉，贯香肠，炸猪油，腌鸡鸭等，猪肉的价格，此后也就日日上升，因腊肉之最大原料就是猪肉，这也是一年中季节波动波峰最高的时期，精明的主妇们，总是早早的，就向熟识的屠户们预定了。

【吃腊八粥】

每年腊月初八这一天，成都人有吃腊八粥的习俗，俗谓吃腊八粥后不生病，在粥内放下八样食品，如红白萝卜、猪肉、挂面、豌豆、红豆、糯米、白菜等，因此有谚语云："腊月八，吃腊八"，即指此也。

同时在今天，成都两大禅院，文殊院与昭觉寺有僧人受戒，欢迎外界观礼，成都人前去参观者甚多。

【倒牙】

"倒牙"是四川的一个土语，平常的牙祭日子，是每月初二与十六日（也有是初一与十五日），腊月十六日是一年中最后一次牙祭日子，这天以后要到明年正月初二日才有牙祭日了，所以称为倒牙。倒牙以后，那些南货店、百货店等做生意的商店，就不拘大小，挂出了巨大的髩形灯龙，贴出大减价的招纸，店堂里面，各式应用的年货，什么都堆得很高，打年货的人，不拘早晚，都非常挤轧，使得店伙们来不及应酬。

【打闹年鼓】

倒牙后，就开始打起闹年鼓来，以小孩对此最有兴趣，走到街上，随时可以碰上一群孩子手持锣鼓沿街敲打，敲的调子是非常单调，千篇一律。但是，在面对着新年来临之前，听着这种民间音乐，心灵也会随着锣鼓而激荡，而陶醉，尤其是在夜静更深之时，从深巷中播出这单调的节奏，那更是别有一番滋味在心头！

【送灶】

腊月二十三日为旧灶神缺职之期，是夜无论贫富之家，无不焚香膜拜，前几日就有人卖灶诉，系用黄纸印好，上面留有空白，填上家长姓名住址，其语句无非是说明自己无罪，希望灶神奏善隐恶而已。祭灶用果品、白麻糖，前几天有人专作灶糖出卖，敬灶神以白麻糖很有意思，因灶神今晚三更时上天进谒玉皇大帝，奏明善恶，善者降福，恶者降灾，享以白麻糖，因白麻糖富黏性，食后可将嘴黏住，见了玉皇后，使他一句话都奏不出来，这种对于神开玩笑，与对社神相仿，盖社神与灶神皆人们最亲近之神，有如家人之共处，故以玩笑态度出之。

祭灶以后，商号均开账飞，四处收账，富有之家与慈善团体，印发米飞、钱飞，周济贫人，理发店浴室要照平时的价目加倍，而且如果是熟客，还不止加倍，这叫做"打抽丰"。一年一度，风俗由来已久，只有一般会打算的人，会预先准备，在年底之前，先去理发、洗浴，这样就可免去被人敲一注竹杠。

祭灶后，打扬尘，挂对子，办年货，更形忙碌了。

【团年】

成都有童谣曰："红萝卜，咪咪甜，看着看着要过年。"

中国为宗教国家，崇拜祖先民族，礼仪之邦，所谓数典不能忘祖，以示慎终追远之意，故对祭祖这件事，是既恭且敬，煞有介事。在平常时候，一家人可以因种种原故，各在一方，但在每年吃团年饭的时候，务必要全家在一块儿，因吃年饭在一起吃后，就代表整年都在一起，所以稽留他乡游子，非万不得已的情况下，否则要老远的赶回老家，向祖宗叩上一个头，然后与家人会食一餐饭，不如此，他自己也会心灵不安，觉得有负祖宗。

团年的时期各家不同，送灶以后，几乎每天都有人家团年。

成都旧式家庭，在团年时多不欢迎客人，尤其对于突然闯入的客人，更认为不吉利，甚者会用冷水泡饭泼之，认为你踏了他家的年脚，不如此将致他全家不祥，不明白这种情形的人，最好祭灶后，少去朋友家，谨防别人对你不客气。

除夕

成都习俗，在一年度终了，如系月小，二十九这一天，就曰除夕，月大，自然三十日为除夕，在白昼，不管你是什么界人物，总是忙得不得了，因为这一年最末的日子，一切事件，都望告一结束，因此在这一天，走到街上，只看见一些行人忙，慌慌张张，有岌岌不可终日之态，这就是最后办年货的一个机会了，在晚间，各街灯烛辉煌，火炮连烧。

【辞岁】

辞岁，又叫辞年，此礼在晚饭后举行，凡小辈子女必与长辈辞岁，此时长辈说些吉利话语，如"恭喜你又长一岁"……等。

除夕夜，吃年夜饭，在房门角落，预备香烛及点心等物，敬祭老鼠，由主妇主祭，并作虔诚默祷，其意义在使老鼠不会啮咬家间所放食物及其衣具等，再其次，用竹竿一根，搁置堂房正门前，其意义如家间有小孩生育不发达，或身体尺度过矮，由本人将竹竿摇上几摇，翻过年度即可突飞猛长。上二事于辞岁后多行之。

【散压岁钱】

"拜年，拜年，给你串挂挂钱。"这是成都小儿除夕歌谣，因从前用小铜子之时，先用绳拴好，故名挂挂钱，凡未婚子女均有份，已婚免之，小儿女对过年盼望之殷切，自然一半是由于有好的吃，新衣服穿，一半乃由于挂挂钱之魔力也。

【迎灶与封井】

自腊月二十三日送走旧灶神以后，今晚便要欢迎新灶神下界了，先清洁灶间，锅内点以七心灯一盏，名曰点灶王灯，贴灶神神像于灶间壁上，敬以糖果、清茶。

除夕封井在晚间，先敬过龙神，所谓封井就是停止吸水用的意思，因今晚诸神下界，井水内放有毒物，食之有害，故于事前将需用之水储备，待于次年正月初二日敬龙神后再开井。

【收账与结账】

除夕，是商家收账结账的最后日子，所有往来交易，应收账款与应付账款，均于此日结束清楚，成都人习俗，借债往往约定除夕偿还，设若不幸，款子未筹备好，而债主逼之过甚，老羞成怒，常有全武行的流血惨剧演出，夜间街巷中时闻争吵之声，大半皆为债务之纠纷，在都市中，繁荣的背面，也蕴藏着阴霾的暗影！

【买"相因"】

"相因"，就是价廉的意思，一般商家一年也有几度大廉价的季节，可是都不及除夕的特别价廉与普遍，有时简直便宜得使你不敢置信，这是老成都人都知道的一句话："三十夜买相因"，许多日用百货都可以待到今晚去买。卖相因货的市场集中在商业场、锦华馆、纯阳观、盐市口、东大街等处一带，商家以零货散放门前，或在地上摆地摊，百货绸缎应有尽有，店员力竭声嘶，手持货物高呼，又减价多少多少，以广招徕，互争市场。

【守岁】

除夕之夜，各处均高燃红烛，点上红灯笼，谓之岁蜡，以掷骰子，或作叶子戏，或解方程式（打竹牌）以作不睡勾当，谓之曰"守岁"，旋写"天行已过"四字，用红纸条书就，贴于大门头，可免百病，尤其是可免小孩子的天行痘等症。

今晚娱乐场所特别拥挤，因观众大半为学徒们，俗呼之为"兔儿灯"。

晚间潜贴拜年名片，贴门神、喜门钱、春联。贴"对我生财"，"童言无忌"，"出门见喜"，"福寿"等字，点百果点，一一布置就绪，就静待新年之来临了。

元旦日

今日街市停贸易，关门闭户，只有小本营生者，专售小儿女之钱。

成都习惯，新正月初一日起，至初十日止，以天气晴、阴、雨，可以判断今年一切情形，如初一日为鸡过年，如遇天晴，今年所生鸡子均好，如遇雨阴，则不好，初二日为狗过年，初三日为猪过年，初四日为羊过年，初五日为牛过年，初六日为马过年，初七日为人过年，初八日为谷过年，初九日为豆过年，初十日为麦过年，其余如遇天晴，则百物均好，雨阴则不好也。

【出天方、敬财神、装财神】

新正初一日，在拂晓时，用发糕、包子、汤圆等物，又查历书今年喜神在何方，香烛及点心等物即安放何方，由男主人主祭，小孩陪祭，虔诚迎接，曰"出天方"，迎接喜神，并燃鞭炮，以示庆祝。喜神祭罢，再供祖宗，亦用各种菜肴，旋开始用红纸条书写"元旦发笔，诸事大吉"一类吉祥语，贴于房内，家中不论男女大小，凡能提笔写字者，均须书写，以示吉庆之意，旋即开始用膳，但今天多用面食或汤圆代饭。膳后，又查历书，财神方在何方，如在东方，即向东方出发，在南、西、北方，即向南、西、北方出发，以示今年定能收获大的财宝。

元旦日你走到街上的时候，尤其是面对着财神方向走去，一定可以碰到很多的财神，这些财神，是一些无业游民与乞丐化装起来的，以金涂面，一手持盘，一手持鞭，有的背上背柴一捆，柴、财以谐音也。当碰见的时候，他站在你面前不说话，送上红纸印就财神像一张，若是你有经验的，就赶快放点钱在他盘子内，多少不论，他就会走了，这种财神，谓之"哑财神"，俗谣曰："财神不开腔，年年买地方。"有的财神要说话，大概是避免人家不理会他，因之，又有俗谣："财神开了腔，金银财宝堆满缸。"总而言之，说话与不说话都是对的，总归都是财神碰上了，就得给钱，接财神像后，必倒贴壁上，以示财宝倒入之意。

【提门、拜年】

初一日，商铺即有开张者，随即掩闭，用红绫纸锞，挂于招牌上，谓之"提门"，初二日后，提门者甚多，其大开张之日，均另择吉期，十五日后，遂通行开张矣。

元旦日拜年，多行之于家庭间，家庭内举行团拜，若至亲或对上司，也在初日可去，对普通朋友处，则多在初二日才开始。

拜年，有的只送上名片一张，上印"恭贺新禧"四字，有的须送礼物，成都人送拜年礼还无一定格式，大体为肉类、糖果、年糕、挂面之类，在附城四乡则多为糖一封,猪肉二觔,此称之为"水礼",又名"兜兜菜",初二日以后,遍街可见提兜兜菜的,盖拜年开始也。

其他,如送报的报丁,打更的打更匠,挑水的挑水夫,扫垃圾的清道夫,都要趁此机会,向铺户或公馆送上一张红纸拜年帖,其意义无非抛砖引玉讨点赏赐而已。

【游武侯祠、望江楼、丁公祠】

成都人于过年的第一天,多游武侯祠、望江楼、丁公祠三处,其中尤以武侯祠游人最盛,迷信者言南方丙丁火,出行大吉大利,实则有其最大的意义,便是蜀人不忘汉,而追念武侯昭烈北帝王之遗志,因之今天的武侯祠全部开放,任人参观,卖零食者,也荟集于此,大做其投机生意,初一日虽有不出财之说,但当游兴阑珊之后,腹中驴鸣,任何的忌讳也顾不得了,所以卖零食者,仍能如其所愿,相互饱载而归。

初三—上九

【祭东君】

正月初三日,全城人都要出东门祭东君,祭东君的含义,则为纪念花蕊夫人,夫人尚有祠堂在现今皇城内,她是后蜀主孟昶之妻,姓费,青城人,文学很好,有宫词百首,至为绮丽,她是成都人心灵中崇拜的一个人,她的行为对成都人的影也很大。

【过破五】

初五日,名曰"破五",又叫过小年,商家于此日提门者甚多,今日也是游览之日,如武侯祠、望江楼、昭觉寺等,游人甚多。

破五以后,初六日,为妇女归宁之期,新婚之女,于此日回家拜新年,或于此日择吉,使小儿出行,佃户与主人拜年,也多在此日行之。

【人日游草堂寺】

杜工部有"草堂人日我归来"之句,故人日游草堂寺是蜀都人士吊杜工部,这是纪念忠君爱国之诗人的节日。

【上九朝石经寺】

上九,即正月初九日之谓,成都俗例上九往朝石经寺,按石经寺在简阳茶店子,距省城七十七里,省城绅民男妇多于是日往该处许愿、还愿,东大路之客店为之拥塞,竟有朝山之客,卧至二三更之时,即被店主催行者,伪惊为天已明了，俟客起身，彼又招宿后来之客轮流宿舍，可以见烧香者之众多，更有愚民跪香拜香朝山者。相传此庙神像系肉身成佛，因而灵异非凡。此寺之另一特点，有一打儿崖，俗谓有人求子，可以石掷之击中，则可望生子，此又近乎巫术之一说也。

闹元宵

十五日过大年，又称"元宵节"，晚间吃汤圆，又叫"闹元宵"。过去帝制时代，今晚上是最热闹，所谓金吾不禁，皇宫内院都可以去游玩，所谓火树银花，皆赞叹元宵灯火之辉煌，因今晚是龙灯收龙之期，四城内外于夜间大放花炮，轰烧龙灯，盛况空前。

【抢元宝、看龙灯】

抢元宝，即吃汤圆之意，因汤圆色白形圆，很像元宝，食之表示一年中财源旺盛之意。

龙灯是正月初九日出灯，十五日收龙，但出龙不及收龙之热闹。

龙灯组织为各行帮庙会、哥老码头等组织而成，多为青年好事之徒，有的是因病在神前许下愿心，到正月耍龙灯以了愿的。

龙灯之种类有好几种，一、是不能烧的，仅具其表演性质，如彩龙、狮子灯、马马灯、采莲灯之类，又呼曰"花灯"，二、正式烧的龙灯，用竹扎如龙形，有头、尾，与一个耍宝的人。

烧龙灯的原料：一、爆竹，二、滴滴精，三、地旋子，四、神箭，五、欢喜弹，六、铁花，其中以滴滴精最为利害，滴上皮肤，可使皮肤糜烂。烧龙灯在城外与乡下，成都市内是禁止的，这是一种野蛮遗风，以别人痛苦供诸自己的娱乐，是种不人道的行为，占在经济立场上说，这是一种无谓的浪费，是值得注意的。

【送年、偷青】

十五日夜过大年，送年之时，敬祖宗，烧去纸门钱。

偷青，即是去盗取别人菜圃内的菜蔬，因菜色是青的色，青与清字音同，俗谓偷青后，可保一年无灾乱。

偷青，不过是应景之故事而已，但有一些人，却于此时，趁火打劫，大偷特偷，将别人菜圃内一扫而光，因之种有菜蔬的人，也特别成戒心，免遭暗算，更谓偷青时要主人出来骂了，才长运气，愈痛骂运气愈红。

游百病

十六日，全市人民，在四门城墙上游览，名曰"游百病"，意今日游过城墙，今年一年可免除一切病症，这一天又呼为"厚脸年"，俗语有云："火烧门前纸，大人做大事，娃娃捡狗屎。"其意义，各人站在各人岗位，努力生产，或潜心学业。

按正月，或看迎春，或择吉期，亲送子弟上学，或为子弟觅事，或收拾铺宅，新年中之过程，于十六日乃结束矣。

● 二三四月的节令

二、三、四，三个月中，包括的节令，最重要的有七个，每个节令各有不同的意义，为了研究方便起见，分段述之于次。

二月节令
【赶花会】

花会本为成都每年最热闹的会期，同时也是成都才有花会，非常特别的会，每年花会正期是二月十五日，这天为中国道教开山祖师李老君的生辰，这个会之初，可说是纯为农民而设，因出售农具最多，乡下之人来省办农具回去春耕，青羊宫、二仙庵之道士们，也于此时出售他们自己种植的葫芦瓜与各种豆类种子。后来，商家遂利用此时，可作一大笔生意，政府方面也极力提倡实业，令各县将特产送来陈列竞赛，成都的手工业，如牙刷工业、丝织工业等均选上品去赛会，故又称花会为"劝业会"，或"物产展览会"，优者政府给以奖状鼓励之。

另一方面，每年二月十五日之前，因气候转变关系，常常会吹风，迷信之人说这是神仙们赶花会来了，吹的神仙风，并传说花会场中随时可以碰到神仙，神仙常常变作乞丐求乞，故迷信之人于赶花会时，也时时留意乞丐，希图能碰上真仙，因此，对于乞丐讨乞时，不能不另眼相看，总要施舍几文，以免错过机会，所以花会之特点是乞丐多，另外花会场中，走江湖卖艺之人甚多，更有由外地来此者，如武飞团、武术团等等。花会场之几个特点：1. 茶铺、凉粉店多。2. 卖风车多。3. 人多。4. 灰多。

作者今年为搜集材料，曾去花会场数次，觉今年花会有名不符实之慨，因地方多为茶店、小食店，无空地，种植花木甚少，有失花会之意，不胜今昔之感，但愿在战后成都花会能复兴起来。

按二月惊蛰，有闻雷抖席之事，谓可免疙蚤，此又巫术之一法。

三月节令

【娘娘会】

俗传三月三日为送子娘娘生辰,省城之延庆寺、娘娘庙各处,演剧酬神,并用木榷制之四五寸长童子童女若干在神殿前,抛掷众人处,俟人争抢,抢得童子者,即于是夜用鼓乐祈伞,灯烛花炮,或用小儿抱持,送与亲戚之无子女者,然该亲戚即衣冠招待,肆筵宴宾,比真正得子者,尤为热闹。

三月三日,有卖荠荠菜的,用之扫灶头,可免虫蚁。

【清明节】

三月中有个清明节,这一天人家户用艾蒸清明饽饽,又名"清明糕粑粑",或折柳枝,载在身旁,谚云:"清明不载柳,死去变黄狗,端阳不载艾,死去变妖怪。"

清明节,为扫墓之期,凡有新亡者,其家人必于此日上新坟,并在坟园种植树木。

四月节令

【浴佛节】

东门外望江楼侧,有大佛寺,古刹也,俗于四月初八浴佛日,买鱼鳅、鳝、螺、龟蚌、鸟等沿河放生,又称"放生会",但所谓"放生",实则戕生,因上流在放,下流即有人打捞。前数日,即有平民遍觅水族,以待买主,是日江中,彩船花舫,极为热闹。在过去,自官员以至绅民,多醵金设宴,或挟优妓,笙歌杂遝,或由北门上船者,或由东门上船者,或绕舟于南河者,或维舟于濯锦者,官绅商民之妇女者无论老幼,亦结队游宴,两岸之民众数百,红袖绿鬟,目不暇给。白塔寺、望江楼一带,游人如织,这种盛况,在民国初年也是如此,但自抗战以来,此风大改,惟每年此日仍有不少善男信女前往放生,拥挤之情,并未稍减耳。

四月八日之另一节目,是嫁毛虫,其出嫁之法,系用红纸条书字于上,如"佛生四月八,毛虫今日嫁,嫁到深山去,永世不回来"等,可由人自由杜撰,或用红纸写一"白"字倒贴壁上,嫁毛虫之意,是言毛虫经此嫁后,房屋内就不会再发现毛虫了,此亦巫术之功用欤!

【药王会】

俗传二十八日为药王生日,省城各药铺及医馆,或敬神或送匾,或自己做匾倩人送往。陕西街药王庙在以前极为拥挤,前数日即有拜香之男女,跪香之佛婆,早已为警局禁止了。

四月二十八日，又为东岳出驾之期，在下莲池机器局侧，出驾前数日，即经会首遍贴斋戒黄纸告白，并晓谕巡行街道，打扫清洁，至期则各街高搭五色天花棚，或迎驾之彩台，香花灯烛，二十七日，彻夜达旦，盐道街南大街等处，迷信尤甚，装出牛头、马面、无常、鸡脚诸鬼神像及许愿枷杖各犯形状，所谓阴五倡，阳五倡，及挂灯于体上者，缧继者，种种怪像，神轿后随行跟香者，尚数百人，哄动城乡，男女杂聚，圣驾经过，家家焚香膜拜，俗语有云："鼓楼南街之老陕（系开衣铺的），一年都在打瞌睡，只有四月二十八日是醒的。"可见是日，游人之多，虽睡者亦不睡矣。

按四月立夏，用大戥称人，计其斤数，谓夏至称人不害病。

● 端午节

旧历五月五日，世谓之"端午"，……爰就成都端午习俗述之于后。

端阳节前的准备

当端阳节快到来之时，家庭中先为小儿女预备下新衣，再作艾虎、香包，以备当日佩带，至粽子、皮蛋、盐蛋、红白糖等，均为过节必不可少之食品。

过节

挂菖蒲、陈艾，取蝉酥，扯洗澡药，洒雄黄蒜，擦雄黄，吃鳝鱼，吃苋菜。

成都人家，于端午清晨起床绝早，购菖蒲、艾叶，分悬于门旁，谓可以驱邪于门外，然后焚香秉烛，以粽子、盐蛋、皮蛋祀祖。祀毕，聚家人老小早餐，所供之肴，必有苋菜一碗，以大蒜捣泥加盐醋为调和，谓食之可以解毒，并能化除一年食肉吞下之毛，更饮雄黄拌和之酒，饮余之酒，再加大蒜，以指蘸"王"字于童孩之面额，并滴少许于两耳，即可避虫蛇毒螫，又其余，勾和以水，用柏枝蘸洒于屋之周遭，更倾其余沥于阴沟，谓如是则虫蛇走避，不扰于人了。小儿女则着新衣，襟悬所缠之小粽，及绫绸所制之艾虎、小猴、香囊等以为点缀，蓉俗端午聚餐在晨，中秋餐在晚，故有"早端阳，夜中秋"之说。午间，必以"洗澡药"煎汤沐浴，所谓"洗澡药"者，乃乡里小儿所采之药草，如泥鳅串、千里光、菖蒲、蒲公英、野菊花、陈艾、八角蜂等，捆载背负，售之于市，谓以浴身可免疮毒疾患。又谓：今日任何植物皆可作洗澡药，药店则于此日，捕蟾蜍，取其眉株之酥，贮以待售，外科及针灸医师，则取艾制药，谓今日所作之药，特著灵效，并以此日午时新汲之水有毒，不可饮，饮之发疮，凡此种种虽不免于迷信，然亦吾国之最早卫生运动也。

【游江】

游江，在外东安顺桥沿河一带，由船户组织扎以彩舫，鼓乐齐鸣，争抢鸭子，又叫"划龙船"，夺标竞赛，以娱佳节，沿岸观众也很多。

端节日，娱乐场所多演"白蛇传"、"碧玉簪"、"大佛寺"等应时剧。

……

按五六月天气亢阳，则有乡民凑钱，用竹叶扎成龙形，沿街散帖，锣鼓喧阗，所经街道家家户户，均备水缸水桶，俟龙来时，各家携水，迎头痛击，妙在不泼水龙之身，而泼耍水龙之人身上，耍龙者任人倾泼，不怒也，喜形于色，并不索钱，谓耍过水龙，则天必下雨。

● **六七月的节令**

六月与七月包括 6 个节令，即王爷会、观音会、土地会、盂兰会、财神会，其中除了竞渡意义比较有价值外，其余皆为与鬼神有关联的会，但中国人就是迷信鬼神，若在节令中将这方面划开，根本说就没有节令，所以在研究这个问题时，仍是将这种材料尽量利用，兹分别述其节令中风俗于下。

六月节令

【王爷会】

六月初六日，俗传为镇江王爷生日，凡迷信水险者，均虔诚礼拜，如米碾户、干菜行、药材帮、柴行、炭行、木行、纸帮无不设宴待客，或演戏或念经，惟船帮尤为迷信，是日，无论何人，均不开船，醵资在王爷庙，演戏酬神。

按六月伏日，做胡豆瓣，晒皮衣，可使皮衣不受虫蛀。

【观音会】

六月十九日，观音会，观音会一年有三次，即二月十九日，六月十九日，九月十九日是也。相传观音为妙庄王之三公主，苦修成道，因之尤为妇女所崇拜，在前恶俗，总府街普准堂、青石桥白衣庵，暑袜街白象庵，半边街大悲庵等处，凡供有观音之寺院，男女杂乱，庙中僧尼，藉以敛钱，现经警局禁止，而妇女等移往北门外之白马寺去矣。

【竞渡】

成都之竞渡不于午日，而乃于六月二十四日，此乃纪念治水之李冰，李冰被尊为川主，六月二十四日乃其生辰，此意义亦属重大，不有李冰，何有今日之四川，故成都人士，于今日竞渡，乃饮水思源之意也。

七月节令

【土地会】

七月七日，为土地之生辰，土地又名"社神"，故此日家家均杀鸡祀之，以享社神各街之土地祠，经会首募集香钱，演牛皮影戏酬神，会首则藉以肉食一次，且无一街不演唱影戏者。

七日晚间敬巧神，买豆芽乞巧，相传天上有牛郎织女二星宿，一在东方，一在西方，彼起此落，只有每年七月七日这一天方能会面一次，故有"七夕双星渡银河"之说，并言此日看不见喜鹊，喜鹊都去给牛郎织女搭桥去了。

【盂兰会】

七月初十日起，至十五日止，做盂兰会，俗名"祖宗过年"，又云初十日鬼门关开了，各家之鬼均放归各家，十五日城隍出驾，名曰赏孤，又鬼门关关矣，故谚云："七月半，鬼乱窜。"言鬼放出来也。在此时期，大人必警告小孩，晚间少出外，以免碰见鬼魂。

中元会节，自古有之，各庙于此日均念经，超度鬼魂，官府内之房班差役，亦集资念经，超度罪人。

中元节，又名曰"七月半节"，民间则无论贫富，均焚纸钱及纸锭包封，近更有印卖冥府钞票出卖，省城之钱纸店一年只望中元节卖钱。近年政府对于这一笔消耗已注意到了，并且限制钱纸店改业之办法，但尚未见诸实施，设能从速办理，所节省之数字，当大可观矣。

【财神会】

七月二十二日为财神生日，各商铺做财神会，停货半日，以鸡酒飨神后，即以筵宾客，待铺伙。

按七月立秋，用缸盛水置之太阳下，晒之，名曰"秋水"，食之谓可免痢疾。

● 八月的节令

八月节令，包括三个节令，即地藏王会、中秋节、与孔子会是也，其中以中秋节是一年三大节令之一，今依时序先后述之于次。

地藏王会

传为地藏王生日，俗谓目莲救母，……故此日之夜，家家敬王后，焚香插布遍地，以示明亮也，转轮街有地藏庵，烧香者最甚。

今日凡一切污秽之水，忌倾地上。

中秋节

中秋节是一年中三大节令的最后一个，相传为月光生日，亦即商家收账结货账之时，商家于此时也有减价之举。中秋之夜，家家市饼饵、水果，大小向月膜拜，前后数日，各街合资，演戏酬神，大都排嫦娥奔月等戏目，中秋玩月，旧宴于西楼，望月于锦亭。

【买月饼、敬月光、燉牛肉、买水果】

中秋节之最大特点，是买月饼吃，……

八月十五日，又为月光生日，晚间陈果品，当空敬之，果品为核桃、石榴、梨子、柿子、板栗、佛手等，家家均燉牛肉吃。

【耍满天星】

成都之小儿女，每于中秋夜，用柑子一个，上插熖烛，周围插纸制小旗，作为龙形头，下用一竹棍插下，以手持之，名曰"耍满天星"，此为一种迷信，谓能除邪魔。

【守月华】

八月十五日守月华，这是每个四川人都知道的一句话，相传每年八月十五日夜都有月华出现，月华之形态为五彩色，将月亮包在中央，大如车轮，鲜艳无比，见者运气必佳，但见着之后，不能喊叫旁人观看，否则立刻散去，因有此传说，于是每年此夜，均有不少痴人苦守月华，但大都是失望。

孔子会

孔子会，就是一般人通称为祭祀，即祭孔，孔子为儒家始祖，中国为儒教国家，故对孔子有如西洋人之对耶稣，全国各地均有孔庙，每年八月二十七日为孔子生辰，均有祭祀之举，以牛羊三牲祭之，拂晓前开始，由德高望众之长者为主祭，另设陪祭数人，另有乐队歌生、舞生，完全中国古代乐器，歌舞皆仿古代，古香古色，欲窥中国旧有仪礼，可于今日往观之。

祭祀所杀之牛羊，多分割赠送与祭人士，俗传祭祀牛肉食之无罪，有平时戒食牛肉者，对于祭祀牛肉，独为例外，可破戒食之。

● **九十冬月的节令**

九月，十月，冬月这三个月中，包括了9个节令，其中以重阳节最有意义，但其热闹却不及九皇会，这也是由于成都人民迷信鬼神的原故，所以才热闹些，分述之于下。

九月节令

【九皇会】

从八月二十九日起，各饮食店，各家庭内，大多均要洒扫，即炉灶、锅碗，亦皆另置，尤其是卖素面食的，更为着重，各贴不通之黄纸联对，或黄纸作彩账，或黄纸剪旂，各沿街小卖之小食担，亦各插上黄旂一枝，居然神拳模样，自九月朔日起，各庙宇做会念经，江西馆尤为虔诚，盖九皇会由于江西传入成都者也，居民无论男女，朝夕燃黄蜡，焚香叩首，斋戒茹素，十分之八九，有茹素九天者，有半月者，有二十天者，有一个全月者，消耗品以豆类为大宗。

茹素之前一日，必举家大烹肉类，谓之封斋。意欲以一日之食肉，而管十余日之不茹荤，及茹素满时，向例必夜间先送九皇，然后开斋。

【重九】

九月九日，谓之"重九"，又叫"重阳节"。重阳之来源，起于桓景之避灾，故成都人士，今日亦有登高之举，登高之地点多到望江楼，或城内之鼓楼。

重阳，每家均蒸涝糟，俗谓重九蒸涝糟，才放得久，且甜不酸。

九月十九日也举办观音会，于六月节令中已述及，兹不赘述。

按九月为菊花盛开之时节，成都每年有菊花会之举，地点在少城公园民教馆前有菊花堆子。

十月节令

【牛王会】

俗传十月初一日，城隍出驾，为城隍与鬼魂赏寒衣，是日东大街之府城隍，暨成华两县之城隍均出驾巡行，在从前极为热闹，不亚于三月二十八日之东狱会，近来已极少有此行动了。

十月初一日为牛王生辰，有打糍粑之俗，乡间牛角上戴糍粑与花，并牵之至水边，使能照见影子，牛一定会高兴，因一年辛苦，生辰必得打扮打扮也。

自城隍赏寒衣后，民家各具纸衣帽纸烘笼等，各上各家之坟园，用火焚化，俾死者应用。

冬月节令

【太阳会】

冬月十九为太阳生辰，居民焚香，祝拜太阳寿，各街告白，大书特书，"太阳胜会"，合资演戏，并送扫墓寒衣。

【冬至】

冬至日，为祭祖之日，有祠堂者，全族人必聚集拜祖宗，有酒席，名曰"冬至会"，冬至杀猪醃过年肉，准备过年之物了。

冬至打下之桑叶，名曰"冬桑叶"，可作药用，谓能去热。

● 一年中的禁忌

正月初一日忌扫地，用刀，煮饭，倾水于地，说鬼怪、猴、耗子、鸟类的名字，忌与太岁说话。

忌扫地的意思，是以为土地为财宝所藏之地，恐将财宝扫出去，初一到初五日灰屑还不许外倾，以为可以聚一年之财。忌用刀的原因很简单，刀是凶器，初一乃一年之始，凡是凶的东西都不说，或不用，取一年吉利之意。忌倾水于地之意，是因为水代表财的，正月初二有挑水夫担了一担水，挨户进屋来，将水倾入厨房水缸内，叫做进财，故水是代表财物的，所以不能倾倒，若必要倒，也要用缸暂时盛住，待初一日过了，再倾在水沟里。忌说鬼怪、猴等名字，因鬼怪是不祥之兆，猴子猴头猴脑的，易打破东西，所以是不说的为佳。

六月六日，俗传为镇江王爷生日，此日船帮忌开船，俗谓行船必打破。

八月初一日，为地藏王生日，家庭中一切污秽之水，忌倾地上，以免污秽地神。

腊月二十四日为迎新灶神之期，忌在灶房内说污秽之话，又忌以恶语骂人，以及污秽之物入内，恐触怒灶神。

腊月三十日吃年饭，忌泡汤，俗谓泡了汤以后，出门旅行常遇雨，吃年饭，敬神所燃的蜡烛，忌破坏滥了流下，主次年家事不吉利，又忌打破碗盏，或倾倒菜油，犯了也是不吉利，并且家人多疾病。

若在除夕日，天候寒冷，如烧有火炉，忌用火箝去拨火，俗谓拨了火佃户的禾苗要抽白穗。

逢戊日忌作工敬神和栽花，一切与土有关的事情，都忌做；如建筑掘土或种花锄地，戊是属土的，如果动了土，就犯了土神，如某家此日掘了地，凑巧他家某人害了眼病，于是就说是不该动土，非弄上一番巫术工作，否则必不会好。

（陈慧权，系华西协合大学文学院社会学系学生，1945年5月撰写了毕业论文《成都节令风俗之研究》。本文节选自该论文（参据《民国时期社会调查丛编（三编）·四川大学卷》），编者另加标题）

民国初年,成都万里桥　和习联 提供

天府文化 百年成都 丛书

1941年，龙泉驿街景 卡尔·迈当斯 摄

民国初年，抬着神龛前往寺庙的成都人　和习联 提供

成 都 百 年 风 俗

民国时，成都的城门　和习联 提供

民国时,成都街头的小吃摊 和习联 提供

成 都 百 年 风 俗

Chengdu 100 Year Customs

1945年的成都街景　威廉·迪柏 摄

天府文化 百年成都

Tianfu Culture, A Century-old Chengdu

Chengdu 100 Year Customs

成都百年风俗

蜀都市井

清末民初的妇女时尚

铁波乐

走进成都,首先映入眼帘的是那些满街游走的女人们。成都女人不一定每个都很漂亮,但很有气质,一个个穿着入时,装扮得花枝招展、珠光宝气,令人眼花缭乱、叹为观止。

百年前的成都妇女也很有特色。那时的中国社会正处于转型之期,成都妇女也乘势而进,虽然比上海慢了一拍,比北京慢了半拍,但还是亦步亦趋,冒着"老古套"的冷嘲热讽,走向了新时尚、新生活。

● 坐茶馆、看戏

成都人爱坐茶馆是出了名的，但只限于男人，并未包含女人。在晚清的"新政"运动之前，妇道人家是不能涉足茶馆、酒店的。

所谓"新政"，是光绪二十七年（1901年）内外交困的慈禧太后迫于形势而搞的一场自上而下的变革运动，其性质与康梁的维新变法大同小异，内容涉及政治、经济、军事、文化、交通等方方面面，各地的风土民情也在所难免地受到了强烈冲击。成都是四川的首善之区，奎俊、岑春煊、锡良、赵尔巽等历任总督积极响应，特别是在通省劝业道周孝怀的强力推行下，妇女界也移风易俗，要同男儿们平起平坐了。

最先将妇女们引入茶馆的是那些年老色衰，又倒了嗓子，上不到台盘了的川剧艺人。为了谋生，这些人轻装简从，到茶馆里清唱，求取一点微薄的"赏钱"。那时虽然是封建社会，也要杜绝"精神污染"，戏园子里严禁上演"淫戏"，如《翠屏山》《销金帐》《巧姻缘》《巧洞房》《葡萄架》《迷人馆》《大别妻》《珍珠衫》等，官府定之为"凶秽戏"，不许搬上舞台。而人的生性又偏偏有种逆反心理，越是禁止的东西，越是想要。那些在舞台上站不住脚的艺人们便利用这一空间，变一种更加活跃的曲调，拿到茶馆去唱。这种曲调脱胎于川剧的胡琴戏和弹戏，称为"清音"，肉声肉气，很受女人们的喜爱，使得茶馆附近的女人们心儿痒痒的，便麻起胆子缩头缩脑地躲在茶馆外面的人群中偷听，于是便有一些顾面子的男人大大方方地说："要听就坐到茶馆里去听嘛，不要偷偷摸摸地臊我的皮！"人是相互影响的，只要有一家人开了这个口子，马上便会有一群人跟着来，很多女人便争相效仿，大模大样地钻进茶馆占上一席之地，边饮茶，边听戏，有的还学会了抽烟，派头十足地跷起"二郎腿"吞云吐雾，甚至三五个人伙在一起，东家长、西家短，各自诉说老公的不是或公婆的可恶，真是越来越"放肆"！女人的"自由化"已经到了这种程度，男人们要想阻拦已是无能为力了，只好无可奈何，任其蔓延。

可是人不知足，社会风气已经这么"开化"了，有的女人还得寸进尺，不满足于只是在茶馆里"听戏"，竟然还想到戏园去"看戏"。成都的第一家戏园是吴碧澄于光绪二十九年（1903年）在忠烈祠北街开创的"可园"。后来又出现了华兴正街的悦来茶园、总府街的群仙茶园、少城公园的万春茶园，内中以悦来茶园的场子最宽、名角最多，观众也最多。茶馆的管事唐广体看到那么多女人都到茶馆里去听戏，便灵机一动，在悦来茶园里开设了女宾雅座，每座五角钱。女宾雅座设在楼厢，从梓潼街进出；男座设在堂厢,从华兴街进出,男女不得混杂。女人们有了这道方便之门,蜂拥而至,有时比男人还多。

● **打牌,打摩登**

成都女人爱打牌,是早已有之,但没有清末民初那么公开,那么普及。女人打牌也要讲输赢,赌注的多少以牌友的身份而定,官吏太太的牌局就比绅士太太或普通市民女眷的牌局大得多,往往一局下来的输赢是好几百元,甚至上千元。民国时期四川的"司令""将军"特别多,那些太太和姨太太们便邀邀约约,轮番在彼此的公馆里打麻将赌钱,有时各自的老公翻脸成仇,在战场上不顾死活地厮杀,她们却姐姐妹妹呀地在牌桌上照打不误,毫不担心老公的生死存亡。因为她们知道那些军阀们打仗就像小孩子打架似的,往往眼泪都还没有擦干,又破涕为笑,握手言欢了。

在那些悠闲的军政太太中,麻将打得最好的是王缵绪的四姨太杜幺姑,她似乎有特异功能,想要什么牌就能摸到什么牌,因而十赌九胜,赢了很多钱。她还敢同手握重兵的军爷们打,照样赢钱。有一次她同陈兰亭、罗泽洲、范绍增打,罗泽洲打了个幺鸡出来,用力过猛,掉到地上了,她便从地上把那块幺鸡捡了起来,往桌上一拍,厉声吼道:"姑奶奶和了!五番!数银子来!"罗泽洲说:"哪里有五番?你平一番、将一番、缺一番、无字一番,但是你有幺鸡,断不到幺呀,只有四番嘛。"杜幺姑说:"哪门没有断么?你把幺鸡丢在地上,我弯下腰去捡它起来,差点把腰杆闪断了,这叫'闪断奴的腰',单凭这一条就该多加一番!"一席话把牌桌上的人全都说得笑了起来,大家都说:"该加!该加!"罗泽洲只好自认倒霉,多出了20块银圆。

以上说的茶馆、看戏、打麻将,都是中式的时尚生活,而"打摩登"便是洋时尚了。"摩登"是英语的音译词,意为新式、时髦,用在女人身上便是新式化妆的意思。其实成都女人自古以来就爱涂脂抹粉、梳妆打扮,并且很有水平,单是画眉毛都有十种画法,什么鸳鸯眉、小山眉、五岳眉、三峰眉、垂珠眉、月棱眉、分梢眉、涵烟眉、拂云眉、倒晕眉,都是从成都传出去的。苏东坡的《眉子石砚歌赠胡誾》诗里,"君不见成都画手开十眉,横云却月争新奇",就是说的此事。

这些传统的美容手法虽然高明,但毕竟太陈旧、太老式了,女人是喜欢新鲜的,她们心灵手巧,用玫瑰香皂、嫩面鹅胰、西洋玫瑰油、华尔兹香油、郁金香粉、伽兰粉等"洋盘货"取代了皂角、油珠子、蓖麻油、花生头油、喜纱粉、朱砂粉等"土货色"。在化妆手法上，成都人比西洋人高明，西洋人美容很直接，拿起化妆品就往脸腮上擦，很毛糙，不均匀，成都女人的传统手法则是将化妆品首先涂抹在鼻子上，让其向面部四周慢慢浸润，然后再用手掌轻细地揉搓，达到水乳交融的效果，显得比上海来的"摩登女郎"还更靓丽青春。

美了容，还要换装。光绪年间成都妇女的老式服装是大袖宽肩的短袄长裤或襟沿镶边的薄衫长裙。新政推行不久，旗袍悄然兴起，成了当时的时髦新装。这种衣服是将旗人妇女穿的服装加以改进，缩小袖口，加高衣领，收紧腰围，使之柔顺贴身，鲜明展示出女性的曲线之美。后来又流行低领和无领、长袖和短袖、长袍和短袍。有的袖子长过手腕，有的短至露肘，有的下摆曳地，有的短过膝盖。但不管怎么样翻新，都能很好地将女性的"三俏"（胸俏、腰俏、臀俏）轮廓分明地表露出来。

到了民国，风气更加开放，街上经常都会看到一些身穿中式旗袍的"洋盘小姐"，外套西式的"开司米"或裘皮大衣，头上梳着卷毛短发，足蹬高跟皮鞋。她们像春风里的一群小蝴蝶，在乍暖还寒的蓉城里飞来飞去，没想到却把一些抱残守缺的老夫子惹恼了，认为这是"世风日下""伤风败俗"，气得叹气连天却又无可奈何，便写些打油诗来冷嘲热讽。道是："袖短居然齐手腕，翩翩举动步姗姗。脸皮厚重无廉耻，气得老夫胃发酸。""不洋不土学蛮家，体态妖娆杨柳桠。自己以为成美女，别人看见肉都麻。""而今女子尚浓妆，粉落随风不断香。惹得旁人偷眼看，还夸打扮学西洋。""嘴皮似火嫩东东，涂得胭脂一转红。误认血盆张大口，丑死你家老祖宗！"

值得庆幸得是：不管"老古套"们如何反对，那些"不洋不土"的女士们毫不理会，照样我行我素，照样"摩登"。她们的新时尚越来越普及，跟着她们"洋盘"的人也越来越多了。

● **赶花会，逛庙会**

成都人赶花会由来已久，早在唐代就很盛行了。成都的花会是农历二月十五，这一天据说是百花的生日，又是李老君的生日，所以会址设在青羊宫。每年这天，花市中人山人海，热闹非凡。但是，"新政"之前，赴会者大部分都是男人，女人是谢绝光临的。"新政"倡行之后，劝业道周孝怀"大兴文明开化之风"，允许女人进入花市观光，但是他又节外生枝，定了条令人啼笑皆非的"法规"：进入会场必须分道而行。他在会场门外搭了一座木桥，中间用竹竿分隔成两条通道，男的走一边，女的走一边，以免男女混杂，"有伤风化"。这条木桥很短，只有20多公尺，只要一过桥便可以男女同行了。对于这一荒唐行径，"老顽固"们抓住把柄，又舞文弄墨，以诗讽之：

　　长板桥前大可哀，硬将男女两分开。

　　劝君莫要伤离别，三十步外挨拢来。

后来周孝怀也感到这一禁令荒唐可笑，便将木桥拆了，男女不分界线，可以自由出入了。

　　逛庙会也是成都人古已有之的民俗风情，但不分男女，人人都可以去祈祷神灵。成都的庙会很多，有三月初三的娘娘会，四月初八的放生会，四月二十八的药王会，六月初六的王爷会，七月初七的土地会，七月十五的盂兰会，八月初一的地藏会，八月十五的月光会，二月十九、六月十九、九月十九的观音会等，其中以观音会最盛，各个寺庙都是香烟缭绕、游人如织。而诸多寺庙中又以大慈寺的香火最旺。因为一般的寺院都是远避红尘，大慈寺却是居于闹市之中，庙门前的大坝子还有蚕市、扇市、药市、夜市等市场，熙熙攘攘，人流如潮，并且很多都是妇女，那些妇女有的是买东西的，有的是卖东西的。卖东西的人大多是家境不好的穷家小户，出门来做点小买卖，补贴家用，她们贩卖的东西无外乎针线鞋袜，或旧衣服、小食品，但本小利薄，生意不是很好。

　　由于生计艰难，这些妇女大多心情不好，脾气粗野，爱骂野话，爱吵架。吵架时一手前伸，直直地指向对方，另一只手弯曲起来，手掌撑在腰肢上，其形状很像一把茶壶，于是人们便将这种爱吵架的女人称为"茶壶"，姓张的就叫"张茶壶"，姓王的就叫"王茶壶"。有时两把"茶壶"对骂，骂着骂着便短兵相接，打了起来。她们打架的招数是相互抓扯头发，你扯我，我扯你，两个人的脑袋都往下按，头挨着头，头部以下形成一个空间，像个洞子，又像一座牌坊，人们便叫"躲儿洞""肉牌坊"。每当形成这种场面的时候，围观者便会假惺惺地说："好了，好了，再打两下就不要打了。"但是她们打得难解难分，谁也拉不开，这时便会出现街头小混混，自告奋勇地挺身而出，像狗儿似的弯下腰去，往"洞"中一钻，两只手分别挺住两个女人的胸部，然后直起身来，轻而易举就将"肉牌坊"分开了。分开之后的女人吃了哑巴亏，有的面红耳赤，含羞带怒地讪讪而去，有的则破口大骂："短命娃儿！敢摸老娘的奶奶，你会天打五雷轰，不得好死！"另一个受了侮辱的女人也气急败坏地厉声相骂，两个人还"化敌为友"，同仇敌忾，向着"短命娃儿"又抓又打；小流氓则死眉烂眼，笑嘻嘻的，打不还手，骂不还口，只要不扯头上的小辫子，他是决不求饶的。

● 张大千笔下的成都女人

川味风情画,张大千就画过,而且画得不少。他说:"凡画,人物最上,山水次之。而画人物又以人物器宇为上,要能绘出人物之内在气质。"他喜欢画美女,很多人物都是以成都的女人为蓝本描绘出来的。在晚清民国时期,成都有个奇特现象,叫作"东富西贫,南文北武",即东半城的有钱人多,西半城的穷人多;南半城的文职官吏和读书人多,北半城的武职人员和工匠多。

彭县举人吴好山有首《竹枝词》就反映了这个问题:"南文北武各争奇,东富西贫事可疑。一座城中同住下,然何分别竟如斯?"

张大千则以画家的眼光观察得更加细致入微,按方位将成都女人分为四种十二类:东门女人肥、白、高,南门女人文、秀、娇,西门女人泼、辣、刁,北门女人麻、妖、骚。"所谓"肥",是丰满;"白",是白净;"高",是指身材高挑——这种女人以东门的富家女居多。所谓"文",是文静;"秀",是秀雅;"娇",是娇媚——这种女人以南门书香门第的大家闺秀居多。所谓"泼",是无拘无束的野泼;"辣",是敢哭敢笑敢吵敢闹的野辣;"刁",是风风火火的刁蛮——这种女人以西门贫穷小户居多。所谓"麻",是肉麻,不是面麻;"妖",是妖艳、妖冶、妖娆,"骚",是风骚——这种女人北门居多,因为那里从事营生的人最多。

在这二十种女人中,张大千笔下画得最多的是杨贵妃似的又肥又白又高的胖美人,但偶尔也画点"文秀娇"或"泼辣刁"的人物。笔者有位同学的岳父谭文琪老先生,就有一幅张大千画的《蚕妇图》,画面上的"蚕妇"头发蓬松,一手指天,一手叉腰,活脱脱一个"茶壶"。

(铁波乐,本名何永中,作家,四川资中人,出版有《资州揽胜》等书)

难忘的市井风情

李英

我是从外地迁来的成都人，在成都生活了 80 多年。斗转星移，成都已经发生了翻天覆地的变化，到处高楼林立、车水马龙，一片繁华昌盛的景象。然而，令我最难忘的，还是孩提时，成都民国初年的市井风情。

● 轿子风行一时

清末民初，成都还没有一条马路，全城都是石板路。大街宽不过十来米，小巷窄的只有两三米，外出代步，最风行的就是轿子。

轿子在我国有悠久的历史，几千年来都是官乘民抬，到了清末，封建王朝已摇摇欲坠，而乘轿闹官派之风在成都还余焰犹在。

乘官轿是有一些名堂的。五品以上的府道在成都不算大官，二品的总督三司才威风八面，他们坐的是八人抬的彩呢大轿。一上街就有一班士兵当吼班，有的打响片清道，有的大喊大叫："行人止步，言者住声；脑壳上包白帕子的取下来，违者四十大板，决不姑宽。"吼班之后是肩扛"回避""二品正堂""钦赐花翎"牌匾者，最后才是八人抬的彩呢大轿。

在成都坐官轿还有个风气，官越大，坐的轿子越矮，好像陆地行舟；官越小，坐的轿子越高，叫"拱竿竿"。

我读私塾时，老师叫陈焕然，在清末是个小官。有一次他没有坐"拱竿竿"，在路上与总督大人的绿呢大轿狭路相逢，还没有弄清怎么回事，只听得一声"拿下"，他就被侍卫打了四十马棒，罪名是"不守官箴，蓄意闯驾"。如果他坐的是"拱竿竿"，坐轿的人老远就会看见那顶绿呢大轿，便会立即溜之大吉，也不会吃这四十马棒了。

辛亥革命，成都人称之为"反正"。"反正"以后，换汤不换药，此风犹存一时。

民间乘轿，社会层次不同，也有一些差别。富豪之家坐的是凉轿，四个人抬，奴仆家丁前呼后拥，"让路让路"之声不绝于道。太太小姐坐的是"丁子拐"。所谓"丁子拐"，就是三个人抬。平民百姓坐的是两人抬的"鸡蛋壳"。

最有情趣的是抬"鸡蛋壳"轿夫唱的对口调。前面的轿夫唱一句："天上明晃晃。"后面的轿夫应一句："地下水凼凼。""天上一把刀。""地上有槽槽。""左边一朵花。""她就是你妈。"这些对口调诙谐打趣，让人忍俊不禁。

20世纪20年代，成都修了马路，黄包车出现，还有了少量自行车，轿子就逐步在成都消失了。

● 叽叽呀呀吆凤凰

凤凰是啥样，谁也没有见过。成都人想象力丰富，方言俚语，既风趣又幽默，把坐鸡公车叫作"吆凤凰"。

鸡公车在北方叫独轮车。车轮在前，座位在后，双把像八字排开，推车人两手相握，似大鹏展翅，车走起来叽叽呀呀，如泣如诉。

成都市区的石板路，年久失修，稀牙裂缝，如遇大雨之后，行人走在上面，一脚踏上，石板一翘，泥水四溅，立即就变成了"泥菩萨"，他人大笑，自己尴尬。

成都东南西北四道城门之外都设有税卡，征收过境税。推鸡公车的都是农民，税卡也要叫他们纳税：或是一个南瓜，或是一把葱葱蒜苗。

鸡公车推在光滑的石板上，一不小心，推车人两手失去平衡，"啊哟"一声，坐车人跌个四肢朝天也是常有的事；此后在路中凿了石槽，推鸡公车跌倒的状况才有所减少。

鸡公车深得成都人欢迎，主要是因为在密如蛛网、纵横阡陌的乡间小路上推行很方便。这种小路宽不过一二尺，轿子黄包车都无用武之地。城里人每年清明踏青扫墓都离不开鸡公车，彼时，鸡公车走俏，供不应求，甚至还人猪同坐，我就留存了一张人猪同坐鸡公车的老照片。

● **咔嚓一声，身后的"猪尾巴"没了**

清末民初，成都的男人仍留有一条长辫子，甩来甩去的，像条猪尾巴。女人都是一双小脚，若是"三寸金莲"，更是身价百倍。

辛亥革命后，有两件事闹得惊天动地，一件是剪男人头上的辫子，另一件是放女人的脚。

人们议论说：女人包脚，已有好几百年的历史，这女人的脚又不是反革命，放不放，关当官的屁事。我有个堂兄，从学堂放学回来，唱了几句儿歌："小脚一双，眼泪一缸。姑娘脚小，像个跳蚤；姑娘脚大，好下田坝。"还挨了他妈一顿饱打。

老人们嘀咕起来：从前，摄政王打进北京城，下了个诏书，汉人都必须剪掉头顶上的缕缕青丝。古人云："身体发肤受之父母，不可毁伤。"但诏书上写得明明白白，"留发不留头"。头都没有了，人还能活下去？于是便剩下了这条"猪尾巴"，现在咔嚓咔嚓把这条"猪尾巴"也剪了，这岂不是成了妖怪？

我的启蒙老师上街，不小心遇到警察，"咔嚓"一声，身后的"猪尾巴"没了，他抱着脑壳一趟跑回家里，有十几天不敢出门。我有个邻居，是饭馆里的炊哥，他身后的"猪尾巴"也被警察剪了，但他不像我的老师，反而说剪了安逸。

● **美容化妆、挑牙虫**

民国初期，成都的街上，经常能见到一些满族妇女，提着一个小竹筐，沿街叫卖："卖花花洋碱、退油洋碱、扯苦毛子。""卖油刨花、梳美人头、挑牙虫。"所谓花花洋碱、退油洋碱，就是现代人所说的香皂、肥皂。所谓"扯苦毛子"，其实就是拔掉脸上的汗毛绒毛。当时"扯苦毛子"真可以说是活受罪，就是用两根白棉线绞住汗毛硬拔，拔得"啊哟"声连天。

这苦毛子还不是任何女人都允许扯的。首先，待字闺中、尚未出嫁的黄花闺女就绝不允许。"姑娘家家，让别人在自己脸上揉揉摸摸，成何体统，又不是野巴骡子。"其次，婆婆奶奶们也拒绝扯。"脸上起皱皱，走路打偏偏，又不是老妖婆，还扯啥子苦毛子哟！"因此，扯苦毛子的对象就只有一种人：大嫂阿姨。

那阵成都没有新式医院，更没有专业的牙科、口腔科，牙有病就认为是牙虫在作怪，挑牙虫这一行就应运而生。

这一行中的女人，在发髻上都插了两根一头黑一头白的"刺猬针"。这刺猬针也是她们这一行的标志。给人挑牙虫时，先在患者面前摆上一碗清水，还真的见几只白色的"小蛆"摆来摆去，病者便信以为真，不住地千恩万谢。这当然是一种骗局，多搞几回也就露了马脚。

女人挑牙虫销声匿迹，男人的牙医摊摊却生意兴隆。这类牙医摊子还很流行了几年，直到今天，在一些偏僻的乡镇里还能看到。

● **在火巷子里吃"挨刀饭"**

20世纪20年代，杨森在成都市区修马路，为了方便交通，开了一些火巷子。火巷子两边有摆饮食摊的，有治牙病的，有摆拆字摊的，还有汤圆担子、剃头担子等。其中以卖"挨刀饭"的生意最红火。

修马路征调了好几千民工，民工都是从各县农村里调来的农民。这个乡调来修马路的农民干了十天半月又换另一个乡，轮番替换，像走马灯似的。因为流动性很大，又没有什么伙食团或食堂，他们就领饭钱到火巷子吃"挨刀饭"。

"挨刀饭"又叫"牙牙饭"。因为那饭煮的是"焖锅饭"，煮得特别硬。有人夸张地说，那饭像石头子，在河这边都可以甩到河那边。因为煮得太硬，一般锅铲木瓢使不上，必须用刀把它切成一牙一牙的条状，所以称之为"挨刀"或叫"牙牙饭"。

由于"挨刀饭"吃了经饱耐饿，所以大受民工欢迎。不仅民工光顾，就是推车抬轿的人，都喜欢去吃个"帽儿头"。

现在的成都人恐怕都不知道啥叫"帽儿头"了，可是在80年前这话却很时尚。卖"挨刀饭"的人偶尔也来点弄虚作假，一铲子把切成牙牙的"挨刀饭"铲进碗内，看起来满得冒尖尖，其实下面却是空空如也。民工发现了就来个"打假"，要求把下面夯实，盛饭高出碗口，其状像戴了顶帽子，因而叫"帽儿头"。

卖"帽儿头"的普遍都是一张条桌子三根板凳的小饭摊，饭要钱菜不要钱。不过那些菜都是从菜市场捡来的，一切煮烂放点盐巴。

吃饭的人大小总算个买主，当然其中也有吃饱喝足，却腰无半文的"白食"者，摊主按老规矩惩罚，让其跪在地上顶板凳。

卖"挨刀饭"的摊摊，到了下午三四点钟就开始卖"涮棒汤"。届时，拿碗拿盆的买主排成长龙，生意又进入了一个高潮。

所谓"涮棒汤"，其实就是从大餐厅、大饭店搜集的残羹剩菜。饭摊子收回来掺几瓢水，撒把盐一煮，看起来还是"油冒冒的"。穷人花三五个小钱买一碗，还吃得乐呵呵的。末了还要自我解嘲：把骨头叫作"狼牙棒"，蒸肉皮叫"关刀肉"，鱼骨头叫"篦子鱼"。

● 市井人物打更匠

打更匠属市井人物中的下九流。那阵没有钟表，市井小民白天看时间靠的是太阳。"太阳都照在街中间了，该煮饭了。"夜间没有太阳，看时间就靠打更匠打更了。"都打二更了，该睡觉了，该收生意了。"

打更匠除了打更，还要做一些别人不愿做的事，如鸣锣帮警察下达命令，穷人死了无人掩埋，背去丢进"万人坑"，辅助叫花婆在公厕里生孩子，给太平缸担防火水等等，无论怎么说，大小都还算半个公事人。可是他这个公事人却是义务职，既无工资又无津贴，穿得破破烂烂，吃的是剩菜剩饭，一副可怜相，除了一个小锣一个锣槌，别无长物。

那时，我家住在北门通顺桥，老家在巴中县。巴中县有个姓王的就在通顺桥打更。

老成都祖宗八代遗留下来不少习俗，有一条是要在正月初二送财神。王打更每年都要大显身手，自己头戴烂报纸做的帅盔，嘴上粘一串苞谷穗穗，捡根烂甘蔗当财神的钢鞭，然后挨家挨户去送"元宝"，得的赏钱，勉勉强强可吃两三个月。

20世纪40年代，市面上钟表多了，街上许多警察也带了个大钟，商店里的火车表一块钱一个，打更匠慢慢就失业了。

20世纪90年代，听人说王打更早就发了：大娃子是一个公司的老总，二娃子当了官，孙女子还成了歌星。发是发了，他就是舍不得丢了那个小锣小槌。他说他是伴着这两样东西走过来的，这两件东西是几个时代的见证。

● **初见"洋马儿"**

　　记得是民国十二年（1923年），我在成都初见自行车。那阵成都人谁也不把它叫自行车，而是叫作"洋马儿"。当时《川报》有文字介绍："西人有奇技，能以钢铁制两轮两角之怪兽，人乘其上，行走如飞。"这种介绍，现代人看了会觉得可笑，但当时却如经典语言。人，从落后走向先进，都会有个曲折的历程。

　　那阵，在成都销售的自行车，大都来自英国、美国和日本。英国自行车有"双枪""飞利浦"，美国的自行车有"红手"，日本的自行车有"菊花"。

　　下东大街有个著名的商号叫"马运隆"（好像是这名字，现在记得很模糊了），算得上是最早卖自行车的商行。外国人在内地做生意，都会做广告，促销手段也做得很到家，不像那时中国人做生意，缺乏广告意识，总是认为"酒香不怕巷子深"。随着自行车来到成都，纸烟也来到成都。纸烟商组织广告宣传，沿街不要钱请行人抽纸烟。在纸烟进入成都以前，成都人习惯吃叶子烟和水烟，还不知道纸烟是啥东西，连名字都不知道。既然不要钱欢迎吃，大家抢着去试试，一吃觉得味道还不错，又不要叶子烟杆，又不用水烟袋，吃起来方便多了。于是，吃水烟和吃叶子烟的人便纷纷吃起纸烟来了。

　　那阵运进成都的纸烟有"大刀""双刀""美丽""金鼠""骆驼""强盗""小大英""红锡包""大前门"许多牌子，而且每包纸烟内都有一张"洋画"。"洋画"上一面印着彩色《三国演义》，如"草船借箭""龙舞呈祥"等一回一回的画面，后面印着的是每回的故事梗概。这一招使得许多人不买也要买，因为都想凑足《三国演义》的全套。

　　自行车经销商也有促销的奇招：他们聘了几个杂技演员，天天在少城公园（今人民公园）做车技表演，引得大批游客把他们团团围住，里三层外三层，轰动一时。

　　成都当时风气虽还闭塞，但年轻一代却很趋时尚。杂技演员还义务收徒，每天来学的人成群结队。不久，自行车作为交通工具就逐渐流行起来。

● **拆字算命定休咎**

　　辛亥革命革掉了清王朝的命，却没有革掉封建迷信的命。清末民初，成都街头拆字算命的摊摊随处可见，甚至还正儿八经地成立了星相业公会，成为七十二行中的一行。

　　我收集到成都的一张老照片，拆字摊正中悬挂了个布招，上书"善观气色"四字,桌下还有一副对联:"一支铁笔分休咎;三角金钱定吉凶。"当时天灾人祸经久不息,对善良淳朴的成都人来说,拆字算命有极大的诱惑力。

举凡民间的婚丧嫁娶,拆字算命竟成了一言九鼎、定人休咎之事。娶妻嫁女,先要到拆字摊摊上算八字,看看是不是克夫克妻。几句话就能玉成姻缘,几句话也能"棒打鸳鸯",真是"三个铜板定人生"。

20 世纪二三十年代,成都有四个有名的拆字先生,即吴道宽、百空山人、霞飞女士、小神童。

吴道宽为几个"棒老二"出身的招安师长、旅长算了一次命,"缺牙巴咬虱子——碰端了",大走红运。不几年,他又遇到大骗子,把他的家产骗光,气得一命呜呼。他骗人一辈子,别人骗了他一次就要了他老命。

百空山人本名张荣福,原来是个土匪头儿、黑帮老大,后来金盆洗手,当了川军的招安团长。其实,他仍然换汤不换药,他的队伍穿起军装是兵,脱了军装是匪,白天装正经,月黑风高是匪,闹得地方上"文王不安,武王不乐"。被告到他的上峰那里,他的上峰要保护他也保护不了,只好来个"撤职查办"。百空山人听到这个风声,比兔子都跑得快,一趟就跑到离四川远远的甘肃省去躲藏起来。

事情过了几年,他看到风声已经过去,打听到要查办他的官老爷已经换了几任,便小心翼翼地溜回四川。他觉得七十二行只有算命拆字卖嘴劲"吃钱"才"巴和",就窜到成都,住进当时总府街的二流旅馆新蜀公寓,自称"百空山人",挂牌算命。新蜀旅馆是个变相的妓院,袍哥叫它"浑堂子",流娼暗妓川流不息,警察宪兵也趁此去敲诈勒索。百空山人不与警察宪兵"上寿"(送钱),就被诬陷是"人妖",抓进大牢,遂死在狱中。

霞飞女士住在春熙路北段的春熙饭店,店门口悬挂大字布招:"霞飞女士精通易理,摩骨神相",其实是个暗娼。

小神童活动的据点是少城公园的鹤鸣茶社。鹤鸣茶社是"六腊战争"的要地。每年学校放寒假暑假,教师都要到鹤鸣去抢饭碗。人穷志短,明知算命拆字是假,但也要找小神童吃几颗定心丸,听小神童说几句宽心话。小神童恶习不少,烟瘾特别大,人穷得响叮当,但还"寡人有疾,寡人好色"。有一次,他为一个军阀的姨太太算命,用手去摸这个姨太太的胸脯,结果招来了一颗"洋花生米儿"(子弹),"叭"的一声枪响,送了命。

● **坑人的人市**

成都市区有鸡市、狗市、牛市、米市、柴市，在清末民初还出现了一个人市。

人市设在今后子门。在清代，人贩子拐骗良家妇女逼良为娼的大案要案层出不穷，从康熙到光绪年间，虽三令五申，犹屡禁不止。到了民初，竟然公开有了人市。

人市一出现，官方也感到那名声太坏，也曾严查申饬。人市的掌门人都是袍哥舵把子、黑帮老大，人市上的大管事小管事无不是他们的脚脚爪爪。官老爷一来到人市，带起狗儿，拿起铁链子，声势浩大得像捉拿江洋大盗。人市上的头头脑脑给官老爷留点面子，邪神不碰正神，没有出面，却在暗中疏通，给官老爷塞包袱。官老爷找了个名正言顺、堂而皇之的说法，在后子门的街上出了个布告，说人市经查并非买卖人口之市，乃市民谋求职业的场所，为扶困济民、难能可贵之义举，军民人等应一体保护，不得滋扰。布告一出，人市便成了正儿八经，与鸡市、牛市相同的合法市场。

人市取得合法地位，人市上的黑帮老大也"鸡脚神戴眼镜——装正神"，假戏当成真戏唱，在后子门的人市贴出通告，宣称本市场欢迎求职者进场求职，雇人者进场雇人，俨然成了个职介单位。于是一伙一伙男男女女的求职者、聘人者纷至沓来。求职者进场收"袁大头"一元，聘人者收"袁大头"五元，光是这一项收入，也够黑老大大吃喝玩乐。

如果真是职介，像官方布告所说，倒也无可厚非，但实际上并非如此。

成都市区东华门弯弯棚子有一个有名的花柳诊所，所长叫韩朝宗，是个川军退伍军医，他听到后子门有个人市，喜欢得睡不着觉，每天要去逛一转，口称恭聘白衣天使。白衣天使就是医所的护士，要求年龄20至30岁，五官端正。

当护士这个工作名声好听，活路轻巧，待遇不错，应聘的小姐较多，然而，当她们与韩朝宗签了合同，才知道不是那回事。在诊所护理病人，病人害的是花柳病，生的是杨梅大疮，人一害了这种病，十个有九个都成了半条命。韩朝宗后来因拐骗罪被关进大牢，成都人市也随之被封，在20世纪20年代以后就再也不存在了。

（李英，四川巴中人，熟谙老成都的历史，曾在《成都文史资料》发表多篇文章）

旧成都端午节

李英

民国年间，成都人每年都要过端午节，气氛相当热烈。天才蒙蒙亮，成群结队的农民，便挑着担子背着竹箢进入市区走街串巷，叫卖菖蒲陈艾：

"卖香喷喷的菖蒲哟，卖菖蒲！"

"卖绿油油的陈艾哟，卖陈艾！"

"卖菖蒲陈艾哟，卖驱邪除秽的菖蒲、陈艾！"

端午节这天，成都人家家户户的大门两侧都挂了翠绿的菖蒲陈艾。

挂菖蒲陈艾，并不是单纯为了装点城市风景，而是因为五月初夏，正是蚊蝇多生、病菌即将流行的时期，挂这两种药用植物，目的是预防及驱虫除秽，进行大消毒。菖蒲，是多年水生草本药用植物，根茎叶有浓郁的清香，是防病除秽的佳品。陈艾，又称"艾虎"，属艾蒿科，药用煎汤，可治湿疹等病。

在这种群众自发性防病活动中，中药铺发挥了重要作用。旧成都著名的"老半济""泰山堂""同仁堂""王怀诚中药店"，以及不知名的近百家中药房，在药王孙思邈神座前，点烛燃香，柜台上大包小包的中草药，特别是金黄色的雄黄，摆成大堆小堆，有的卖钱，有的奉送。

曾在毛主席身边当过18年秘书的田家英，20世纪30年代就在成都北门拐枣树街中药店当学徒。他告诉我，端午节那天生意太好，他们出售的半价雄黄，有一年几乎把多年存货卖空了。

"早端午，晚中秋。"在吃早饭的饭桌上，家家户户都要饮雄黄酒。能饮酒的多饮，不能饮酒的也要喝一小杯，就是不满周岁的幼婴，也要用筷子沾一点点喂他。至于六七岁的幼童，那更是耳朵里抹雄黄，鼻孔里抹雄黄，额头上还要用雄黄写一个"王"字。除了饭桌上大摆雄黄阵，还要用雄黄勾兑成消毒剂，喷洒在厕所、沟边、井边，旮旮旯旯，院坝四周，屋角床下。

据《本草纲目》记载，雄黄性凉，为矿物碾末，能解防巨毒，灭百虫。

女孩子，特别是少妇，她们不愿在脸上涂抹雄黄、在额头上写"王"字，就佩戴香包儿。香包儿里面塞的都是预防疾病的中草药，麝兰幽香，令人心怡颜舒。

香包儿的种类很多，千姿百态，各具特色。有心形、菱形、白果形、椭圆形，更多的是粽子形、猴形、猫形，各尽其妙。一般香包儿都是用明黄翠绿的彩缎，绣上鸳鸯戏水、凤凰展翅、喜鹊闹梅，少女作为胸花戴在胸前，显得格外青春洋溢，与佩戴珠光宝气大大不同。有的把香包儿挂在帐内，不仅能清洁空气，而且能驱蚊除秽。香包粽子，大者如盘，小者如豆，用笋壳包就，外面用五色丝线相缠，有的翠绿，有的明黄，有的粉红，有的湛蓝，甚是可人。

西顺城街的老半济中药铺，有一年还别出心裁地做了个猴子偷葡萄的大香包，青藤绕绿，猴子望着藤上的紫色葡萄，那垂涎欲滴的样儿，很是吸引人。

民国初年，住在成都北门金马街的德国外交官员弗里茨·魏司和夫人，在端午节漫步蓉城街头，看见如此情景，赞叹不已，兴奋地说："成都真是一座美丽的城市，不愧为东方的文化名城。"

端午节到九眼桥抢鸭子，这是成都多年来的一种风俗。

赛龙舟本为巴蜀古俗，但在 20 世纪的二三十年代已不常见，赛龙舟只剩下它的余绪——抢鸭子。虽仅仅是抢鸭，但那节日的欢乐气氛却不减当年。那时龙舟已化成彩船，满江彩船游弋上下，穿梭其间，招揽顾主，各显神通。

彩船两侧鲜花似繁星点点，园艺工人各显特长，各尽其妙。彩船有专供游人宴饮的餐饮船，舱内挂了蓉城知名书画家的字画，虽是餐饮，文化气氛之浓，为其他各船所不及。

这种豪华的餐饮船，大都是蓉城包席馆子租用的。成都的包席馆子不同于一般餐厅酒楼，不设食堂座位，不卖零星顾主，专门对外包席，为市民家中的婚丧寿诞服务。

昔时成都最有名的包席馆子有羊市街的玉丰园和祠堂街的聚珍园，这两家包席馆子在端午节锦江河上所租的彩船最大也最豪华。园内名厨掌勺，其中还有清末的御厨，餐具更是讲究，有银台面、牙台面。所谓银台面，乃是银子包头乌木筷子相衬，筷子双双都有非常精细的雕刻；所谓牙台面用的全是牙筷。至于餐具皆是名贵瓷器，有的瓷器还可以凑成一朵象征富贵的牡丹。真可谓匠心独具。

餐饮船的厨房却在岸上。工人送菜与茶馆师傅掺茶都是锦城一绝，为许多人所称道。他们头顶一米多长的木掌盘，盘上摆满各种美味佳肴。九眼桥岸边坡坡坎坎，上船跳板摇摇晃晃，他们手不掌盘，如履平地，视若无物，上船上桌滴汤不漏。

除了餐饮船，还有搭台唱戏的休闲彩船，上面有川戏、木偶、清音、杂技、评书表演，及搓麻将、打纸牌之类的活动。

但在锦江端午节引起轰动的还不是这些彩船，而是四五支由水手摇桨的柳叶船。这船中间放着一个红色的大鼓，鼓后站着个头包黄巾，身穿黄布背心，赤脚短裤，拿着一对金色鼓槌的鼓手。那鼓手神气得像一个临战前夕指挥千军万马的将军。

锦江两岸，游人如织，人头攒动，为的就是看这四五支柳叶船上的水手抢鸭子。

大约是中午时分，一声炮响，远远的水面上放下一群扑扑腾腾的鸭子。那鸭子一头栽进水下，露出尾羽，时而嘎嘎几声又浮出水面。四五支柳叶船上敲起大鼓，几十个水手跳入江中如万箭齐发，向水鸭扑去。这时的情景，报上的形容是"掌声如雷，喊声震天"，当然有些夸大，但阵势确实很热闹。

记得幼时，我在成都私塾读书，每到端午节那天，都要到私塾向老师拜节，手提粽子，揣着红包，红包里面包的是酬资，即所谓"束修"。那阵许多人进私塾不缴学费，只是端午、中秋、春节这三次束修，送多送少，老师不会计较。每次我向老师、师母磕头礼拜后，老师都要给我一把折扇，现在还依稀记得老师在折扇上写的一首诗：

苋菜落油和片粉，面筋捣蒜拌黄瓜。

端阳时节忙碌人，剥粽蘸糖当早茶。

一方白肉连皮啖，西尾黄鳝带鳔叉。

烧酒醉来何物解，九眼桥边吃枇杷。

老师送了扇子，有时还讲端午节文人吃粽子的故事。

四川才子李调元最喜欢吃粽子。他在家里是老五。有一年端午节看见他的三嫂正在煮粽子，他极为想吃，他的三嫂出了个上联："五月五日五弟厨房讨粽子"，要他对下联，对起了才能吃。李调元对不起，只好望粽兴叹，很不高兴。转身看见灶头上还有炸熟了的糍粑，便伸手去拿来吃，又被三嫂拦住了。三嫂说："这糍粑是我为了端午能吃上糍粑，昨天熬夜，三更天做成，你要把下联对出来才能吃。"李调元大受启发，随即对出下联："三更三点三嫂檐下舂糍粑。"

其实文人诗人作联作诗咏粽子的事又何止李调元一人。唐宋时期就已大有人在。唐玄宗李隆基有诗云："四时花竞巧，九子粽争新。"

温庭筠："盘斗九子粽，瓯擎五方浆。"

苏东坡："不独盘中见绿桔，时于粽里得杨梅。"

在唐代，日本曾几次派出遣唐使来中国，并把中国端午节吃粽子的习俗带回日本，还留下著名的诗句："端阳榴花照眼明，村庄儿女啖香粽。"

昔时的粽子品种极多，所谓九子粽，糯米包的配料极多，甜咸果味，以及各种蜜饯，应有尽有。其中，加了枸杞、薏米、桃仁、莲米的叫"益寿粽"，加了各种蜜饯的叫"益智粽"，加了香菇、口蘑、黑豆籽的为"益胃粽"。

成都最具特色的是略带咸味的火腿粽和红豆粽。红豆粽不煮不蒸，放在火上逐渐加温减温慢烤，其入口立即生津，堪称美味。粽子是一种方便食品，色香味均具特色，粽皮墨绿，粽身莹白如玉，味道鲜美异常。如今的粽子和当年的粽子比起来，已是下乘。

到了20世纪40年代，成都人过端午节的盛况，已经逐渐降温了，一个原因是当时正处在抗战时期，另一个原因就是人们的生活每况愈下，只有文人们为了纪念伟大的爱国者屈原，兴办的诗人节很热闹。

端午诗人节一般在杜甫草堂举行，在盛会上，朗诵得最多的还是有关成都人过端午节的竹枝词。如：

> 佳节欣逢端午辰，纷纷仕女莅江滨。
> 此时我亦知鱼乐，寸寸波心有美人。

> 远近都闻笑语声，楼船箫鼓响东西。
> 年年此节无虚度，浪饮狂歌自在行。

> 悬蒲挂艾竞家家，相习成风说逐邪。
> 窃恐邻家先我有，城门争买闹纷纷。

> 酒后雄黄满脸摩，东门争出小阿哥。
> 双双粽子来提起，准备今天走外婆。

> 夕阳箫鼓两河边，竞放龙舟争凯旋。
> 伊自一人杭一苇，群生邀渡乐陶然。

锦城杂俎

魏道尊

岁月不居，时节如流，世事如浮云苍狗。一转眼，我已是八十多岁的老人了，回想起八十年前的成都，不禁恍如隔世。

● **孩童时的一洞桥**

民国初年，我家住在一洞桥街（今向阳桥）。这座桥由拱形的一洞穿孔石板构成，横卧于金河之上，河水清澈见底，小鱼条条可数。我母亲常同邻家的太婆一起到河畔濯洗衣物。桥的左边有一个字库，据说是惜字可得福，烧了废纸眼睛亮。有位乞讨的残疾大爷沿街拾捡字纸，有些人买下他的字纸，一筐一筐地背到字库里去焚化，时间长了，字库被熏得漆黑。桥的右侧靠光大巷处屹立着高耸入云的天灯。每到晚上，更夫就将红色长竿子系着的天灯降下加油点亮后，又拉绳升上，行人远远地看见红星点点，便知到了一洞桥。这条街的两旁住房屋檐挂有纸糊的白果灯，警署收取灯油捐，晚间负责点亮。

我家对面有一个理发铺，师傅姓梁，人们都称他为代诏师傅。我母亲常向他租用刀片，为我剃光头，每次付租金铜圆百文，约合今天的一两角钱。梁师傅因为忙于业务，饮食不匀，得了胃病，每天打嗝发出"嗳乎！""嗳乎！"的声音，我在家里都可以听见。

光大巷有一个法国天主堂，信徒们每天早晨都要前去做"弥撒"。礼拜堂里放了许多长条木凳，壁间点着鱼蜡（人们称为"洋蜡"）。信徒们跪在凳上，两手抚胸，庄严肃穆地面向耶稣像，嘴里不停地祈祷着，事毕，向耶稣圣像扬手敬礼而退。天主堂在后门（一洞桥街）设有医疗室，高鼻子、绿眼睛,身着白大褂,头披黑披风的女修道士在那里为人医治疮病,奉送医药,不取分文。有一次,我头上生牛皮癣,修道士们还给我敷过药。

一个在天主堂里负责的法国神父每天午后坐着尾部冒白烟的车子(人们叫它"打屁车")去教堂处理教务。在那连黄包车都少见,竹轿盛行的年代,看到这种新式"打屁车",人们往往感到惊奇羡慕。

不远处的半边街有新老之分。从督院街连接到一洞桥为老半边街,从一洞桥到青石桥侧为新半边街。路面是錾有条纹的红砂石板铺砌的。新半边街有几家织锦的机房,我经过那里时,耳闻唧唧复唧唧的机杼声,眼见那个年约四十岁,白胖胖而又壮实的老板,打着光胴胴坐在机上,脚踩一下,丢一次梭子,哐哐地旋进旋退。机子安在坑下,地面潮湿,所以机房里的职工每天早餐离不得黄豆芽祛除湿气。

街头常可看到饥寒交迫的穷汉。在雪花飞舞、冷气袭人的冬天,浑身哆嗦,颤抖不息,右手在背后提着烘笼烤火取暖。老妪们在街沿边摆着铁锅,装些细炭,有一部分燃着。烤烘笼的大爷很亲热地走去买火。太婆先将烘笼里的冷灰舀出,再将燃起的细炭铲在烘笼里,然后又加些未燃的细炭,盖上热灰。这种给人们送温暖的举措,很受群众的欢迎。

● 董三才测字

清末民初时,成都有一个著名的测字先生,名叫董三才。此人身材矮小,人皆呼之为"董矮子"。董三才在北打金街开铺测字,铺内安放签押桌一张、高竹椅一把,下有木制阶梯,凡三级,以备拾级就座。他每日限测字一百,测毕,即关门,翌日乃开。人以其测字多灵验,故每日开门,问事决疑者纷至沓来。

一日,董将字测完,正闭户洗脚,忽闻门外有人大呼:"请董老师测字。"董因时间已过,隔户回答:"明日再测。"门外人哀求再三说:"我系佣工,现住南门,闻人言董老师高明,特抽空来测字,请董老师决疑,万望破例再测,以释疑虑。"董因其情辞殷切,遂在门内询其所问何事。那人答道:"有一小弟,去年即从家乡梓潼私逃来蓉,杳无踪影,母亲挂念,特命我赴蓉查访,久未得见,不知小弟现尚在成都否?"董答曰:"在!在!立刻就可以会着,你赶快在这一条街上走来走去地找,就会找着,不要延误了。"门外人闻言,立即依言行事,往返于那条街,果见一褴褛乞丐,貌似其弟。上前查询,真其弟也。因私逃来蓉,无法为生,又不敢回家,只得沦为乞丐。兄弟相逢,悲喜交集。那人乃购买火炮花红带兄弟至董门申谢,并问其:"何以如此灵验？"董曰："此何足奇，你来时，我正洗足，手与足相连也。兄弟乃手足，手足正相连。你手足当相连，巧遇机缘故耳。"董矮子测字之神奇，更因此兄弟相逢而轰动全街。

不久，董之邻居有一位黄胖子，与二三狎友在茶馆谈天，谈及董测字之神奇，遂有一朋友戏向黄胖子言曰："你去问问董矮子，看究竟能活几天？"众友群起和之，相与挽黄胖子至董家测字询问，董遂答曰："只能活三天。"黄胖子与众朋友不乐而去。其友人均以为此乃董之妄言也。黄胖子身体健壮，且又无病，何至于只活三天？故都不以为然。唯黄胖子素来佩服董三才，今闻其言，不免疑虑。归家进餐，闷不乐，立成嗝症，不三日遂告死亡。此事发生后，周围人无不称奇。董三才死后，成都故老犹多乐道其测字之奇闻。

● **李碧溪倡演外国戏**

李碧溪是清末民初拥护新政、支持维新的积极分子。他是成都最先剪辫子的人之一，穿着不合体的西服，常在鼓吹革命的《西顾报》和油印的《西陲日报》奔进奔出，与新闻界人士往还，人们给他取了一个绰号叫"东洋讨口"。他提倡川剧，鼓吹提高伶人地位。当川班三庆会成立时，他便在班中任新戏提调。曾编著《茶花女》《黑奴魂》等外国剧本，一律着洋装，创成都人演外国戏之先声。

《黑奴魂》一剧，乃美国总统林肯解放黑奴的故事。当年成都戏园卖座尚在萌芽时期，观者寥寥，但此剧服装道具耗费颇大，恐得不偿失。李碧溪为了扩大宣传，争取群众踊跃前来看戏，想出妙法，命八娃子（蒋润堂）扮黑奴，唐胖子（广体）扮一美国人，他就身套虎皮，手摇铜铃，游行于商业区总府街、东大街一带，吸引群众围观，大肆宣传新剧的优点。开演之日，果然盛况空前。因演唱美国虐待黑奴，形容过火，引起美侨不满，当局遂下令停演，避免纠纷。

● **雷麻子捏面人**

雷麻子，高挑个子，人精瘦，两目炯炯有神，满脸的麻子。雷麻子肩上挂着一个玻璃木箱，上面贴有一副白底黑字的对联："真精灵不言不语；假洋盘说七说八。"横批："表面文明。"他出现在街头巷尾时，身后常拥着大大小小的一群男女，看他的精彩表演。只见他坐在长凳上，打开木箱，拿出各色"烫面"，微微低头，凝神运目，两手操作，很快就捏出一件艺术珍品。围观的人一面瞧他手里捏面人，一面向他问这问那，他也不厌其烦地告诉他们手上正在造的是《比干挖心》一剧中的"比干丞相",模型是川剧名伶。雷麻子身旁的箱上插着已捏好的唱善书的瞎子、钓鱼的姜太公,以及名伶肖克琴的"三巧挂画"。由于他捏制得惟妙惟肖、栩栩如生,引起围观者啧啧称赞,飞禽、走兽、花草、果树、昆虫、戏装人像、时装美女、小市民群像,总之社会上有什么典型人物,都能从他手上造出另一"崭新拷贝"出来。就是来华助战的盟友到了成都,他慧眼一观,便能捏出身着米色咔叽美式军装、头戴船形帽儿、竖起大拇指、口呼"顶好"的"密斯脱"的全像。不但成都人觉得逼真,竞相购买,就是"密斯脱"见了也仿效着面人的姿势伸出大拇指连呼:"顶好!顶好!"掏出美钞喜滋滋地购买了去。

有一次,围观者正指手画脚对着他捏制的名伶塑像发笑,真正的名伶这时恰巧经过,立刻气愤地上前摔掉面人,并警告雷麻子以后不得再拿他做模型。

"中华剧艺社"在成都太平街裕民大戏院公演《牛郎织女》时,闻其大名,也曾请他为剧中的每个人塑造了剧装像,对他的艺术,十分赞美。

雷麻子心灵手巧,花样不断翻新,所有作品极富创造性,别人一旦模仿他,他又会别开生面,创造另一种新模样出来。一般娃儿最喜欢雷麻子捏的孙悟空和猪八戒。孙悟空眼上撒金粉,腮边粘绒毛,右手高搭"凉棚",左手拿金箍棒,取金鸡独立式。小孩子一见孙悟空,眉飞色舞,边指边说,生拉活扯硬要爸爸妈妈或者爷爷奶奶给他买一个。一旦如愿以偿,则欢呼雀跃;否则又哭又闹,甚至坐在地上耍赖皮不走,直到给他买一个!那时雷麻子的艺术生涯确是红红火火,妙手神工,令人叹为观止。

● **罗慎因的义举**

成都宝慈佛学社社长罗慎因先生,居士们称其为罗社长,学生们则称其为罗师爷。他是新都人,住在实业街,他的住宅门楣上题名"蜗居"。罗师爷乐善好施,热心于培养孤儿书法。从1934年起,每个月的最后一个星期天,他都要去梵音寺街从善会小学内给孤贫学生赠发红九宫格大字本和绿格小字本,每两个月赠发一次笔墨。前往领本子的学生以慈惠堂、培根义学、文诚义学、北门丞相祠的为多。

凡是要在罗师爷名下领本子的都要先写申请书,经过同意,就可以长期获得此项待遇。申请书的内容,大意是说:本人是个孤儿,或幼年丧父(或丧母),现就读于"五老七贤"之一的尹昌龄(仲锡)所办的义学,免费供给膳宿,家无余财购买文房四宝,恳祈师爷准予发给纸张笔墨,以便习字。

每逢发本子这天，百多个学生坐在教室内摆"龙门阵"，你一言，我一语，七嘴八舌，闹嚷之声，震耳欲聋。罗师爷一来，马上鸦雀无声。罗师爷肃立讲台上，双手合十，带领学生们顶礼虔诚念了几十声乃至上百声"阿弥陀佛"，并做了简短的书法讲评后，便即呼名散发本子笔墨。每次都是交旧本子换新本子，罗师爷便将旧本子携回阅看。罗师爷对每个学生交的本子都耐心细阅，凡是掉了笔画或写错了的字都要加以改正。对字迹潦草的，或不是逐日书写而是临时赶工的字，他都能认出来。对那些不认真的学生，罗师爷态度严肃轻言细语地说："要不得啊！要带过啊！"这两句是最重的、最有分量的话，也是批评得最有水平的话，学生们心悦诚服。

有几次罗师爷叫他的女儿教学生唱歌，歌名叫《孤儿行》。他的女儿边弹风琴，边唱道："春风桃李兮满地芳菲，嗟我孤儿兮，幼年无依。昔孔氏之少孤兮，父墓不知……"这首歌恐怕是罗师爷作的，也许是他同女儿合写的。领会这首歌的意义，大致是罗师爷勉励学生不要妄自菲薄、自暴自弃，应该自尊自重，向万世师表的孔子学习，做一个有用的人。

每年年终，罗师爷都要举行一次考试，让学生写命题作文，成绩优良者，给予奖励。有的奖赠一本书，如《史记精华》；有的奖赠铜墨盒、铜笔套；有的奖赠一截衣料。惜乎天不假年，哲人其萎。1939年春，罗师爷竟染病身亡。这时，他还不满50岁。居士们说："罗社长升天了，到西方极乐世界去了。"领本子的学生惊悉罗师爷逝世的噩耗，不禁双目噙泪，心里无限伤感，担心领本子的时间不长了。果不其然，罗师爷死后的第二个月，宝慈佛学社的负责人就向学生宣告此项义举停办了，不再发本子了。

罗师爷一家居室简陋，生活朴素，自奉微薄。他本人一年四季穿的是蓝布或灰布长裳，两个女儿都已及笄，穿的是蓝布或阴丹布旗袍，未施铅华。从这些情形看来，罗师爷的经济并不宽裕。他在工作之外，抽出时间办理此项义举，数年如一日，真是煞费苦心。罗师爷办理此项义举的资金从何而来呢？

他曾向学生说，这笔钱是募化的，捐得最多的是四十一军王铭章师长。因为王铭章是新都人，罗师爷也是新都人，彼此同乡。王铭章对罗师爷培养孤儿书法的美德，深表敬佩，故乐于捐助。后来王铭章将军参加抗日战争，于1938年3月在山东滕县壮烈殉国，资金来源断绝；罗师爷积劳病故，后继无人，此项义举便画句号了。

● 丁公祠义学

坐落在方正东街的丁文诚公祠（以下简称丁公祠），是清光绪年间为纪念四川总督丁宝桢修建的专祠。清末民初时，这里是成都仕女休闲游乐的去处。丁公祠是一个长方形的四合院,屋宇高明,有两人合抱的12根红砂色圆柱支撑着大殿。大殿上靠壁处安放了两个神龛,上置两个大玻璃框,罩着丁宝桢像和骆秉章像。丁宝桢玻璃框顶端高悬着清光绪帝褒扬丁宝桢的鎏金大匾,金匾上镂刻着:"谕四川总督丁宝桢,秉性忠诚,清勤练达……"大殿上还悬有"中兴硕辅"金匾,大殿左边靠壁悬有与李鸿章同时入学的翰林、成都尊经书院院长伍崧生撰写的对联:"是先将军知己;骆文忠而后一人。"另外一句我记不清了。

大殿前面有约六七米长、四五米宽的坝子,中间甬道铺的是石板,甬道两边各栽桂树两株,另外左边栽一棵紫荆树,右边栽一棵石榴树。丁公祠里有尹仲锡办的义学,办学质量相当不错。巧合的是,距丁公祠不远处是英美教会办的华英中学,全是女学生,学的英语,住的是青砖洋楼,而丁公祠义学尽为男学生,学的中文,住的是木质平房。男生女生,两小无猜,一贫一富,势难匹配,虽然门当户对,但是男女双方各不相涉,充分体现了新旧文化的对立。丁公祠义学的教学方式方法与当时的正规学校大不相同,可是又与一般私塾有所区别。才发蒙的八九岁学生被安插到丙班,由于入学时间有先后,所读的书不一致,老师只得个别施教,学生在课堂里各读各的,七嘴八舌,咿里哇啦,犹如暮鸦归林,一片呱呱的叫声。

乙班学生由丙班升入,程度较齐,授课一致,除读四书外,并加授《论说指南》《声律启蒙》和《尺牍》等。学生开始作对联、造句。甲班学生系乙班学生成绩较优者组合,课程有《左传》《左文读本》《通鉴节抄》《说文部首》等等。学生每周六写一次作文,当天交卷。我读甲班时,缪老师出了一道作文题:"说贪"。我的作文开头有这样几句:"贪之为害烈矣哉!贪之云者,无厌之谓也。天子贪则失其天下,诸侯贪则失其国……"接着引《左传》所载虞公贪图晋献公良马璧玉,以致兵败国亡的故事作证。缪老师对这篇文章的批语是:"书卷盎然,老气横秋。"

特班学生乃尹仲锡所办各义学甲班中选送来的优秀子弟。其所谓"特",指班里有几个学生出类拔萃,如郑光耀、江玉龙等,擅长文学,为尹仲锡所赏识、器重,惜乎不幸短命死矣。后起之秀有孙至诚、范文嶙等。1935年1月,特班学生在慈惠堂参加大考,尹仲锡命题:"礼与理分合之辨"。由刘豫波老先生阅卷,评定范文嶙为第一名。《新新新闻》副刊主编马峻谷先生评定孙至诚为第一名。孙范两氏的大作刊登报端,供读者评议。

特班学生可以在图书室选阅经史子集。每天读夜书,每周打小牙祭一次。每周五尹仲锡亲来讲授《资治通鉴》。讲课这天,全校空气显得有些紧张。老师要等他走了才能离校,学生要等他走了才能休息。

特班有两位老师,月薪各为14元。后来来了个叫吴六庄的先生,待遇异常优厚，月薪为大洋50元，这位吴先生除了讲授仪礼、《文心雕龙》、庄子、韩非子、《吕氏春秋》和《人谱》外，还教算术。

吴老师有次的周末命题作文是"重礼所以为国本论"。我还记得我是这样论的："天下何事而乱乎？曰：乱生于争，争生于无礼。无礼则求，求生于欲，欲而不得则争，争则天下乱矣……"

吴六庄老师对此文的批语是："造诣至此等境界，实属难能可贵。"

● 纱帽冠盖

明代时，官府在今纱帽街制造官帽（俗称"乌纱帽"），这条街因此得名。纱帽街分南、中、北三段。南纱帽街紧挨着繁华的东大街，闹热程度超过中、北两段。

纱帽街在清代至民国时期，改作剧装生产地，纱帽仅作演戏之用。20世纪三四十年代，这里有"鸿兴隆""叶茂盛"等好几家专做戏剧服饰的行业户。铺面里，川剧的行头如生角的褶子、旦角的花衫、文官的袍服、武将的铠甲，以及各式金冠、乌纱帽摆挂得琳琅满目。常有衣着讲究的川剧艺人来此订货、试穿"行头"。围观者一边辨认着"三庆会""三益公""永乐""锦屏"来的名角们，一边窃窃私语、评头论足。似乎因了戏装行业的存在，纱帽街之名，倒还不离大谱。

纱帽街还有绫缎织造业，在蜀锦中占有相当位置，其中，有名的是唐、刘、谢、杨等几家，招牌多取"洪发""洪顺"等吉利发财之意。铺面大货柜门上贴着"财源茂盛""赀不停留"等字样。成品分稀绸、乌纱、杭绫和锦缎，由于色彩质量上乘，引来不少顾主，外地远商亦时有光顾。专业户的房屋后面是织造作坊，楼上楼下摆满简陋的木结构织造机械。除主人合家老少参加印染、洗刷、晾晒等外，还雇请一定数量的匠人专司织造成品。

街上陈家和吴家就专营此业。作坊里，两根离地面三米左右的粗竹竿横插进墙壁的两当头内，下面安放着一块深凹的青石板，一个"U"形的大青石，横靠在另一石柱上。操作时，先将滚压的绸缎裹在青冈木杵上，横放进凹石板内，然后操作者夹着竹竿，两脚分别踏在"U"形石的两端，用腰力、脚力操纵着青石滚动，使两石之间的绸缎越压越平展，斯情斯景如杂技艺人踩晃板似的。

（魏道尊，文史专家，四川成都人，20世纪40年代曾在成都《新新新闻》报工作）

成都剃头逸史

魏道尊

理发业帮会有两个祖师,一个叫罗和尚。相传明朝时,太子头上生疮,召御医诊治,须剃去溃脓处头发才好敷药治疗,于是便召隆福寺维那和尚来宫里为太子剃发。维那和尚俗家姓罗,京城的人叫他罗和尚。剃头的人将罗和尚尊为祖师爷,供他的塑像,并以七月十三日罗和尚的生日为会期。另一个是罗道士。清雍正年间,一次,雍正帝患了头疮,梳辫或剃发很感疼痛,因而移恨于剃头者,疑为不轨,怒杀剃头匠和剃头太监若干人,于是剃头匠纷纷逃窜,惶惶不可终日。时有湖南罗道士居白云观中,怜恤剃头匠无辜受极刑,乃创造剃头刀和刮脸、挖耳、洗眼等器具,以及梳辫之刷、通、篦、掏、解、顺等妙艺,传授于剃头匠,使其入宫为雍正剃头、刮脸、梳辫。从此,雍正剃头、梳辫,不仅不感到痛苦,而且头疮日渐痊愈,于是大喜,钦赐剃头新器具为"半朝銮驾小执事"。罗道士死后,剃头匠们纷纷把他视为"罗祖",奉为剃头、整容的祖师。

20世纪三四十年代,成都理发业帮会组织规定,各街的理发店分为甲、乙、丙、丁、戊五等缴纳会费。前任主席是华兴街高记理发店老板高登祥。继任主席为陈国华。全市会员约两千人。行会有专门的活动中心,内设有茶馆、浴室、阅报室、俱乐部等。会员死后,由公会发给烧埋费。

● 第一家新式理发店

旧时,成都人称理发为"剃头",称理发师为"待诏",称理发店为"待诏厂子"。在许多街道上,除了固定的"待诏厂子"外,还有可流动的剃头担子。民国初年,剃头担子最集中的地方在东西南北四城门侧边及东较场、城隍庙内,还有一些剃头担子不时流动在偏街僻巷。剃头担子一头做了一个小口白铁的蓄水池,面上恰恰可以放一只洗脸盆,靠边竖立一根木柱,插在木头之中。另一头则是前来剃头的人坐的矮独凳和一把高条小桌、一个可装剃头用具的箱子。

晚清时期,剃头技艺已发展到 16 种,即梳(发)、编(辫)、剃(头)、刮(脸)、捏、捶、掰、按(此 4 种俗称"按摩")、掏(耳)、剪(鼻毛)、染(发)、接(骨)、活(血)、舒(筋)等,可见当时剃头师傅之多才多艺。

大约在光绪年间,清廷的御用剃头部门叫"按摩处",剃头者称为"请发太监",按摩者称为"按摩太监",可见按摩与剃头已分开了。

当时,剃头业有一句术语叫"十三刀半"。即面前三刀,头部七刀,后颈和耳根共为三刀半。这种工作,大半在部队里进行,据说剃头师傅平均一小时能剃完 6～10 个光头。

清末民初,"理发"二字颇为时髦,与刚兴起的"改良""革新""革命"等流行词语联系在一起。说它时髦,是因为新式理发只剪洋头,不剃光头。这种剪头的新潮方式,除了当时租界林立的上海外,其他地方是很少见的。

成都薛子芳老先生早年漂泊海外,从新加坡回乡后,毅然弃医,从事理发。1911 年,薛子芳在成都陕西街开了理发店,铺面是清一色花格门窗,内堂有一把沙发式铁制转椅(从南洋带回来的)和几把能升降的木制躺椅……光这一堂别具一格的设备,就使许多成都人赞不绝口。

开业后,每天前来剪头的人络绎不绝。一般以学生、知识分子和见过大世面的人为主。看稀奇的人把街都闸断了。

当年三月初七罗祖会那天,一伙喝得醉醺醺的暴徒,冲进该店大打出手,幸有街坊邻居和隔壁学校学生及时赶来声援,才保住刚刚开张 4 个月的店铺。

1940 年,薛子芳理发店突然被国民党政府查封。薛老先生的儿子薛特思当场被特务逮捕。中华人民共和国成立后,才知道薛子芳理发店早已成为地下党的联络站。薛特思是革命烈士车耀先的学生和得力助手,系《大声周刊》的发行人、编辑,后被活埋于凤凰山。薛老先生遭此横祸,不久便与世长辞了。

● **日本理发师**

民国初年，成都最风行的发式莫过于"拿破仑"和"东洋头"两种。这两种发式一说是开始于民国六年（1917年），一说开始于民国八年（1919年）。当时，各国一度在成都设领事馆，日本领事馆设在将军衙门侧边的金河街，日本领事的随从中有一个叫"崛口"的理发师。他除为主子理发外，另在祠堂街一小桥对面租得铺面两间，开设理发馆。

其时，一般人理发均称为"剃头"，理发店则称为"待诏厂子"。突然间由一外国人开了一家叫"理发馆"的，不但名词新颖，并且还剃"拿破仑""东洋头"等时髦样式，这就让人另眼相看。该理发馆同时还烫发，采用的是老式烫发夹，使用酒精等化学燃料烧红火烫。但烫发的服务对象不是女性，而是男性。该理发馆能烫出"珍珠毛""皱纹"等样式。崛口的理发馆是新生事物，在当时的成都很有名，铺内整日拥挤，顾客盈室。

崛口似乎也觉得他的理发馆是有影响力的，便请了个名叫黎金廷的成都理发师来做他的管事，并大开授徒传艺之门。不久，艺徒、管事便在顾客头上"下剪"了。这下，每天有几个艺徒替崛口忠实地工作着，除了"烫发"尚需亲自出马外，整日里他便高踞座上，悠闲地指挥监理管事。未及一年，结账计算，纯利已达数千金。这位外国理发师还讨了一个成都老婆，住进一院大房，鸦片也抽上了。据说他还一封一封地把白生生的银洋寄回日本老家去。

惜乎天不佑人，日本人崛口未度几个寒暑，竟得病死在成都。不过他虽死了，剪头的技艺却已传开。继承他门面的当然是黎管事。他和崛口接触的时间一长，技艺方面便很在行，崛口死后，全部器具由他接了过来。他迁移到祠堂街52号，换上了"肇新理发店"的招牌，聘了以前在理发馆习艺的技师，同时，也仿照过去的办法，招收学徒，但是有条件的——学满之后，需得在店内服务两年，工资随给。"稀者为贵"，那时，成都玩"剪子"的毕竟属少数，剪样式的理发店更为罕见。为了迎头赶上这种时风，许多已是技师身份的理发师，都甘愿到"肇新理发店"来拜师，专习剪艺。这一生财之道被黎管事看准了，其收入居然不亚于他的主人，一年年只见他买房置业，一年年只见一批艺满出师的学徒走向了另一家理发店。

● **刘湘的剃头副官**

1928年，驻防重庆的川康善后督办刘湘，习惯剃光头，不留胡子，他遍寻手艺好、人可靠的"剃头匠"，并就此事与"神仙军师"刘从云商谈。

刘从云将剃头高手赵金山介绍给刘湘。刘湘派副官叫来赵金山一试，深感满意，赏了他5块大洋。赵金山千恩万谢回家后，一夜未曾入睡，在心里琢磨如何进一步在刘湘身上起坎。

过了一段时间，刘湘再次传他去剃头时，他把儿子赵来贵带了去，对刘湘说："报告督办，这娃子手艺比小的强，小的带点年纪眼钝手笨，让他试一下看。"刘湘说："可以嘛。"于是由小赵给刘湘剃头。

谁知这娃子剃到一半时候，停下手来，捂着双眼说："哎呀！报告督办，督办头上有光，射得小的眼睛睁不开，让我停一下再做活路。"如此停了两次，才把头剃完。接着是舒筋捶背，刘湘感到很舒服，闭着眼睛，心里在想：头上有光，莫非是灵光，我夫人都未发现，护卫们也未发现，被这剃头的赵来贵发现，莫非与他有缘？不能小看了他，倒要重赏一下。

一旁的老赵见此情形，趁势向刘湘恭敬地作了三个揖，说："报告督办，如果这娃娃还满您老人家的意，就请督办恩准留这娃子在身边服侍效力吧！"

刘湘把头一点说："就让他当个少尉副官好了。"后来刘湘改任川康绥靖主任、四川省政府主席，移居成都，这位少尉副官赵来贵也跟着来到成都，继续为刘湘剃头。

● **出现电机理发**

到1930年，成都流行的头式已有十余种之多——中山、中分、凤头、拿破仑、一匹瓦、蓄长花尖、边分、斜分、学生头、满梳等等。不少理发店的老板将各种头式的相片，装在玻璃匣内，悬挂于门前，以吸引顾客。最先用此招数出风头的是华兴街警察总局对面的"高记"、暑袜街的"恒记"，后来，城中心乃至城边、城外的理发店也都纷纷仿效。

当时的理发业中，以后子门对着羊市街的"吕记"理发店生意最为兴隆，在蓉城首屈一指。

这一年，春熙路太平洋浴室外令人惊奇地出现了"电机理发"4个粉字木牌，这真令未出夔门的川人感到十分诧异。平静的理发业，一时又激动起来。习惯于人工理发的人们有了一个换口味的地方。该理发店的老板黄某，据说新由上海学得一套娴熟的洋技艺归来。该理发店的4把座椅能够左右前后旋转，洗脸处装有自动开关的水管。此外先进的设备有电力吹风、磨口电熨器、夏天用的"X"形电扇、方头片的剃刀等用具，此外还可电熨全身治疗风寒感冒。该处每天电力吹风的声响，已压过了过去一般人所爱听的洋剪声，令时人感到稀奇。

在黄老板处理发一次，需银4角，若要电熨，则需另收银2角，因此他每月收入相当可观，不到一年，规模竟扩大到楼上去经营。后来，由于黄老板对技师们作威作福，受气的技师不甘屈服，遂发生了向他联名辞职的事。

● 王陵基理发戒备森严

1936年，春熙路北段"三益公理发厅"开业了，它成为当时成都档次最高的理发店。在此前后，重庆的长生堂、美丽、一乐也、唯尔美等理发厅在成都的祠堂街、春熙路、东大街、南大街、东御街、盐市口等商业区开设分店。其中，最驰名的是昌福馆、锦华馆、明星、雅宫等理发厅。这几家理发厅海派味十足，门口有十字形自动门，左右两边各站一个唇红齿白、身穿雪白镀金扣子西服、头戴法式帽的招待，见顾客来便恭敬地微弯着腰，右手一摆说："请进！"这几家的顾客几乎全是"三军"（国民党24、28、29军）的中高级军官和各种达官贵人，每天门庭若市，生意兴隆。

20世纪30年代末、40年代初，春熙北段开设了一家"大光明美发厅"，设备新式齐全，布置富丽堂皇，清洁卫生，舒适美观。顾客进门，他们就施展出娴熟细致的技术和热情周到的服务，从取样、剪修、洗涤到吹梳，每一过程都做得一丝不苟。理发完毕，要打照背镜，征求顾客意见，直到满意为止。完了，再送上一张热腾腾、香喷喷、厚绒绒的高级毛巾，让经过坐躺折腾已感倦意的顾客顿觉心脾清爽。

当时成都的许多达官贵人喜欢光顾大光明美发厅，各有各的派头。张群、王缵绪喜欢边理发边摆龙门阵。刘文辉照例要技师用锋快的土剃头刀给他剃光头，不许用刮起来哗哗作响的东洋刀。王陵基去理发就麻烦了，他照例身带卫兵，在春熙路北口一边站一个，重庆银行、锦华馆口各站一个，店门口左右各站一个，此外，还在为他理发的理发师左右各站一个，戒备森严，不但弄得理发师精神紧张，全店上下也为之毛骨悚然。顾主看见店堂内外都安上岗哨，如临大敌，以为出了什么事情，都不敢靠近。

王陵基为什么如此这般？原因是他在1948年4月9日刚刚走马上任省主席时，声势浩大的几千名大学生游行请愿，要求王陵基拨给平价米，被王断然拒绝，并指挥军警逮捕伤害了许多学生。土生怕报复，故对所到之处，特别小心戒备。

成都庙会

郑光路

庙会，顾名思义，就是因庙而聚会。其历史可以一直上溯到古老的"社祭"。自汉代以后逐渐形成的"庙会"传统，成为中华民族一种重要的社会风俗。

成都传统庙会历史悠久，这是一幅如梦如幻、五彩斑斓的巴蜀《清明上河图》……

● 清末庙会改为"劝业会"

这是约100年前成都古城中一幅真实的《清明上河图》：春光明媚、艳阳暖人、江流碧澈……许多士绅官宦在老南门大桥一带问："到青羊宫，好多钱？"轿夫们忙拥上去："六十文！"一番讨价还价，大多讲成四十几文钱一乘……轿夫一路喊着："得罪，得罪！"

赶庙会的人太多，到巍峨古老的南门城门洞前，人更拥挤。无数行人和各种轿子聚集在三丈多宽的一条出路上。城墙上支着警察局新制的木牌告示："出城靠右手走！"挤出了大城门洞，几个道口上都站有警察在指挥。乘轿子与步行的向靠城墙一边新辟的路上走；骑马的要过大桥，走一条较为幽静而尘土极大的小路；坐马车的则走极窄极烂的柳荫街……这要算成都最早的"交通管制"了。

出柳荫街眼界猛地就开阔了。右面是巍峨老城墙，城墙下是贫民辟的菜圃和一家家茅草房。人多路少，菜圃中早踏出了一条丈把宽的土路来。一辆辆木轮裹铁皮轴的"土东洋车"、吱吱嘎嘎叫着的"鸡公车"、滴滴答答跑着的"溜溜马",许多老头、老太婆拄着红皮甘蔗作拐杖……各色人群吵吵嚷嚷、嘻嘻哈哈地在这条灰路上走,扬起一道道灰幕,随风可以飘到俯在城墙雉堞间向城外闲眺的人们的鼻孔里。

马路左边是清清锦江,河岸上竹木蓊郁。到了百花潭水榭,乘船来赶庙会的人也手牵手上岸……青羊宫一带到处都是现搭的篾棚,宽敞的田畴菜畦变成临时街巷。会场门口大书"劝业会"三个红字,阳光下分外耀眼。

那里的庙会又叫"劝业会",中国历来重农抑商,清代赶花会交易物资很少,仅农具之类在青羊宫正门外场坝,花木则临时于道观西侧旷地。晚清行新政,颁布的上谕第二条即"振兴商务、奖励实业"。清光绪三十一年(1905年),四川商务局总办沈秉堃首先在这里"扩充会场、建筑列肆",在青羊宫左侧二仙庵前修建临时房屋,举办全省性"劝工会",令各州县劝工局带产品来此陈列展销。沈秉堃外调云南,由先后出任巡警道和劝业道的周善培(号孝怀)主办。1906年,四川总督锡良还亲到庙会讲话说:"制造劝工导风,商会健举,进拙于巧,化窳为精。"庙会结束时由官员和商会对展品评比授奖。劝工会至1908年改名劝业会。这种有意识地将庙会和大规模物资交流融为一体的活动,在近代中国可称第一。

● **一百年前的老成都庙会**

一百年前,由老西门及老南门出城,都要蜿蜒数里才能到庙会会场,轿子、鸡公车、"溜溜马"、游人挤成一团。劝业道于是在老南门外锦江北岸筑马路以达青羊宫东之马家花园,长三里余。又由商人自上海购回新式四轮马车载人往来……这是成都最早的马路和马车。宣统元年(1909年)马路延伸至青羊宫西数里的草堂寺,又从上海购回黄包车(称为"东洋车")20余辆,由老南门直达,每次取当十铜元四枚,游人争坐……民国二年(1913年)"少城"拆除,当局又在老城墙西南角开辟通惠门,使赶庙会的成都人更获捷径。

赶庙会的人一潮一潮的,人人梳妆打扮。女孩儿是"乡女村姑态若何?却把胭脂打一坨";风流少妇是"行路手拿甘蔗嚼,短短青裙窄窄裳";连老太婆也是"老去徐娘尚戴花,可怜半口已无牙""何物村婆不害羞,画眉敷粉老风流"……这情景真如另一首竹枝词中所说:"青羊宫里似星罗,乘兴家家戴酒过。小妹戏呼阿姊语,今年人比往年多!"

但男女有别:男人沿旧大路的男宾入口,女人则走另一条新开的路进会场。刘师亮《竹枝词》中说:"入口端因女界开,小桥一座架河隈。劝郎且莫伤离别,转过湾湾就拢来。"为何如此防范?因每年都"男女双方有骚神"（当时把不正经男女称为"骚神"）……为防止混混流氓或暗娼在庙会中"乱风流"，二仙庵外专门立了两根"骚神桩"，逮住这些男女就绑在"骚神桩"上抽马鞭子严惩。

青羊宫内有古代铜羊两只，被民间视为神羊。俗传摸羊能治疾病，妇女摸羊肚子可生男孩，故人们到青羊宫游玩时，多喜摸羊。有人开玩笑写竹枝词："闻说铜羊独出奇，摸能治病祛巫医。求男更有新方法，热手摸他冷肚皮！"

摸铜羊成了赶庙会的惯例，我小时就每年跟在大人屁股后，把小手混在无数大手中把铜羊周身摸个遍，耳朵里听一些"扯师"胡说八道："快摸羊屁眼儿，不生痔疮！""快摸羊脚板，不长鸡眼！""快摸羊鸡鸡，专医阳痿！"三清殿内嬉笑声一片……

青羊宫相邻处还有二仙庵、马家祠、孝廉坊、会仙桥等名胜。庙会内到处都有茶园，如"绿天""同春""浣花泉"……到处都有酒楼餐馆：既有大酒家"承香楼""五柳楼""聚丰园"，也有卖"卤鸭醉虾青果酒，每馔不过二百文"的小酒店"崧记"、"四座"等。还有卖各类日杂百货、竹木家具的种种商摊货架不下几百家。无数卖糖饼关刀、风吹吹、香烟瓜子、豆花等的小贩穿梭叫卖于红花碧叶、春风杨柳之间。青羊宫庙会时，还有全国少见的武术"打擂"。

人人脚板在走，嘴巴在嚼，所以刘师亮在1928年写的一首竹枝词很传神："玫瑰苔皮丢满阶，苔皮踩倒谨防栽。仰天一个翻筋斗，崴断人家高跟鞋。"人世间苦乐不均，也有可怜讨口子："何人落魄走天涯？饥饿难捱只自嗟。最是凄凉堪怜处，桥头独啃白泥巴！"

花会是成都庙会的重头戏，也是最具看点的场所。各界人士倾城出观，挥汗成雨、呵气成云。这"会把眼睛都看花"的"花会"，确乎为蜀中最具地方色彩、乡土风味的庙会习俗了，还引起外国人关注。日本人山川早水1906年在他书中绘声绘色地写道：

人马轿舆不断，烟尘滚滚，前后难辨；过双孝祠，走到二仙庵前面，早就人如潮涌，非常拥挤；左侧有流动照相馆，乐队虽然不能令人满意，但也可增加一些气氛。走入二仙庵内，上百个盆景店布满广场……穿过盆景店是二仙庵的楼房，被看作是这个会的主会场。教育部、工艺部、美术部、演艺部等机关的红旗，在人群头上飘舞。二仙庵的殿堂走廊全成了展览的地方，道路分为往、返两条路。手执木棒的警察，在各个重要路段维持秩序……另外还有西洋杂货店、中国杂货店、古书店、古董店排列于檐下与中庭，除通路外没有插足的余地！

会场偏东树林深处，大竹席棚中由成都剧团的名演员从早演到晚。逛完二仙庵转向青羊宫，写着"工农部"红底白字的大旗迎风飘舞。树下摆着家用器具扫帚等杂货类，还有人卖虎、豹、豺、狼、猿、狗等的头骨。

这个日本人还说，花会中用竹席临时搭起的饮食店不少，热气腾腾。有个日本女教习在一家五香菜串店，喝了一瓶酒，吃了一盘红烧鲫鱼和一碗荞麦面，要价两元。第二天，她忽然生起气来，认为被敲了竹杠，跑到四川总督那里告状。山川早水觉得可笑，说"真乃僻乡之奇谈"！

● **成都庙会，半个世纪的厄运**

1949年以后，因担心"封建回潮"的罪名，"花会"名称一度改为"成都物资交流会"，青羊宫庙会实质上已消失。

1959年，春光明媚。邓小平、朱德、贺龙、彭德怀等先后到成都，为迎接这些中央领导人，中共西南局第一书记李井泉指示：拨专款办"花会"。邓小平等人兴致勃勃观赏了"花会"，还在内部餐厅品尝四川小吃。李井泉说，成都原来有个专卖烤红薯的"马红苕"很有名，但现在不知踪影啦……邓小平听后很感兴趣。市长李宗林派许多人去找，几天后才了解到姓马的早已死了，后来找来其徒弟到"花会"中来烤"马红苕"。邓小平称赞说："花会还不错，有特色，菊花、盆景要争取占全国第二位！"朱德元帅也很欣赏花会，说："兰草太少了，要争取发展一万盆。"

"大跃进"运动后全国大饥荒，"花会"名存实亡。以前哄小娃娃转糖龙的糖画摊子（四川称"糖饼摊摊"）前，连成年壮汉也争买。指甲盖大小的小糖饼，拥挤半天，每人限买五粒，卖完为止。要想抢购一个锅盔（烧饼）、一小碟"三大炮"（糍粑），更要挤出一身臭汗……你如不信，吴丈蜀先生在《1962年成都灯会竹枝词》中说："佳节空城往看灯，连年跃进庆升平。天寒不怕奔波苦，二肉锅盔四体倾！""巧式花灯只等闲，愿闻一炮响三连。层层壮汉争糖饼，半日腰酸换嘴甜。"

"文革"时期，千年历史的成都庙会彻底消失。直到"文革"结束，成都"花会"和"灯会"才绝处逢生。2004年1月18日，在成都中断45年之久的青羊宫庙会再度举行。

（郑光路，巴蜀文化史专家，作家，四川成都人，出版有《川人大抗战》等书）

青羊宫的打金章

郑光路

青羊宫庙会闻名遐迩，还因为这里有全国少见的武术——打擂。

天府之国自古武风甚浓，形成盛名远播的峨眉派武术。清朝末年，青羊宫花会中就常有卖武表演。1912年辛亥革命后，居住在成都的武林名手马镇江、马宝、刘崇俊等，以提倡国粹、强国强身为名，在忠烈祠正街成立"四川武士会"。省都督尹昌衡为名誉会长，马镇江为会长，刘崇俊为副会长，尹昌衡的镖师"铁人"马宝实际负责。

1918年，四川军政当局以团结尚武为号召，在青羊宫庙会举行首次全省打擂。当时共设三组擂台，第一组擂主为督军的查马长李国超，副擂主为唐伯坍、唐公辅。第二组擂主为余发斋，其子余鼎三为副擂主。第三组擂主为马宝。每组主台3日。比赛结果，公认李国超武技精湛高超。自此以后，除特殊情况外，花会定时举行一年一度的打擂（俗称"打金章"）。

过了八卦亭，穿过二仙庵，在称为"猪市坝"的空地上，由土筑成六尺三寸高、三丈六尺见方的打擂台，上搭棚遮阳。擂台四周有物遮拦，因当时的人又将"国术"称为"柔术"，所以清末民初时，一些门口往往写着"柔术场"几个大字。1929年5月成立"四川省国术馆"，此后则称"第×届国术擂台赛"。

那一时期，春节后，一年一度的打擂比赛在青羊宫花会开幕，各路英雄豪杰便纷纷而至。参加比赛，死伤自负。比赛方法是"拈阄"（或抽签）配对赛手，不分重量级。也就是说，你只有100斤体重，却有可能遇上一个200斤的大汉！比赛顺序是：先赛"资格"，再赛"蓝章"（类似现在优胜纪念章），取总参加比赛人数的一半。再复赛"银章"（银质奖章），取10名。最后复赛"金章"（金质奖章），分为打金章一选、二选、三选。三选胜了，参加金章决赛，最后分第一、第二、第三名。以上各奖均有证书。

历年主擂者多为四川武士会、省国术馆中的武林名手。但有时也邀请其他人士主擂，如1931年就曾邀峨眉山的"铁沙和尚"，及湖北武当山的"云空长老"主擂。比赛时，一般在擂台的四角各坐一位裁判；另外一名主裁判手拿小铜铃在台上，根据情况摇铃铛宣布比赛的开始或停止；后来则有执旗评判，执蓝、白小旗两面，蓝胜举蓝旗，白胜举白旗。如赛手间"打毛"光乱打胡扭时，则上前用旗隔开。总评判长还要时时以生动精辟的术语向观众做"现场解说"。

打擂双方穿赛场发给的白色短襟，一方腰系红带，一方腰系白或蓝带，双方拱手致礼。评判摇铃大吼一声"较！"，就开始交手。场上的争夺是相当激烈的，"上场不认父，举手见高低！"这是武林悉知的口头禅。比赛一开始，赛手们恶狠狠豹眼怒睁，凶煞煞钢牙咬紧，拳来腿往，你退我进……每对赛手一般打三个回合（三轮），以击打点数的多少、见红（打出血）、倒桩（倒地）、甩翻（打落或丢下擂台）等判胜负。比赛实行淘汰制，三打二胜。规定不准挖眼、锁喉、摘桃（抓下身）；流血、倒地、下台、闭法（即丧失打擂能力）为全输。

因习武者一般讲究武德，加之亦有一定防护措施（如裁判发现双方技艺悬殊，则不许强方乘胜连连击打），故当场打死的情况罕见，筋伤骨折则时有难免。除了打擂，有时还穿插有套路、器械等单人表演，行家们谓之"外场功夫"，以供看客观赏。

自 1922 年后，又增加了女子打擂、学生打擂等。这在当时还很稀奇，故又有人曾作《竹枝词》叹道："更有片言需记取，打擂来了娘子军！"

比赛结束，夺得"金章"的一跃龙门、身价百倍，由主持擂台赛者将金章挂于胸前，然后骑上高头骏马，身披红色绸带，依第一、第二、第三名获金章的顺序，打马逛街，前呼后拥，吹吹打打鞭炮齐鸣，好不威风荣耀！还有专人飞奔前往获金章者的住家处或机关工作单位张贴烫金大喜报……其仪式气氛，实与清朝考中武状元、榜眼、探花类似。此后，获金章者的亲朋好友难免不大摆酒席祝贺。如连续两三年打擂都获得金章，还要将其大名刻于少城公园旁"四川省国术馆"门外的石匾上，以示褒奖。至于惨败者情况自然相反，或垂头丧气、愧对江东父老，从此大彻大悟再不争气斗狠，或怨天尤人、怒气填膺，发誓明年再来报仇雪恨。笔者曾拜识的几位师傅就打得金章，这是他们一辈子最自豪的事。而与此相对比的是另一位老拳师，功夫虽非常好，但打擂时一时疏忽，被对手一贯锤（摆拳）打得下巴骨折，其后几十年面部一直畸形。

进场看打擂需买入场券，圈子里设有茶座。往往擂台上龙争虎斗，打得一塌糊涂，台下却品茗饮酒、吟诗作对，喜笑颜开……正所谓"坐山观虎斗"，管他牛打死马，还是马打死牛。一些文人酒酣耳热诗兴大发，一边看擂一边还摇头晃脑吟几首打油诗。"怪物"刘师亮就在 1913 年写有："今年劝业八回开，多少英雄摆擂台。手艺若潮休要去，谨防春你下台来！""擂台角艺抢金章，集合江湖打打行。柔术本来为国技，大家努力更提倡。"徐重蕃写的有："登台较技问谁强，出手双方各主张。却怪旁观空展劲，说他起腿不相当！""柔术场中尽教师，多少先生学打擂。劝郎莫向旁边立，防他言出手便随。"

武术打擂给庙会添色不少，台上龙争虎斗，台下闹闹哄哄；倒糖饼关刀的生意兴隆，卖卦算命的口中乱坠天花；其他如卖香烟瓜子、擦皮鞋、掏耳朵……三教九流、五马六道的人物都在擂台下的茶桌间穿梭呐喊、寻食谋生。这一切，使人想起《水浒传》等古典小说中描写打擂的场面来；这一切，也给九里三的古城成都增添了不少古朴鲜活的地方乡土风味……

中华人民共和国成立后的 1950 年 2 月举办了一次打擂，此后四川省国术馆被解散。从此，"青羊宫打擂"便成绝响！

川菜逸闻

罗亨长

老成都人尚食。在他们眼中,饮食不仅仅是生理需要,更是一门艺术。把享用一日三餐之事概括为"吃饭"二字,而其实呢,"吃饭有时很像结婚,名义上最主要的东西,其实往往是附属品。吃顿讲究的饭事实上只是吃菜。"

● **川军将领找名厨**

川军将领邓锡侯于1949年12月19日在彭县率部起义。起义有功,任副省长。早年,他的别墅在康庄(今百花潭公园)。康庄,竹木长养,鸟语花香,流水小桥,荷塘石舫,是当年成都近郊避暑休闲胜地。康庄明文规定:欢迎市民游览,军警宪特止步!

康庄辟有鸡舍，因他喜欢吃鸡。家厨厨艺平平，弄不好鸡肴成了他的心病。一天，他决定弃马（当时成都大街小巷允许走马）步行，微服暗访名厨。当他走到提督街留真照相馆门口时，见那玻璃橱窗内店主正摆好当时最时髦的电影明星王丹凤、舒绣文、白光和周璇的大型玉照。不经意间，他发现紧靠"金嗓子"周璇的右边立有一块精致框架，上书："徐氏鸡汁"，下面的小字是："每日一罐，大洋一元；请君预定，准时送达。"

有心栽花花不发，无心插柳柳成荫。他喜出望外，吩咐副官预定半月，每晨九点，送达康庄。

这"徐氏鸡汁"怎生了得！当时成都的荣乐园、竞成园、桃花园和静宁饭店的炖鸡份价仅售大洋三角，"徐氏"竟高出三倍！"徐氏"是哪洞金仙？竟敢冒蓉城饮食行业之大不韪？

"徐氏鸡汁"的烹制者是相馆老板的妻子，清末一个举人的孙女，"徐氏"从小爱吃、会吃，做菜的悟性高。她煨（她不准说炖）的鸡汁，其香气不仅可上浮，还可下沉，甚至能倒拐弥漫四周经久不散，令闻者垂涎三尺，意欲吞之而后快！

"徐氏"不姓徐。这"徐"，是她爷爷起的。寓意是"慢慢地、慢慢地"煨出来的鸡汁。

"徐氏鸡汁"是白果炖鸡吗？非也！是十全大补汤啰？大错特错！那时，蓉城的十全大补汤用料低劣，且随意配伍，谨防把你的七窍"补"来堵起，不可救药。"徐氏鸡汁"是精选三种上等补品和三种上等香料，洗净，微火炕干，打成粗粉，装入纱袋，放进特制的荥经砂罐与土鸡一起用文火慢慢煨制而成。

"徐氏鸡汁"成菜时：鸡形不变，却已然软嫩；汤色清丽，但浓醇可触。当你吃鸡时，仿佛在品汤；当你喝汤时，依稀在尝鸡。此时此刻，你闭目咏之，鸡生发出的汤味，浑然而成。好似偷了天厨之味，欲罢不能！

看来，一块大洋一罐的"徐氏鸡汁"是取之有道的。

● 担担面的祖师爷——姜子洪

姜子洪，这个曾念过四年私塾、四川安岳县道贤乡出生的农民，因不满包办婚姻，于1915年，孑然一身逃奔成都。他一路上晓行夜宿，为糊口活命，见啥做啥，备受艰辛。后来，落脚在少城东胜街三十三号王家公馆，当了一名专门守夜的门童。白天无事，他便在成都多家餐馆打杂跑堂，只吃饭不要工钱，顺便偷师学艺。他脑子灵、手脚勤、嘴巴乖，老板和厨师们都喜欢他，愿意教他厨艺。

一日，他在王家公馆门口，一边晒太阳，一边吃面。面的色香诱得公馆主人注意，便问道："你还有这门手艺嗦！今天晌午，你到我的厨房来，给我和夫人煮两碗面。"姜子洪心想，这是主人吃的，一定要弄巴适。果然不错，主人高兴地对他说："从今天起，你不要去跑堂了。"随即拿了几个银圆给他，要他天天准备这种面食。

常言说，再好吃的东西，经常吃也要吃"伤"。于是，他便心生一计，把王家公馆门口比以往扫得更干净，摆起了一个面担担，既可招揽过路食客，同时也能保证王家公馆时不时吃面之需。开张那天，恰是二月初二，他便在面担担上挂起了自己用毛笔写的小木板："子洪春担担面"。

家父是个好吃嘴，在去离镜花缘美发厅仅两百米的"子洪春"吃面时，顺便带上一个徒弟，为其七姐弟免费理发。这样姜子洪便不收家父面钱。我听说面好吃，便逃学去吃"子洪春"。姜子洪认识我，我便不诈生地帮他锤岚炭、扇炉火、提水、洗碗等。于是，他也不收我的面钱。后来，姜的大女儿病危，是我母亲的"单方"救活了她，她便拜我母亲为干妈。这样，我也顺理成章地喊姜子洪为干爹了。对我这个俏皮且好奇的少年来说，便有资格更深层次地了解"子洪春"。

"子洪春"后期的面担担，是姜子洪自己设计，用楠木精制的。掌墨师是位驰名"上五县"的高手，他做的面担担，既美观又实用，卖起面来，得心应手。挑起这副面担担走街串巷，等于挑起了一个完整的小面馆。若这副"子洪春担担面"的面担担保存至今，肯定是成都餐饮史的一个见证。

"子洪春"的炉子只烧灌县岚炭，火力大，灰少。煮面的锅是在东打铜街定做的椭圆形薄形深底铜锅（深底，煮面不浑汤）。

"子洪春"所用食品原料纯正、新鲜，特别是面条、抄手皮，是按他的要求在长顺上街"吴神仙"面店订购的。

● **一柳村的樱桃肉**

当年，成都少城祠堂街（今少城路）的一柳村餐厅，坐落在原新华日报社正对门的三联书店和开明书店之间，背临少城公园（今人民公园）的界河——金河。"一柳村"餐厅门前，独有一棵碗口粗大的柳树，故以名之。

一柳村的招牌是土黑漆金字招牌，"一柳村"三个字是从柳公权字帖上移描上去的。

时值抗日战争时期，张大千、石鲁、黄胄、傅抱石、丰子恺、华君武、丁聪等画界名家们，为了支持抗战，在祠堂街孝天大楼隔壁的美协举办画展，捐资抗日。艺术大师们除轮流光顾少城公园的静宁饭店和祠堂街的努力餐外，有时也屈驾钻进一柳村，品尝那味有别裁的樱桃肉。之后，我看见一柳村的店壁上挂起了石鲁、黄胄、傅抱石等名家的国画。

当时，我常在少城公园踢足球，是民锋足球队的左锋队员，体力消耗较大，极需补充营养。每当我从一柳村门前经过，挡不住那肉香的诱惑，便进门去着意一啖。那掌勺师傅闲暇时曾看见我踢足球，便交了朋友，吃之前，特许我到灶前参观，所以樱桃肉的制作过程及其特色，60 年后我仍略记粗通。的确，一柳村的樱桃肉，有别于其他樱桃肉，成菜之后有十大特色：精、美、雅、鲜、香、粑、糯、润、滋、养。当时，一柳村的樱桃肉每天限量供应 40 份，所以知情者常去预订，否则只好去隔壁长生店吃青黄豆焖鸭——这样换换口味也不错。

● 竹林小餐双绝取胜

昔日，成都少城祠堂街的东口与东城根下街南端交会处，有一个开间不大，但进深却宽敞，内设几间雅座的餐馆，名曰：竹林小餐。顾名见状：它是用竹装饰的，有点点傣家韵味。该店因位于十字街头，所以很扯食客眼目。

当时，抗日战争爆发，“前方吃紧”，蓉城的文化、艺术、新闻、卫生、教育界人士和广大市民，极力抵制“后方紧吃”的歪风，像百老汇、撷英、桃花园和香雪海等大酒楼餐厅便少有人问津了。于是，竹林小餐客源骤增。除周边的常客外，当时在东胜街沙利文小礼堂办美展，在大礼堂演出《棠棣之花》《孔雀胆》《屈原》的徐悲鸿、廖静文、郭沫若、张瑞芳、白杨、秦怡和金山，不时聚会“竹林”。此举，知情人士极为尊重地戏喻为“竹林七贤”。如此一来，该店声名鹊起，火爆非常。

“竹林”之所以能让“七贤”光临，甚至非此“七贤”之彼贤也光临，凭的是价廉物美的“双绝”——蒜泥白腬（笔者注：“腬”，不能写成“肉”）和鸡丝罐汤。

这蒜泥白腬，不仅风格考究，且吃法别裁。其腬选川西上五县（温、郫、崇、新、灌）农家用细糠碎米好潲水喂大的壮猪。厨师专取皮厚、膘厚、细嫩、光泽好的宝肋腬，长约二十二厘米，宽约十厘米，洗净入大沸铁锅，煮九成半熟，捞出晾凉。这种"熟"法，脿不变形。厨师用特制的片刀（笔者注：20世纪60年代，成都有家餐馆卖蒜泥白脿，用的是美国机器刨刀刨脿片，但选料和调味欠佳）将脿片成薄薄的大脿片，这脿片因脿的部位不同而密度不同，所以便各自按其规律收缩成紫荆花似的"裙边"。厨师将几大"裙边"轻轻放在白瓷盘中，那"裙边"因薄而不粘的折叠，其间有穴，便显出一颤一颤的弹性来。厨师浇上窝油、芽菜末、红油、花椒油和独蒜汁等调料，便是一份正宗的"蒜泥白脿"了。其吃法是：拈一大"裙边"咬一口，一面咀嚼一面将所余大部分另放一小碟内备吃。如此这般要咬吃五六次后才吃完。此乃食家吃法，味感极妙也！

蒜泥白脿的厨艺标准，关键有三：一是选脿；二是红油必须特制；三是窝油必须资格。特制红油的辣椒选一色的东山干椒，埋入用自贡井盐炒散炒烫的大炒锅内，待闻辣香上蹿之后，即取出用石碓窝舂细，浸入已煎熟但冷却一半的澄清菜油缸内即可。少时，我奉家父之命买回三两窝油，家父令我立即倒掉，将碗放在桌上。家父随即问我："那碗头的窝油怎么还没倒完呢？"我不明白家父所言玄机，仔细一看，沾在碗边的窝油纷纷流回碗底，大约有一两吧。家父笑道："娃儿，这就是好窝油。好窝油巴味，记住！"难怪清代才子、著名美食家袁枚，在其《随园食单》中写道："大抵一席佳肴，司厨之功居其六，买办之功居其四。"可见，做菜的原料之重要。

再说"竹林"的第二绝鸡丝罐汤。鸡丝罐汤的盛器，与当时任何一家餐厅盛汤的盛器不同。"竹林"老板标新立异，是用如腰鼓状的双耳环铜罐盛汤。该汤创意灵感来自孙中山先生最爱吃的"四物汤"。"竹林"取其二物：小木耳和黄花，与涪陵榨菜细丝、银白粉丝、仔母鸡鸡脯细丝为伍，用整只鲜鸡骨架熬制并沥渣后的纯汤烹制而成。临走菜时，放几根嫩豌豆尖。该汤忌放盐和味精，这样，取纯天然味，蘸放有香葱花和几滴芝麻油的白豆油味碟食之，爽口，婉约，悠悠然……

● 成都"公馆菜"的形成

民国时期，住在成都少城公馆中的人，除八旗遗老遗少外，大多是本地或来自全国各地的名人雅士、巨贾富绅和军政文教界官员。他们禄位升迁，一年四季，福禄寿喜，春夏秋冬，送往迎来，各式大宴名馔、小吃细点，流水席般日夜不断，把成都上了谱的川菜以及他们从老家移植而来的名菜吃个遍！

之后，他们又别出心裁，翻新花样，创造一些新菜品，发明一些新吃法。

这样便形成新的"少城吃派"。

及至抗战时期，从沦陷区迁来成都的机关、报社、学府、医院、银行、商家、演艺界和餐饮业，不乏行家里手、老饕食客，他们有文化且见多识广，吃有家传、有吃历、有借鉴、有经验、有新意，为成都引进了不少"下江"名菜（指汉口、南京、上海菜）和京津粤鲁名菜，这样南北西东，荟萃撷英，极好地深化了成都美食，丰富了成都宴席上的内容，满足了成都的"好吃嘴"们。

与此同时，少城公馆里的一部分太太、小姐乃至丫鬟们耳濡目染，担当起非厨师胜似厨师的"公馆厨娘"。由于"厨娘"们烹饪技艺的提高，老少爷们随时可哚佳肴，"进退皆诸侯"。

有这么多烹饪人才和美食家，人们必然因各种聚会，在茶馆、酒楼、街巷和民间"走人户"似的相互摆谈起来，从而交流广泛，少城的平民百姓、小户人家遂依法炮制，于是"家家会做、个个会吃"的少城"好吃嘴部落"不断壮大，愈吃愈精（有人说成都公馆的丫鬟和居民的巧媳妇儿在北方餐馆可充任一级正宗川菜厨师）。于是，少城吃风蔚然，便带动了成都上五县的饮食业，从而福佑全川。

成都解放后，政府机关、文化单位大多设在文化氛围较好的少城（即西城区，今青羊区）。南下干部对川菜的麻辣二味不敢问津，所以在当时无论是市政机关食堂、学校伙食，还是国营餐厅、民间食店，基本上是沿用了少城食风，让不少南下干部大饱了口福，以至"乐不思晋""逸不返豫"者多多。

（罗亨长，川菜文化学者，四川成都人，出版有《成都吃话》等书）

邛崃平乐镇街的竹器　赖武　摄

窄巷子的拴马造像　白郎　摄

2017年，双流彭镇的老钟表　和映龙 摄

成 都 百 年 风 俗

2017年，双流竹板艺人　　和映龙 摄

2011年，温江寿安古镇的纸人　白郎 摄

成 都 百 年 风 俗

成 都 百 年 风 俗

Chengdu 100 Year Customs

晚清时成都郊县的牌坊　魏司 摄

天府文化 百年成都

Tianfu Culture, A Century-old Chengdu

Chengdu 100 Year
Customs
成都百年风俗
蜀风流衍

成都是一个古城

李劼人

　　清朝一代成都人口，在公元一九一〇年前无统计。直到一九一〇年，成都已经开办了几年警察，做了一次户籍调查。虽不很精确，大体还可靠。据正式发表数字，在城内为二十七万七千二百零三人，在城外的（当时只有北门外、东门外多一些街道，南门外较少，西门外更少），为三万七千七百七十一人，共计三十一万三千九百七十二人。也因仅止为数二十七万多人，城内便显得十分拥挤，许多园林胜地都被破坏，变作住宅，许多菜园荒地及城脚淖坝都变成了低爷矮户、简陋污秽的若干小街巷。因此更足证明唐宋明三代时候成都人口总之从不可能超过十五万。

由公元一九一二年起推倒清朝专制统治后，直到一九四九年年底解放时止，三十八年当中，成都的变化太大，但不是变好，而是向坏的方向走。虽然在清末时候已渐渐有了一些小型的机器工业，如造枪弹的兵工厂，造纸厂，造银圆、铜圆的造币厂，也渐渐有了一些现代设备如有线电报局，直流电发电公司等，但毕竟由于没有铁路，没有重工业，创造不出有利条件。更由于一九一一年以后军阀的争权夺利，有人统计从一九一三年起四川省的军阀土匪的战争便达四百多次。成都是一省的政治中心，凡有野心的军阀都想霸占它。因此，争城之战（连围攻和巷战在内），前后大小有二十多次，对日抗战期中日本飞机前来轰炸又若干次。每次焚烧杀掠的结果，还是人民吃亏，而且长期处在被帝国主义经济势力、军阀的武力压迫和剥削阶级压迫之下，人民日益穷困。而军阀政客匪徒特多，投机倒把的奸商们只知自私自利剥削压榨，过他腐化堕落生活，根本不想建设。所以在此段时期中，总的说来，成都是继西晋末巴氏人李氏入侵之后，是继宋末蒙古兵侵入之后，是继明末张献忠夺占之后第四次衰败了。不过这次衰败与前有所不同处，是看起来好像有些小小的建设，但事实上都是甚至都破坏了。例如：

一、大城城墙。这是从一九二四年开始被破坏的，直到现在一大半已成了摇摇欲坠的黄土堆，一小半已不完整，现在尚未决定如何处理。

二、满城之墙。从一九一三年就陆续拆毁了。原来墙基已改为许多街道，今天的东城根街就是其间一大段。

三、皇城城墙。从一九二七年破坏，现在只剩一座三洞城门，还是一九五一年初才彻底培修，成为今天的模样。但城门的楼还未设计。

四、贡院内部和红照壁。红照壁系一九二五年拆毁的。贡院是从一九〇六年科举废后就改为若干学校和一所官署。从一九一五年起，几次改为官署，并曾作过两次战场，最后划为四川大学校舍。抗日战争起后，四川大学迁走，曾遭日本飞机轰炸，原有建筑物被毁不少，一般平民遂移住其中。到一九四九年解放之初，整个贡院除一部分仍是实验小学，一部分改为博物馆，一部分驻公安部队外，几乎全为私人霸占，并化为几千家贫民窟。一九五一年，成都市人民政府迁入后，始逐渐建立一人民新村将贫民移去，并首先将半圮的至公堂改为大礼堂。其次将博物馆移到人民公园，整修了明远楼作会议之用。一九五二年底复将部分贫民移去新村，以那地段建修一个可容纳五万观众的运动场。

五、金河和御河。金河早已变成一道窄窄的阳沟。到一九五二年整修人民公园时，始将祠堂街的一段加以整理，祠堂街靠金河西的铺房西头一段是一九一五年以后修建的，东头一段是一九四一年修建的，把一长段金河风景破坏了。御河是一九一二年起便逐渐为人侵占，创成无数条极其卑陋的小街巷，是成都几次大瘟疫的发源地。现在已着手修复。

六、沟渠街面。官沟系统自清末业已紊乱，难于清理，但总沟尚部分完好。从一九二四年城内开始修建马路，始完全破坏。也从这时起，城内街面才渐渐拓宽，将全城石板街面完全改为三合土路。但拓宽街面并无整个计划，两畔街房有在三年中拆让到五次之多，使人民财产浪费不少。因而改修的街房都甚为简陋。现在几乎半数都成为危险建筑物。路面也因偷工减料之故，几乎无时无刻需要修补。雨天烂泥满街，晴天尘土飞扬，使成都成为一个不清洁的城市。现在下水道和路面工程已经有计划地开始了。

七、全城所有的中等庙宇、名胜古迹，大会馆、大官署都是从一九二四年起逐渐被侵占被破坏，被改修成私宅、大街、小巷、弄堂式的租佃小屋和贫民窟。如臬台衙门修为春熙路，藩台衙门修为藩署街、华兴东街和几条弄堂与私人住宅（今天四川日报社的房子便是其间的一部）。从唐朝著名的江渎庙改修为弄堂房子（现改为卫生学校），上、中、下三个莲池都填平了，修成大型住宅和若干小街。这太多了，举不胜举。

总的说来，成都在解放前确是在向坏的方面变。以前良好的具有民族风格，历史意义的建筑物，无论公的私的，全都受了殖民地码头建筑的恶劣影响，而向坏的方面变。虽然成都是有二千四百多年历史的一座古城，就因为在历史上经过三次的衰败时期和近三十八年的无意义的破坏，它需要重新建设，需要有规划的，某些可以恢复，某些可以不恢复，全面的使它发展成一个适合将来环境条件的现代化城市。

成都的一条街

李劼人

我要讲的成都的一条街,便是现在成都市人民委员会大门外的人民南路。(按照前市人民政府公布过的正式街名,应该是人民路南段,但一般人偏要省去一字,叫它人民南路。这里为了从俗,便也不纠正了。)

要说明人民南路的所在,且让我先谈一谈旧成都的形势。

目前正在带动机关干部、部队、学生、居民、农民,分段包干拆除的旧城墙,是一个不很整齐的四方形。据志书载称,周围二十二里八分。因为从前的丈尺略大,最近据成都市城市建设委员会测量出来,是二十四里二分多(当然是华里)。又志书载称,这城东西相距九里三分,南北相距七里七分。

成都说起来是个古城市。若果从战国时候秦惠王灭蜀国、秦大夫张仪于公元前三一〇年开始建筑成都城算起,它的确已有二千二百六十八年的历史。但是,成都城随着朝代的变更,它也变了无数次,始而是大小两座城,继而剩下一座城,后又扩大了变为二重城、三重城,后又变为一座完整的大城。今天的规模,是唐僖宗乾符三年(公元八七六年)高骈做西川节度使时建筑唐城的规模。可是现在拆除的城墙,不但不是八世纪的唐城,也不是十三世纪后半期的明城,甚至不是张献忠之后、清朝康熙四年(公元一六六五年)所重修的城,而实实在在是在清朝乾隆五十年(公元一七八五年)彻头彻尾用砖石修成,算到今年仅止一百七十三年,并非古城。

成都位置,偏于川西大平原的东南,地势平坦。当初规划城市时,本可以像北京市街一样,划出许多正南正北、正东正西的区域来的。但是不知为了什么原故,城内街道全是西北偏高、东南偏低的斜街。我把成都市旧街道图展开一看,便看得出,只有略微偏在西边一点、大致处于城市中心的旧皇城,是端端正正坐北朝南的一块长方形。

旧皇城,一般人都误会为三国时代刘备称帝的故宫。其实不是。它是唐末五代、前后两个蜀国在成都建都时的皇城。这地方,经过宋元两朝的兵燹,不但城垣宫殿早已无存,就连清人咏叹过的摩诃池,也逐渐淤为平陆,变成若干条街巷。到明朝第一代皇帝朱元璋册封他的第十一皇子朱椿为蜀王,为了使朱椿就藩,于洪武十八年(公元一三八五年)才在前后蜀国修建过的宫垣基础上,更加坚固、更加崇宏地造了一座和当时南京皇居相仿佛的蜀王宫。蜀王宫的规模很大,几乎占去当时成都城内总面积的五分之一。宫殿园囿之外,有一道比大城小、比大城狭的砖城,名宫城。一道通金河的御河,围绕四周。御河之外,还有一道砖城,叫重城。宫城前面是三道门洞。门外是广场,是足宽一百公尺以上的御道。与门洞正对,在六百三十余公尺远处,是一道二十余丈长、三丈来高的砖影壁,因为涂成红色,名为红照壁。在门洞外二百五六十公尺的东西两边,各有一座高亭,是王宫的鼓吹亭,东亭名龙吟,西亭名虎啸。明朝藩王就藩后,虽无政治权力,但以成都的蜀王宫来看,享受也太过分了。这王宫,到明朝末年(公元一六四四年),张献忠建立大西国,在成都即位称尊,改元大顺元年时候,又改为了皇城。不满两年,张献忠于公元一六四六年,统率军民离开成都,皇城内的一切全被烧毁、破坏,剩下来的,就只一道宫城、三道门洞,以及门外横跨在御河上的三道不很大的石拱桥(比横跨金河上的三桥小而精致)。十九年后(是时为清朝第二代皇帝玄烨的康熙四年),四川的政治中心省会,由保宁府(今阆中县)移回成都。为了收买当时的知识分子,开科取士,又将废皇城的部分地基(前中部的一部分),改建了一座相当可观的贡院。一九五一年被成都市前人民政府加以培修利用,作为大小会议场所的至公堂、明远楼,就是这时候的建筑物。

从我上面所略略交代的历史陈迹看来,这地方,实实应该叫作明蜀王故宫,或贡院。本来在门洞外那条街,早已定名为贡院街的。但是百余年来,人们总是习惯了叫它作皇城,把门洞外的一片广场叫作皇城坝,习惯真是一件可怕的事情!

现在我所介绍的这条街——人民南路,便是从旧皇城门洞(今天应该正名为成都市人民委员会大门)向南,六百三十余公尺,到红照壁街的一段,恰恰是明蜀王故宫外整整一条御道。不过今天的人民南路宽仅六十四公尺,比起三百年前的御道,似乎还窄了一些。这因为在一九五二年扩建这条街时,曾于东御街的西口、西御街的东口,在积土一公尺下,把那两座鼓吹亭的石基挖出，测度方位与距离（横跨在金河上的三桥，也是很好的标准），看得出，当时的御道，应该有一百公尺以上的宽度。

这条人民南路，以现在成都市的市政建设规划来说，恰好处在中轴线的中段。这条中轴线，向北越过旧皇城，经由后载门（现在街牌上写成后子门）、骡马市、人民中路、人民北路，通长四公里（从人民南路的北口算起），而达今天的宝成铁路、成渝铁路两线交会的成都火车站，可能不久时将改称为北站。因为现在从人民南路南端红照壁起，已新辟一条通衢，通到南门外小天竺，不久，还要凭中通过四川医学院（原华西大学），再延伸四公里，直抵成昆（成都到昆明）铁路起点车站，也可能将来会改称为南站。由人民南路北口到成昆铁路起点站的黄家垲，有六公里。将来这条联系南北两车站的中轴线为十公里。请将我所说的距离想一想，现在的人民南路，岂不恰恰处在中轴线的中心一段吗？

在这条中轴线的南段，即是说在今天的人民南路之南，将来是会出现不少的崇丽宏伟的大建筑的。今天的人民南路，仅只在东西御街街口以南摆上了一些大厦，如新华书店、人民剧院、百货商店等。旧社会的卑陋窳劣，几乎等于棚户的房屋，尤其在北段地方，还遗留得不少，当然，不久的将来都会拆除改建的。

人民南路的北段，不像南段布置有街心花圃。这里是每年五一、十一两个大节日，广大群众为了庆祝佳节而集会的场所，旧皇城门洞，这时恰好就作为一座颇为适用的检阅台和观礼台。按照城市建设规划，这地方将来还要向东、向西、向南拓展若干公尺，使其成为一片名副其实的广场。

人民南路的兴建，它向成都人民说明了新社会的可爱；它增强了成都人民对美好远景的憧憬，也增强了成都人民对社会主义建设的信念。不要看轻了这条街的兴建，它确实具有很浓厚的政治意义的！

这里我应该谈一谈人民南路的前身了。

我前面所说的贡院，从清朝末叶废科举之后，它就几经变化：清朝时候是几个高、中学校兴办之所；辛亥革命（公元一九一一年）是军政府；其后是督军公署；是巡按使和省长公署；再后又是高级、中级学校汇集地方。抗日战起，学校迁走，起初是无人区域，其后便成为贫民窟。解放后，成都市人民政府于一九五一年迁入（仅占旧皇城的四分之一，其余地方作为别用，不在此文范围之内，便不说它了）。为了要利用至公堂，特别在新西门外修了一片人民新村，光从至公堂上迁走的贫民，差不多就上百家。几十年间，御河已经淤为一道臭阳沟，不但两岸变成陋巷，就河床内也修了不少简陋房子。至于宫墙，那是早已夷为旱地，不用说了。

旧皇城门洞外直抵红照壁的那条宽阔御道，在清朝时候，便已变成了三条街道。北面接着皇城坝，南面到东西御街口的一段，叫贡院街，这条街，是废科举之后才修起来。科举未废之前，因为三年必要开一次科（有时还不要三年），要使用这地方，在平时只能容许人民，尤其聚居在这一带的回族人民搭盖临时房子，要用时拆，不用时再搭。科举既废，再无开科大典，这条街因才形成而固定下来。

这条街的特色是，卖牛羊肉的特别多。因为上千家的回族人民聚居在四周，所以这里便成了回民生活上一个重要的交易场。除了牛羊肉外，几乎所有的饮食馆都标有清真二字。

贡院街之南一段叫三桥正街。三桥，便是横跨在金河上的三道砖石砌成的大桥，这桥的建造，可能还在明朝以前。但构成三桥那种规模，却与明蜀王宫的修建同时。若照三道桥的宽度来看，是可证明从前御道很宽。但是到清朝后期，这里变成街道，街道的宽度，就比中间一道桥的桥面还窄。六十年前，成都有句流行隐语，叫"三桥南头的石狮子——无脸见人！"意思便是三道桥当中一道桥的南头的一对大石狮，早已被民房包围，等于石狮躲进人家，无脸见人。街道比桥面窄，因此桥面的两旁，也被利用来做了卖破烂、卖零食的摊子。

三桥正街之南一段，正式名字叫三桥南街，一般人却叫它为"韦陀堂"。原因是这条街的西边有一座韦陀庙宇，街的东边，本来是一座戏台和一片空坝，辛亥年以后，也变成了一条窄窄的小街。再南便是红照壁。六十年以前，照壁跟前不过是些棚户，清朝末年，照壁跟前成了一条街，所谓照壁，早已隐在店铺的后面，不为人知。一九二五年才被当时反动政府发现，以银洋一万元的代价抵给当时的商会，拆卖得一干二净。

今天的人民南路，宽度六十四公尺（三桥也联成了一片路面），不但有街心花圃，不但有行道树，而且是柏油路面，它是中轴线上的通衢，它也是人民集会的广场。今天看来，它是何等壮阔，足以表现新社会人民的雄伟胸襟。然而它的前身，却原是那么污糟的三条街！可惜那些旧街景的照片已难寻觅，请伍瘦梅画家默画出来。请看一看那是何等可怕的一种社会生活！

不过今天的人民南路还在变化中。它将随着社会主义社会的建设，而一年一年的变。肯定地说，它将愈变愈雄阔，愈变愈美好。现在我所叙说的人民南路，还只限于一九五八年秋的人民南路。

川西春台会

赖 武

农耕时代的川西坝子靠天吃饭，面对自然灾害常常无能为力。都江堰的建造，使蜀人开始掌握水力资源。自流灌溉不仅保障水稻种植，成就天然粮仓，也使坝子上的人过起了舒服悠闲的日子。

一年之计在于春，旧历年一翻过，就得筹划生计并依岁时节令参与各种仪式活动及聚会，好像自古而然，神圣而又充满世俗精神，即使农耕时代过去了，大多数人不再种地也是如此，因为对土地的依赖与生俱来。

重要节日会期，脱不开连着土地耕作的初始意义，衍生并丰富的是精神、趣味。过年的"年"，本义是五谷成熟了，"五谷皆熟为有年也"（《春秋谷梁传》），年成好，日子就好过。乡间正月初一家家户户要送《春牛图》，满印年历节令，其中有木版画《春耕图》，两边多题与黍稷禾麦相关的吉祥语。《汉仪》谓"春时东耕于藉田"，所以过去的府县衙在"立春"前一天出东郊举行迎春仪式，劝农并祈祷来年有好收成。

成都正月间最负盛名的节会是灯会、花会。春暖花开之时也正意味着农田该耕种了。清光绪三十一年（1905年），官府始以青羊宫花会之名办劝业会，乡农耕作用具及竹木铁器陈列青羊宫及二仙庵外，当时青羊宫在城外，周围都是田亩。1915年发表在《娱闲录》上的一首描写青羊宫花会的竹枝词云："划得农场地一区，潼川寸谷拟珠玑。蒙蒙细雨如烟雾，新试东洋喷水机。"说明当时引进了新式农业机械。

元宵灯会，火树银花，浪漫诗意；赏灯之余也祈求风调雨顺、五谷丰登。另有到人家地里偷菜的习俗，所谓"偷青"，此时不算偷，折"财"的人仿佛由此可免灾除秽。

农历二月初，惊蛰一过，坝子头阳气上升，万物复苏，跟着就是使牛动土的春耕。所以从二月初二"龙抬头"这天起，好多地方都要办"春分会"（或叫"迎春会"），实际就是搞个隆重的春耕节仪式。古代要祭先农，纸扎土牛、芒神（使牛匠）出游，由春官（说春劝农者）、仪仗簇拥地方官到地里扶犁使鞭，亲打春牛以示劝耕。现在则以农具、种子、花木，及各种生产生活资料交易为主，伴之以演戏、歌舞、杂技、马戏、游艺等吃喝玩乐诸多活动，故又称"春台会"。一般都挨着场镇宫观庙宇，善男信女、居士婆婆借此到佛菩萨及各乡土神主前烧香供祭品，以祈祷来年万事如意、招财进宝、谷满畜肥、人丁兴旺、全家平安。

"龙抬头"这一天古俗，又为踏青节（一直要到"三月三"后才消停）。成都人本好游赏，郊县的春分会正好成了城里人踏青游玩的好去处，所以四乡八里的这些春分会规模越来越大，年轻人及时尚元素越来越多，混杂交融后渐渐改变当地土俗。

二月的"社日"（俗称"春社"），农民要祭土地老爷祈谷，隆重点的也要办会，演戏酬神，南朝梁宗懔《荆楚岁时记》说是"结彩会社"。今人说节会，"节"是节令，"会"是社会，其中的"社"就是土地神，会由祀神而起，故称"社会"。南宋耐得翁《都城纪胜》列"社会"之目，各"社"集诗艺弦歌、文采风流，也有"神鬼社"之类。各"会"则不乏佛道精神。直到今天，乡镇大的会期，无不祀神酬神娱神，有庙观的，更是热闹非凡、香火鼎盛，故又称"香会"。人们祭祀各路乡土神，是相信自然的力量。

● 木兰会

农历二月初一，周一。多云。

木兰会明天才是正日子。到新都木兰镇上见好多人往木兰山行去，跟着走了好几里路。沿途上山的人越来越多，路边摊点也多起来。卖吃的，如干豇豆、大蒜、干萝卜丝、煮玉米棒子、烤红苕片儿、糖油果子等，很乡土，也有卖锅盔、刀削面，卖油烤雀肉、烧鸡、羊肉串的。山上人都拥挤在摊点间的夹缝中。

卖多功能美发夹的用几个装了假发的模型头展示；卖衣服或鞋袜的大打削价牌；卖影视歌碟（一元起价）的便宜得就像是白送；招贴画除了明星照，还有十大元帅和马、恩、列、斯、毛等领袖照，颜色鲜艳；称重的打起了"电脑预测儿童未来身高，电脑测量你的身高体重"的广告。

木兰寺处在较高处，里头化缘的多，烧香的多。好多人在坡地上烧香蜡钱纸，弄得烟雾弥漫。坡上一座高高的脚踏莲花的立像还没有揭开绿色布幔，香客就围满了，摸莲花的，围着转的，跪叩的，求吉祥，求消灾免难。

庙里有售历书售毛泽东头像章的，有投掷塑料圈的，还有给人现场绘画的，摆了不少大家熟悉的文体明星画，吸引眼球，打的广告是"画像八分钟""特价素描十元"，彩色加十元。好像生意都不错。

木兰寺是座古寺，庙里有一通清嘉庆年间《木兰寺开建十方丛林序》，额上有"遵古维新"四个大字。另一块清乾隆三十五年（1770年）刻的"署四川成都府新都县正堂加三级记录六次记大功三次张为敬抒管见事案奉"碑上也有"木兰寺"几个字。木兰寺始建于明朝万历年间，据说是为纪念女将韩娥（她也如同花木兰女扮男装从军十二年）而建，清康熙年间邑人大修，清道光年间《新都县志》也有记载。重建古寺，自是因为"文革"以来香火衰竭，甚至是遭人为破坏了。

木兰会始于清嘉庆二十四年（1819年）春，由扎根当地的客家人发起，开初就是春耕前的种子交易会（有人说先有文昌会，后因人气旺而演变为种子会），无论如何，这种物质与精神的融合随着时代的变迁，不断为木兰会衍生更丰富更多样的内容，活动区域今天已扩至木兰寺所在的整个山坡。反而交易种子或农具的市场很不起眼。当地人说拿到这儿来的种子并不真卖，是摆样子的，沾点山气和神气，拿回去后长势好、收成高。这自然是本地人的迷信，现实情况是自城市及房地产疯狂扩张后，乡村已愈见萧条。

占地最大的是坡下空坝里头的马戏、歌舞表演大棚，招牌很大，有"神龙马戏团""明星演艺广场""神鹰歌舞团"等。所谓马戏，并不一定有动物，表演的都是"重型汽车压真人""五马分尸""赤脚爬刀山""真枪打真人"等；歌舞团打的是"重金特邀东北二人转""欣赏俄罗斯风情""观看黑人黑妹表演"。巨幅宣传画上的男女十分火辣，仅穿三点或内裤，很惹眼。用热气球上天观景招揽生意的，真有人坐了上去。有农民卖提簧，全手工制作，扯得嗡嗡响，围观的人却不多。可见乡人喜欢稀奇玩意儿。

以游戏设赌的不少，在地上摆满各种物品，让你拿个盆子扔去套，套中有奖。有一家在圈子中停了一辆微型面包车，上面贴张红纸"套中开走"，把汽车作为奖品来逗人。去套的人需出五元钱套十五次。这个跟去糖饼儿摊转大龙的赌博一样，赢面几乎为零，但仍有人不断上前一博。

木兰寺后延伸的坡顶是这一片地势最高处位置，上面满是桃树。山脚下菜花与山上桃花竞相斗艳，树间一堆堆郊游赏花休憩的人。少男少女，春情荡漾，阳光明媚，地旷树花，正是年轻人纵乐之时，野炊，打牌，恋人相拥而欢。

坡下有条销售风筝的长廊，五颜六色的风筝在人们的头上乱舞，斑斓耀眼。也有几个少年在放风筝，风筝越飞越高远，像是他们的理想。线放完了，他们又着急地去买，看样子并未打算把风筝收回，好像人生没有回头路。有些少女一排排坐在坡边，静静望着前面开阔的原野。此时此刻，她们的心事也应该像风筝一样飘忽、飞扬吧！

● **唐场迎春会**

农历二月初二，周二。晴。

按老话说这天是"龙抬头"，川西坝子的农民认为，要这一天过后，地里的青蛙才敢叫。

今年大邑唐场恢复了往年的"春分会"，河坝子里搭起了马戏歌舞表演的大棚，其他一些游乐的把戏也摆了出来。河边搭起了戏台，成都川剧团的"文化下乡惠民演出"吸引了很多观众，坐的坐，站的站，围了好大一片。

老街头上搭建了一个牌坊，上写"春分盛会""乐兮川西望节"，下面是人潮，两边店铺摊点都挤满了。老街上的茶铺里茶客打拥堂。街沿上相连的长条桌已坐满。里头光线暗，老头儿们或闲吹壳子，或看电视，吞云吐雾，龙水灌肠，十分惬意。街沿上有些耍鸽子的爱好者，摆的龙门阵都与鸽子有关。

街上有骑车卖刷把或挑担卖玉米馍馍的，都是老头伙做小生意赚点小钱。中药铺的生意一直都好，乡里人还是信草药，看得见，摸得着，而且价廉，也吃得起。请郎中开个方子，再去拣药，用小砂罐熬了就喝，没有"歪药"的担心。有老太婆卖"风车车"，有男子摆摊做棕刷，边做边卖，材料资格，三四元一把。

下民权街中一条窄巷子里，那家做布鞋的专业户仍旧继续着他们的手工营生，小院里的陈设似乎多年来就一直那样，缝纫机、案子、竹椅，小茶几上的收录机，墙上的周恩来、邓小平画像都是不变的，在墙上重重叠叠粘了不少。侧边房间的门上，楹联刻的是：

堂前罗列溪山何须地远寻幽境；

阶下栽培花草且待时来发冥香。

在这样的深巷小院里，靠一门手艺长年劳作以取生活之资，虽未必能发家，但宁静、安稳，也是一种福气。

老街上一个铺子里，一个女的正为一个乡人烧火针，其方法就是用火针在患者手上腿上点烧，烧处按穴位来，以治风湿或痛风。最后收了这个乡人八元钱。柜台上放了一些装药酒的大瓶子和一些小药瓶，压了一块红布，上写"熊姓金凤外科，箕裘承父业，不愧家师传"，所治科目，采用中土药材、膏丹丸散，治疗方法是传统的寸香捻子、针灸火针、推拿按摩等。她是女承父业，传统手段出自家传。

上民权街有老供销社及好几家馆子和卖百货的大铺子，故比下民权街热闹，但春分会的气氛好像主要还是在河坝子及河边新街，到老街也就是逢场天的样子，不变的老街格局容纳不下不断膨胀的春分会。

下午河边演《武松杀嫂》《顶灯》《变脸吐火》。因是临时搭的露天台子，没有后台，演员只能在戏台旁化妆换衣。不像火把剧团，在哪个地方唱庙会或扎台口，剧目不停地换，他们只会备一些折戏和川剧特技，反正一地演一天（顶多两天），碰到会期，正好助个兴。乡人们一看是国家剧团，就觉得开了眼，何况不花钱。

● 济民春分会

农历二月初三,春分,周三。晴。

进崇州济民那几公里搭的机动三轮,过了河还要走一里多乡道。周围金灿灿的菜花。沿途已有卖蒸食的小贩,也有卖干豇豆,卖眼镜,卖各种装饰画、明星照、领袖像的。老太婆提个竹箢卖棉线或火柴、打火机。街上到处贴着大红纸,写明谁谁凑了多少钱。本地春分会每年都有老板资助,所以搞得热热闹闹。

济民老街并不长,主街不过一里,最热闹的也就这条街,春分交易在场口田坝头,但街上挤的人多,老式买卖好像舍不得离开,如卖竹箢、铁器、叶子烟,及兔儿灯传统手工制品等;卖强力粘胶、快削瓜果的刀具就算新产品了,极尽宣传,扯了场子。茶铺的人不少,茶客们几乎都喝闲茶。

场街空地上,一些耍玩意儿很吸引人。一个据说是老军人的大爷,叫杨光辉,74岁了,一会儿耍小魔术,一会儿打金钱板,围着观看的乡人不少。另一个大爷坐在背篼上,一手提着一个线控的彩龙,彩龙跟着线在地上爬行着,下面装着小轮。这是我小时候常耍的玩意儿。还有一个大爷用自行车运来一种在地上滚着走的"鸡",用竹竿控制,因有"机关","鸡"一走,就"咯哒"地响,鸡的翅膀还一张一合的,也是乡土玩具。

转糖饼儿的,一元钱转一手,师傅已经做了不少糖质小动物,大的龙凤也有。去转了一手,结果转了一个凤,感觉好耍,精神上满足了,把凤退给了师傅。今年济民春分会少了演马戏的。不过老街上最隆重的活动是看川戏。今年是济民第二十八个春分会,街上贴的大戏节目表列出了会期几天的活动,白天有唱戏、歌舞、斗鸟、健身表演、卡拉ok大奖赛,晚上有川剧、烟花,娱乐氛围很浓。

会期天天都演戏。戏台就朝着街上,观众挤在戏台旁的街头上,把街头的空地塞满了。因为台子高,靠近台子的人好多站起,相距远些的观众反而坐着了。今天演大幕戏《穆柯寨》。唱腔从扩音器中放出来,几乎整条街都能听到。我坐在茶铺里,只见一个老头仰头靠壁微微晃着,半眯眼睛,嘴巴张开,跟着传来的唱腔哼哼,那样子很沉醉,好像搔着他身体某根极细微的神经,激起一些久违的残碎的快感。

● 元通清明会

农历三月初六,周六。阴雨。

一早到崇州元通，先在双凤街东头汇江桥头坝子边喝茶，近午去双凤街。街里近年多了些商铺，如饭馆、理发店、修理铺、杂货店及烧酒铺。广东会馆重修了，今天有京剧玩友登台唱《沙家浜》，扩音喇叭的声音很大，完全改变了本街气氛。举牌打广告穿街而过的队伍也进来了。一帮年轻户外活动者走来，穿着花里胡哨，打的旗子上面有文字——"成都田园健身行走社群"，还留有QQ号，可能是欢迎喜欢的人加入进来。他们的出现使老街一下有了青春活力，仿佛时尚之风吹来。

这条街上能看到一些陈旧的过时的景象，譬如摆地摊卖叶子烟的，卖杂志、皇历、风水及算命书的。杂志是旧的，标题五颜六色，醒目地印在封面上，耸人听闻，扯人眼球。那种蹲在街沿边或猫在昏暗的斗室小窗下寻找阅读禁书的人在老镇上还剩了几个，他们活得有点像地下出版物，这里正好有他们的生存空间。

卖叶子烟的大爷说种叶子烟麻烦，但生态，对身体没坏处。再说，老方法做出来的东西信得过。随着生活习惯的改变，乡村抽叶子烟的人会逐年递减。后来看到一个老农民，穿了件很旧很脏的灰西服，深色裤子皱巴巴的，正抽着叶子烟。他的身材瘦条形，黄脸颊凹陷干涩，典型的川西坝子老烟民。叶子烟一旦精加工成类似古巴的雪茄，自然会脱离农民专用的乡土身份。农民消费不起之后，多少代叶子烟培养起来的成都乡村老土形象从里到外也就会逐渐瓦解。

街沿上的剃头摊子多少年了也一直没挪过窝。有个男人刮光头。师傅用的是老式可折叠刮刀，刮一阵还要从衣兜里摸出一块比巴掌稍小的油浸浸的皮子，用刮刀在上正面来回擦两下。师傅穿蓝色中山装戴蓝色遮阳帽，年纪约六十来岁，一副"文革"前成都国营理发店老职工派头。他姓阎，在附近住，赶场天来街上摆摊，刮一个光头，包洗、修面，10元。师傅问了成都客人要不要洗眼睛。这是老理发店的师傅才会的手艺，现代人好多连听都没听说过。

天一直飘着小雨。文锦江河坝子跟往年一样，在汇江桥下游百多米处闸水，土埂子垒得高高的，也便于乡人行走。跨过河坝子的中心，就是留出的河道，其上搭建了一座简易桥，对岸的乡人牵线线起串串地从桥上挤过进入河坝会现场。

闸水土埂子是个分界，上游全是水，下游除了挨着土埂子的鹅卵石坝子外，满是五颜六色密密匝匝的篷伞，几乎覆盖整个河床。跟往年一样，戏台子搭在处于上游的西北头上，不过远不如往年大而高。跟前围着好几层看客，站在外围，只看得到演员的肩膀、脑壳。戏台周围形成尽是算命、看相、测字、卜卦的，多则三五，少则一二人围起，一个探知各人命运前程或生前身后事的奇特世界。有个叫"温诸子"的宣告："一张嘴说破天下久困英雄，两只眼看尽人间吉凶祸福。"这个"温诸子"好像以前见过。

一个摊点上画了三个八卦阴阳图，列些卦名，两边写着："临危可判生；未病先知死。"落名"测算师何三爷"，有手机号有地址，好像道行很深。一张红纸不大，印着"天下一看，看不准不要钱"，落名"朱半仙"。平时好称神叨叨批个人事啥的为"半仙"。所谓"天下一看"，跟武侠书里的什么"一刀""一剑"差不多，吹上天了。

有个上了年岁的老头儿，白帕缠头，阴丹蓝长袍，拴根发白了的蓝色围腰布，外表活脱脱的川西坝子农民，摆个算命摊子，身侧一个用旧了的竹背篼，没有人光顾。他也许是把算命当成另一种谋生手段，但牢靠的生计显然还是种地。看起来，他是最不像干这行的。

有个妇人"看相、看病、看家宅"，且说"孤贫不取"。像乡间常见的义工，专门帮助鳏寡幼贫孤独。她手里攥着一摞像纸牌似的签，围着的是中学生年龄的两女一男，这个抽签，那个就在耍智能手机，不知他们信什么。另一个算命摊前，有个抱婴儿的年轻妈妈，长发披肩，超短裙、长靴黑丝袜，要不是怀抱奶娃子，看不出是已婚母亲。村镇女外表时尚，而内心还同她们父辈有太多近似的东西。

戏台前一个婆婆用手持扩音器叽里呱啦，围着的人多是老年人；外围还有一个人躺在地上，穿得厚厚的，像残疾人。听一会儿就明白了，原来是说因果报应、来生转世的事。庙会或各地节会常见这样的人，讲经读劝世文，说人生轮回，有宣教的意义，他们爱用日常生活说事，如孝敬老人、夫妻相敬如宾、邻居和睦，或助人行善、知恩图报、化敌为友等等，说教成分虽重，倒也有些普世价值。

上游这头是川戏，挨着是"半仙"们的天地，接着往下游到新大桥，其间多是各种商品买卖，包括吃食，还有不少游乐设施，包括各种演艺大棚。过了新大桥，才是传统的农业生产器具、种子及生活用品交易市场，包括家具等。

半仙们活动的场所中，停着一辆中国移动 4G 流动宣传车，紧挨着是商家推销汽车。中间高高地安装了巨大的显示屏，正在播放汽车宣传广告，广告语是"2 年零利息，限量销售"。其间穿梭的人很多，有时尚年轻人，也有戴草帽的农民。春台会上卖汽车近年已出现，但元通河坝子里有这么个阵势好像还是首次见到，而且已告别销售农用车、"微面""微货"，直接进入城市人休闲生活的水平。很难想象再过几年元通清明会还会出现什么内容。越来越多的城市人来此赶会，也许城乡的界线，在这里会越来越模糊。

增福横街照旧有卖竹器的，不过生意抵不过卖吃食的。游客的饭桌已摆到了狭窄的街道中间。麒麟街店铺多，摆摊好多在街中间。一个小伙子卖粘胶液，类似小牙膏的包装，还打个"马来西亚进口软性胶液"的招牌。可能"马航飞机失联"事件近月来连篇累牍地报道，弄得公众对马来西亚极其敏感，所以一见这广告都围过来看看，却没见有人买。江湖医生"种植牙齿"的摊子也设在街中间，一个患者的嘴巴正被医生用两根手指拉开检查。另有糖饼儿摊、衣摊等。有个摊上高高撑起一块几尺宽长的白布，线描两人脸，两侧题写"取祥名；除凶痣"，下书"人生不晓亏，知识改命运"。

原镇政府所在的黄家大院已改做餐饮娱乐，在里头喝茶吃饭，跟在城里的度假村感觉没什么差异。大家族的生活早无丝毫痕迹，就是黄家后人还在，家族过往的故事，也只是一个难以追寻的遥梦。

（赖武，作家，四川成都人，出版有《巴蜀古镇》等书）

成都最后的乾隆大院

白郎

成都二环路内现存基本完整的百年民居,估计不会超过 6 个院落。2010 年以前,光大巷 37 号高家大院,始建于乾隆年间,是成都市区保存最老的民居(现已被拆),当时笔者对其做了深入采访,揭开了这一珍稀院落的前世今生。

● "乾隆大院"与状元后人

2009 年深秋,被一片零乱的建筑工地夹住的光大巷 37 号,77 岁的退休老教师高德麟坐在一张灰褐色的旧式方桌旁喝着茶。深秋的光线,顺着高家大院清代青砖砌成的院墙，慵懒地涌进来，为陈旧的院落增添了一份甜蜜的清新。

高家大院，被有关专家鉴定为建造于乾隆时期，是成都市区现存最老的民居，亦是这座文化名城唯一幸存下来的乾隆时期的民居。真没想到它就深藏于市中心，距春熙路黄金商圈是如此近。

当我向高老先生请教大院建造于乾隆时期的依据时，他进屋拿出了一份《高氏宗谱》复印件，以及一份由台湾高氏宗亲整理的文章。和高老先生一起仔细研读这两份珍贵的资料后，可清晰地知道高家当初入川的情形及修建高氏大院的一些时代背景。

乾隆二十年（1756年），以教书为业的书生高德言从浙江来到四川，成为高氏入川的始祖。入川后，颇有眼光的高德言与朋友合办了一家叫"弘发号"的绸厂，由于生意红火，接下来单独开办了"德隆号""德源号"两家绸厂。高德言有三个儿子，其中高大烈和高大猷被他从浙江叫到成都帮着经营绸厂，晚年时他返乡养老，两个儿子则长久地留了下来。位于金河边的高家大院，就是高德言入川后相继修建的。大院共分三个部分，按建成的时间，被高家后人称作"老院"（光大巷29号）、"中院"（光大巷37号）、"后院"（光大巷39号），三个院落既连为一片又独立成院，占了很大一块地。20世纪90年代中期，靠东面的老院被拆除，建成了马赛克楼房，后院和中院的一半，在去年和前年相继被拆除，现场一片狼藉，现在仍然存在的是中院靠东的一半，为一进三院式砖木院落，占地约800平方米，住了4户高家后人。

此前曾有报纸简要报道过高家大院，称其建造于乾隆二十年（1756年）。显然，这个年份是高德言入川的时间，以其作为大院的修造时间，依据并不充分。正常情形下大院的修造应稍晚于乾隆二十年，现存的中院比老院建得晚，时间更靠后，但高家大院整体上建于乾隆时期，当无问题。

根据祖传的《高氏宗谱》记载，高氏祖上的高士奇是康熙时期代的状元。高士奇为浙江钱塘人，官至礼部侍郎，系清代初期著名书法家和收藏家。高老先生说，高士奇当年赴京赶考落榜，在京城卖字为生，过新年时，在街头给人写春联，恰巧被微服私访的康熙皇帝碰到，康熙看出他是个人才，问了四个问题，他都对答如流，令康熙赞叹，于是不久后被钦点为状元。

高家大院的老院，在成都解放前就被继承人卖了，这支高家人去了重庆，高德麟先生的祖父继承了中院现存的一半，另一半和一些田地由他的长兄继承，土改时，这部分房产被出售，所得的钱拿去搞减租退押。20世纪60年代后期，现存的中院部分被抄家，被拉走的祖上传下来的好东西足足装了两大卡车。1969年,房产被公家没收,安排了6户外姓人进来住,加上本来住着的4户高家后人,院子里一共挤了10户人。这一年院落建筑遭到严重破坏,许多精美的木雕被有的单位拆去做了家具。1978年,落实政策后,院落归还高家,6户外姓人家迁了出去。

当高老先生带着我走进一道狭长的过廊,来到最里面的一个院落时,他指着一栋中西合璧式的老洋楼说:"这栋显然是后来建的,到现在也有近百年历史了,是我父亲结婚时,祖父专门为他建的。"高老先生就出生在这栋洋楼里,现已极为破败,几乎成为危房,砖柱上尚遗留有漂亮的白菜状雕饰,楼梯的扶栏上连缀着华丽的细长雕柱,岁月的严重侵蚀,使这些雕柱呈现出古怪的青灰色。一股淡淡的霉味从洋楼里落寞地飘下来,混合着旁边一棵构树的气息,我能从这股霉味里,感受到时光是如此迅猛,里面仿佛深藏着"万物无不随风而逝"的幻景。

● 高德麟的记忆典藏

在高家大院,高德麟老先生住了一辈子,从相同的角度看惯了春花秋月,1992年2月,他从位于市郊的洪河职中退休后,待在家里的时间更多了。平日里,他外出的时候不是太多,这处寂静地藏在闹市里的一进三院小天地,给他带来了无穷的清幽和天伦之乐,同时,它的命途也让他常常担忧不已。

聊到自己在院子里度过的童年时光,天性豁达灵敏的高老先生眼里闪出了一道亮亮的精光:

那时候,院坝里好耍哦,我喜欢逮蟋蟀来斗。我们家大门前就是金河,两岸全是高高的杨柳,水很清的,里面有不少鱼,我和很多小孩常常在河里逮鱼。从我们家门前顺着河往东走,不远处就是余庆桥,这是一座单孔拱桥,两棵高大的泡桐树把桥遮住了。旁边有个小庙,叫大仙庙,成都市民相信在这里许愿很灵验,每年都有很多人来许愿、还愿。来还愿的人,要在河中间搭台子唱木偶戏,一唱就要唱上几天哟,看戏的人挤在桥上,好不热闹。剧目主要是一些敬老、孝悌方面的,我记忆较深的是《雷打张继保》。张继保是个孤儿,他的养父养母是卖豆腐的,把他捡了来,含辛茹苦地养大。他高中状元后,瞧不起出身寒微的养父养母,不认他们,结果遭天谴被雷劈死了。我们家门前顺着河往西走,不远处就是法国人办的天主教堂,附近的河面上有一洞桥,解放后改为了向荣桥,旁边有个精美的字库,比现在大慈寺前面的那个精美多了,我们家所有的废纸,都会被装进一个竹篓里,拿到字库里恭恭敬敬地去烧,绝对不敢随便乱扔。

我问,金河是什么时候消失的,高老先生说,是"文革"时搞人防工程那阵被盖起来了。接着,他指着院落里的一口枯井对我说:"这是口清代老井,应该是建房子的时候凿的。高家人一直喝这口井的水,水质甘冽,夏天时尤其清凉,有时候井里甚至会冒出冷气来。那时没有冰箱,我们常把西瓜吊到井水里泡,泡冷了再捞起来吃,很爽。这口井也是在搞人防工程期间被勒令废弃的。"据资料记载,成都原来有三千多口井,但大多没有拿来饮用,饮用水多使用从锦江挑来的水;对于我的疑问,他明确表示,在被废弃之前,高家的饮用水一直是出自这口井。

以前,古井周围种了很多兰花,花开时节,整个高家大院都弥散着兰花那纯雅的芬芳。这些兰花,如今早已"香消玉殒"。我请高老先生讲一讲这个大院最令他难忘的细节时,他表示,以前,每逢过年,大院里就要挂宫灯,曼妙的红色把这个家映衬得喜气洋洋,令他很难忘。他年少时曾和父亲高季淮一起购买过一套珍贵的明代版《汉书》,他父亲喜欢字画,收藏有满满的一大皮箱,"破四旧"那阵,由于担心惹事,一把火把这些东西烧了。"好可惜哟!"高老先生叹息道,这件事也令他难忘,至今想来仍隐隐作痛。

另外,他指着一间房子说"当年我祖母就住在里面,她是新都的大家闺秀,生了四个儿子,晚年得重病后,四房儿子和儿媳轮流守候在她身旁,巴心巴肝地侍候,一直到给她送终。这件事对我一生的教育很大,我们高家是有孝悌家风的。"

高老先生所说的"孝悌家风",放在他自己身上,也是可以得到印证的。1949年,他父亲去世前,拉着他的手,嘱咐他一定要把两个年幼的妹妹拉扯大。那年他19岁,一个妹妹5岁,另一个才一岁半,为把两个妹妹养大,兑现对父亲的承诺,他为此付出了太多,他选择40岁才结婚,也和这有很大关系。

● **绝不仅仅是为了保留高家的私人财产**

可以说,高家大院能在成都市中心闹市区残留至今,简直是个奇迹。它像一个孤岛,像一个异数,孤零零地被一大堆正在"大干快上"的工地所包围,它的一溜长长的青色砖墙,它的深黛色的鸳瓦,它的厚实的栗色裙板,它细腻的美丽木窗,像从梦中摘下的唯美之物,尚顽强地显露出乾隆时期的韵致,同时又和周围由钢筋混凝土引领下的摩登景观格格不入。这一成都市区内幸存下来的老院落,不知还能挺立多久。当看到去年和前年在外墙上刷的三个大大的"拆"字时,真是不知道下次来,还能不能看到这院老房子。

说到高家大院最终的命运,尽管这几年来,高德麟老先生为此经受了不少的担忧,但内心其实倒也通达,他表示如果最终要拆,自己也只有顺其自然。当了几十年老师的他感慨地说:

我倒不是说,非要从高家的利益和角度来讲这院房子的保护。绝不仅仅是为了保留我们高家的私人财产,而是像这样原汁原味的院子,在成都已很少了啊!现在修的很多,但都是假古董。成都是个历史文化名城,不应该只保留武侯祠、杜甫草堂这样的名胜,还应该有市井的真东西、民间的真东西,成都深厚的积淀,不应只是在纸上的记载中看到。光靠经济是不能构建和谐社会的,这次开十七大也提出了这个意思。我们应有这样的长远眼光——不忽略本土文化。

高老先生对我说,由于院子最终的命运还未定下来,所以他只有耐心等待。现在,院子的状况不太好,如果有可能保护下来的话,以后不会是这个样子,到时会进行全面维修,改善卫生等各个方面的设施。但暂时,就只能这样了。

离开这一成都现存最老的民居时,秋光带着几丝谦逊,从苍天上扫下来,流到斑驳的小青瓦上,上面沾满了幽深的天意。

(白郎,随笔作家,纳西族,云南丽江人,出版有《山河万朵,中国人文地脉》(北方卷、南方卷)、《月亮是丽江的夜莺》等书)

纸鸢的阳春：大邑王泗风筝

杨庆珍 且一可

风筝源于春秋时代，至今已有两千余年历史。《韩非子》中载："墨子为木鸢，三年而成，飞一日而败。"《墨子》中则说，公输子削竹木以为鹊，能飞三日不坠。这应该就是世界上最早的风筝了。

川西大邑县的"风筝之乡"王泗镇，每年春天都会举行各种有趣的风筝赛事，男女老少同享一片蓝天，放飞风筝。作为中国民间艺术之乡，王泗镇风筝的普及面极广，几乎人人都会制作风筝、放风筝。在这片土地上，人们做风筝、放风筝的历史至少可以上溯至一百多年前，从最初的自娱自乐，到相互比赛，再到如今进入全国性交流，风筝制作工艺日臻精湛。可以说，王泗风筝以其选材讲究、造型优美、扎糊精巧、形象生动、绘画艳丽、起飞灵活等传统风格与艺术特色，不仅被广泛用于放飞、比赛、娱乐，而且，已经成为美化人们生活的时尚装饰品。2008年12月，王泗风筝节和王泗陈氏风筝制作技艺同时被纳入成都市第二批非物质文化遗产名录。

● **王泗镇上的风筝老艺人**

"杨柳青，放风筝。"轻云流苏，惠风和畅，正是放风筝的好时节。在大邑县风筝之乡王泗镇，人们喜欢聚集在田野里、平坝上，一起放风筝，相互切磋技艺，以这种独特的方式迎接春天，多年来已成为传统。满天风筝飞舞，像盛开在晴空中的艳丽花卉，也像绚烂的春日心情。

我几年前曾经拜访过大邑县王泗镇的一位风筝老艺人，他就是被纳入成都市第二批非物质文化遗产名录的"陈氏风筝"制作人陈万伦。老人的家在集镇上一段普通的小巷内。院落不大，有修长的树依墙而立，枝头上缀满金黄色的花朵；火砖砌成的花台上，数盆吐着花蕊的春兰在午后的阳光下舒卷暗香。小院安静而整洁，充满温暖气息。

20世纪60年代，老人曾担任过王泗镇党委书记，离休后醉心于风筝制作。早在1980年代末，他曾跟随当地的民间艺人冉洪元学习过风筝制作。冉洪元的师承源自清代光绪年间王泗当地的毛氏家族。那时，毛家有位医术高明的郎中，闲来常爱自制蜈蚣风筝放飞于田畴浅丘之间，其风筝色彩艳丽，悠游浮荡在空中，引人注目，乡人争相效仿，名噪一时。毛氏也乐于将制作风筝的技艺与人分享，据说，王泗制作风筝的传统也就从那时起逐渐确立起来。毛氏的蜈蚣风筝以其扎制精美、体形巨大而引人注目，它主要以本地的慈竹作为骨架，芭茅花絮为平衡物，用红黄相间的彩纸糊制而成。

陈老人家的客厅里挂了不少风筝。阳光穿过厅门，落在风筝的薄翼上，满屋生辉。在客厅一侧的工作室内，有一纸糊的六菱形宫灯，上面用毛笔绘有山水、花鸟的图案，古意斐然。经老人介绍得知，原来这也是风筝，属于灯笼立体型。"灯笼风筝的原理是通过风力在灯笼内的回荡而升腾上去的。"老人一边说着，一边从身后拿出了他的得意之作——龙头风筝。由于院子太小，长达33米的龙头风筝无法完整呈现，我们只能把部分龙身拿出来慢慢欣赏。这套风筝设计新颖、赋色艳丽，具有强烈的地方特色。

陈万伦老人说，由于四川地区多产慈竹、桂竹、毛竹、水竹等，这为制作风筝带来了极大的便利。龙头风筝制作对材料的选用要求很高，一般用质地轻盈的慈竹来做骨架。竹料选好后，接下来的工序就是劈竹、削竹、弯竹、扣楔、活头和连接。风筝骨架定型完，用气密性好、不怕水的无纺布糊制筝衣；取形、留边、纹理、涂胶、蒙面等，一道程序也不能少。而贯穿整个龙头风筝的三根尼龙丝线（俗称"龙筋"），它的作用是维持风筝在空中的稳定性，是风筝最重要的组成部分。在通过切边、卷边、缝边、粘边、校正筝衣的处理后，就可以进行最后一道工序——绘制上色。

过去，风筝的绘制颜料大多取材于大自然中的植物和矿物，如品红、石绿、槐黄、湖蓝、青莲、玫瑰精等。如将蓝靛草放入缸中沤渍，发酵加石灰用木棒搅烂而成花青色；槐树花去梗晒开，加矾水而成明黄色等等。现在，风筝所用的颜料品类繁多，可根据不同的材质设色。陈老人的龙头风筝用的是水彩，加入了不少金粉，薄而明丽，有视觉美感。在绘制图画之前，先用板刷刷上一层清水，使其湿润后，再用板刷均匀地涂上透明底色。上底色是为了烘托所画主题的色彩倾向和气氛，对风筝在空中的远视效果有着很好的提升作用；上色前，如果是生纸，还得用胶矾水过一道，以免渗化。过去的四川风筝大多没有现在这么细腻华美，颜色一般多用红、黄、蓝、绿等色，虽然图案只是粗刷几笔而成，倒也显得潇洒恣意、率直天真。

几个形状精巧的沙燕、蝴蝶、蜻蜓硬翅风筝躺在整洁的锦盒里，直径大约在5至15厘米，如不留意的话，还以为那些都是特制的标本。"这风筝是能飞的！"老人牵着沙燕风筝的丝线做了个放飞的姿态，脸上洋溢着欢悦。

当年，为了宣传奥运会，陈万伦老人精心创作了福娃风筝，在一百只菱形的风筝上分别绘了五色的福娃，寄托着对奥运的期盼与祝福。在1998年香港举办的国际风筝会上，陈万伦老人制作的龙头风筝一举夺得3个大奖——"最佳放飞奖""最具地方特色奖""风筝会金奖"。在2005年第十三届王泗风筝赛事中，老人扎制的70多米长的龙头风筝不负众望，在数万只迎风升腾的风筝中脱颖而出，获得了"最佳表演奖"。

室外起风了，我和老人赶紧把早已准备好的福娃风筝搬到镇外开满金色油菜花的路边。一阵风吹来，老人将其一一放开，风筝顺势飞入高空，飘飘摇摇，随风起舞，蔚为壮观。油菜田间，有几个小孩在田塍上放着风筝。风筝越飞越高，我仿佛看到了童年的自己。

● **王泗风筝的前世今生**

自1993年以来，王泗风筝节已连续成功举办十几届，在国内外产生了巨大影响。特别是1998年成功承办了"98王泗杯"第四届中国国际风筝会暨第八届全国风筝比赛。风筝已成为王泗的品牌、开放的窗口。

风筝源于春秋时代,至今已两千余年历史。《韩非子》中载:"墨子为木鸢,三年而成,飞一日而败。"《墨子》中则说公输子削竹木以为鹊,能飞三日不坠。这应该就是世界上最早的风筝了。风筝之得名源于五代汉隐帝时大臣李邺,据说他在风筝头上安置类似竹笛的响器,"使风入竹,如鸣筝"。早在中唐时期,由于造纸术的普及,人们就已经把风筝当作一种玩具来进行娱乐活动了。诗人元稹在他的咏物诗《有鸟二十章·纸鸢》里生动地记录了当时放风筝的情况:"桥上少年郎,竞纵纸鸢,以相勾引,相牵剪截,以线绝者为负……"南宋诗人陆游在《观村童戏溪上》中写道:"竹马踉跄冲淖去,纸鸢跋扈挟风鸣。"生动地描绘了孩子们放风筝的欢快场景。

明清时期,风筝发展至鼎盛。明清的风筝无论在形制、样式、绘制等方面比过去都有了很大的延展,特别是绘制勾画上技巧精到、用色和谐。当时许多文人雅士之间盛行扎制风筝相赠,并认为这是件风雅的事。如明代的画家徐渭,他在晚年时就画了许多风筝画,并题了三十多首关于风筝的诗,可谓痴迷有加。现在的苏州博物馆还藏有清代文人制作的线轴和风筝。

过去在王泗镇,放风筝多在清明前后进行,一般持续到立夏后便将风筝收了起来。王泗的风筝主要以鹰、蜈蚣、蝴蝶及各种软翅类风筝为主。鹰风筝做得最地道的要数伍家村的黄家,其鹰身形矫健,脚爪遒劲,通体深褐,呈半立体状,飞腾在空中后与真鹰无二。20世纪50年代,王泗还曾经出现过一种在线上带有机关装置的风筝。入夜,在机关上挂一红红的灯笼,任由风将灯笼送至夜空,远远望去,恍若夜星闪耀。虽然做此风筝的巧匠早已无处可寻,但王泗风筝的脉络一直在民间延续潜长,从未间断。

放风筝不仅是一种娱乐,还是一项很好的健身运动。古人在《续博物志》中说:"春日放鸢,引线而上,令小儿张口而视,可泻内热。"大邑县风筝协会的刘永旭是一个风筝痴迷者。他说,放风筝可以让人获得一种自由的快乐感觉——风筝线在手中或松或紧,风筝也因此或远或近;风筝在天上飞,仿佛自己的希望和梦想也在随风起舞。在过去,清明放风筝也是一种习俗——"放晦气",人们认为放风筝可以放走自己的秽气,所以,等风筝升上高空,人们会剪断风筝线,任风筝随风飘逝,将一年的病痛与烦恼一同带走。

● 风筝传承在校园

2010年10月,王泗镇"风筝王"陈万伦老人离世,但风筝这一文化瑰宝依然在民间流传下来,并走进校园,开出了芬芳迷人的花朵。作为民俗文化,风筝一走进校园,立即引起了许多学生的浓厚兴趣。"儿童散学归来早,忙趁东风放纸鸢。"琅琅吟诵声里,一幅春意盎然的农村生活图画徐徐展开,有景有人有事,充满生活情趣。

"风筝挂在墙上是一种静态美,飞舞于天是一种动态美、空间美。"今年59岁的刘永旭是多年致力于风筝文化传播的耕耘者。在他的带领下,我们走进了王泗镇学校风筝制作室。栩栩如生的"粉蝶"、憨态可掬的"福娃"、形态逼真的"熊猫"、色彩艳丽的"长龙"、活灵活现的"老虎"……看得人眼花缭乱,仿佛置身于画展,沉浸于缤纷的海洋。刘永旭说,这里的大部分风筝都是他带领学生制作的,二十年来他们制作的风筝已超过5000个,且多次在各级风筝比赛中获奖。2008年,他和学生耗时一个半月制作的长2008米,包括2008个"福娃"的巨型风筝相继在四川、青海等省风筝比赛上获奖。2000年,耗时两个月制作出的"老虎"风筝和"熊猫"风筝,在参加第四届全国农民运动会时一举斩获风筝组比赛的金、银奖。

为传承和发扬王泗风筝这一非遗文化,王泗镇学校创办了"学校风筝网",开始常态化开设风筝特色教育课程和校本培训。同时,在70多米长的艺术墙及教学楼外墙、楼道等处展示各种精美的风筝图案和实物。"今年,我们将筹备制作一条长度最长、串数最多的风筝申报吉尼斯世界纪录。"刘永旭告诉我,该校现有专职教师1名、风筝协会会员20名、校外辅导员1名,他们都曾多次参加国际国内比赛,并有丰富的制作、放飞风筝经验。

自从开设了风筝制作这一综合实践活动课程,刘永旭就成了专职老师,在三至八年级,每月开设两课时的风筝制作课和理论课。每周三下午是固定的教学时间,40多个孩子聚拢在刘永旭身边,向他学习风筝的历史、起源、种类、流派及制作、放飞方法等。"从传统风筝的制作过程来看,一般可以概括为四个字:扎、糊、绘、放。"他说,扎制骨架前先备料,骨架选材一般选用两年以上、三年以下的竹子,确保韧性强、弹性好;选好竹料后,破竹、去竹黄、去毛边,再根据风筝大小削磨出宽窄不等、长短不同、粗细不一的竹条,最细的竹条细如头发丝,还会用酒精灯将竹条烘烤到需要的弧度;接下来开始绑扎骨架,这是制作风筝的基础工艺,为此需要先了解轴对称的物体平衡性。如果骨架不平衡,会导致起飞不稳。

有一组学生已经率先做好风筝骨架了。刘永旭将指导他们根据骨架裁剪裱糊面。"先在骨架上涂上白乳胶,再把纸糊在骨架上面,粘贴平整,晾干后修理一下多余的边沿。"刘永旭边说边示范。接下来是关键环节:确定重心,穿提线。"一般采用悬挂法来确定风筝的重心。将风筝悬挂,并使其平衡。穿提线通常以两根为宜,因为在放飞时如果出现飞行不稳定,两根提线可以方便地进行调整。

"下节课专门指导孩子们绘制风筝图案。"刘永旭告诉我们,为了更好地表达主题内容,图案设计也是风筝制作的重要环节。"做风筝看似雕虫小技,其实涵盖了物理、数学、天文、美术等方面的知识。风筝教学为学科融合提供了一个实践平台,不仅仅是传承民间文化,也可以培养学生的科学素养,培养学生动手、动脑的能力和参与体育锻炼的兴趣。"

● 民间气息和草根精神

"柳条搓线絮搓棉,搓够千寻放纸鸢。"我小时候曾经试过制作风筝,不过由于经验不足,均以失败告终,不是栽跟斗,就是根本飞不上去。印象中那时的风筝都比较单调,除了街头巷尾小贩们出售的半印半画的风筝还有几分色彩外,其余的大多为素色。只有形状上的变化较多,大如斗篷的,呈多边的,菜板状的,王字形的……那时,我们还分不清硬翅、软翅、板子、立体、串式等风筝的分类术语,只是一味热衷于制作风筝的过程,觉得很好玩。

每逢菜花盛开、春风拂面的日子,小伙伴们就把自己最满意的风筝拿出来比试,看谁的风筝飞得最高、最远。放飞风筝对风向的观察很重要,最好是逆风而行。当有一股风迎面吹来时,最好乘势将风筝放出,或者小跑一段距离,让风筝依风力快速上升。风筝上天后,接下来的事情就是慢慢欣赏,根据风力的不同放线、收线,让风筝正常地在空中飘飞。不过也有疏忽大意的时候,这样的结局一般不是断了线,就是挂在树梢或电线杆上"吃风筝肉"了。

今天的风筝与我儿时的相比已经不可同日而语了。"放风筝讲求配合技巧,为迎接明年的表演赛,我们最近几乎每周都在训练,协同配合非常重要。"学校操场上,刘永旭正在指导孩子们练习放飞长达十几米的龙形风筝。几位队员各自操控着手中的两条细线,让活灵活现的"中国龙"随着音乐缓缓上升,龙头、龙身、龙尾还能做出协调统一的动作。这不仅要求每个队员都有较高的操作水平,还要求队员之间默契配合,才能成功上演一场曼妙的"空中芭蕾"。

这只巨大的龙形风筝是刘永旭和学生花费三个多月时间做成的,共分为66节,每节的横担都绑扎着鸡毛,作为风筝的平衡杆。最麻烦的是龙头的制作,要花好几天时间。龙风筝费工又费时,但是威武漂亮、气势磅礴,往往一飞上天,便引来一片惊叹。

在后现代语境里,"手作"代表的是情感温度、人文情怀和生活美学。现在市面上很多风筝都是工厂流水线生产出来的,快捷便利,但相比之下,我更倾心于那些带有原创性的手工风筝,因为每件作品都浮动着作者的笔痕心迹和思考气息,从构思、画稿、制作骨架到裱糊、上色,都具有了强烈的个性化色彩。从某种意义上来说,手工风筝更具有民间气息和草根精神。真正的好风筝是一件艺术品,是真正的民间艺术!

(且一可,自由撰稿人,中国美术家协会会员,四川大邑人;杨庆珍,女,现就职于文化旅游部门,出版有随笔集《万仞山上一杯茶》)

手艺的黄昏

雨 聆

职业蕴藏着文明的累积和嬗递,它是成都历史最鲜活最生动的展示,亦为这座底蕴深厚的城市塑造了许多不灭的细节。

● 拉洋片

拉洋片,俗称"看西洋镜"。其实一点也不"西洋",只不过是让人觉得稀罕,少见多怪,就命之为"洋"而已。昔日在成都街头巷尾,总能看到拉洋片扯起的"场子"。

拉洋片的人在一个长方形的木箱上,安置了几个凸透镜,里面有两个轱辘,一头卷着色彩艳丽的画片,后面有个小电珠映射画面。另一头有个把手,观看时缓缓转动把手,少则十几幅画面,多的有上百幅,而且有故事情节。根据观看人出钱的多少,拉洋片的灵活掌握,选择片子的长短。当然,也有观众要"点看"某个片子,拉洋片的也不能够拒绝。

短的片子看一次收1分钱,内容一般是三毛的故事,都是从漫画家张乐平的书里抄来的。经过肆意夸张的十里洋场风景,让小孩子觉得是置身外国。长片子一般要收3分钱,题材一般选自《西游记》《封神演义》或神话传说,很难说画面的好坏。拉洋片的一边转动把手,一边解说内容,使小观众能够明白事理。但小孩老问个没完没了,拉洋片的不耐烦了,"我怎么知道王母娘娘有好多岁?反正她不会死就是了。"小孩满腹疑惑,又恋恋不舍,想再看一部,摸摸口袋,连一个子儿也没有了,只好踮起脚尖,挤在别人身后凑热闹,希望能再看到点什么。

人的求知欲就是如此培养起来的。在文化传播极度贫乏的年代,一个西洋镜就会让过来人回味悠长，品尝如诗如梦的清贫时光。

● 织家居布

所谓"家居布"，就是以前农家自己纺织的一种布料，十分厚实，经久耐磨，相当于后来国营企业发给工人的劳保工作服。尽管比较粗糙，但在没有选择的前提下，大家只好一年四季都使用它了。

后来，织家居布发展成为一门职业，使心灵手巧又无事可干的居家妇女，派上了用场。纺织，大致要经过清花、梳棉、纺粗纱、纺细纱、织造等几个阶段，不是一两个人就干得下来的，尤其是在手工操作为主的家庭作坊里，设备简陋，只是凭着体能的极限，来提高生产效率。远不像电影里表现的那样充满诗情画意。

织造是收尾的工序，没日没夜地左右投掷着梭子，单调的声响犹如单调的岁月，以极其缓慢的速度，展现自己的劳动价值。通常，一个整天的进度不过一两尺。也就是靠这样的速度，大批布匹，必须赶在人们习惯性地做新衣的元旦、春节前，早早上市。熬夜，就几乎成为织布女的职业习惯了。在梭子织出的经纬线上，她们想念远方的丈夫或者儿子，如梭的时光，却以缓慢的织布进度，纺织自己和别人的梦境！孟郊有首脍炙人口的诗："慈母手中线，游子身上衣。临行密密缝，意恐迟迟归。谁言寸草心，报得三春晖。"诗歌动人心魄，母性的光辉，通过衣服，就温暖了游子的一生。

昔日在染坊街一带，可以见到一些犹如杂技表演的工作场面。这个工序就叫踏布。成都的踏布匠颇有名声，有首竹枝词说："踏布司务两脚忙，拍成八字酸汪汪。一日能踏布几匹，匹匹都要踏得光。石元宝，两头翘，此宝那及金银好。况且谨防压穿脚板头，未进染缸染来颜色俏。"充分体现了踏布工的艰辛。

自然的，家居布在当代已经无可奈何地衰落了。哪个人还敢穿这样的土布衣服去逛街呢？在大山腹地，农家自给自足，仍然穿家居布，算是保住了一点余脉。

● 流动烟贩

不要产生误解哟，认为烟贩还要流动，是不是跟走私烟土有关。那时，除了打屁不交税，站在街上歇脚，也会遭到税官盘问，以为你要借地方卖人！卖卷烟的小贩，就采取流动的办法，一边走，一边吆喝。

他们在胸前挂一个大玻璃匣，里面摆放各种品牌的卷烟，以及火柴、洋油打火机等等，在酒肆、茶馆兜售。那些地方人多，以"烟枪"为主，一天也能卖出几十包烟，赚点起码的生活费。烟贩最怕有人赊账，尤其是本地的地痞流氓，自己惹不起，但又不敢得罪，烟拿出来，在手上直抖，不断提醒："大哥，我是小买卖，赊不起啊！这包烟就算是我孝敬您的，也谢谢您的成全！"一番话，既得体，又起到了提醒的作用，地痞也不好再为难了。

人们对小生意人怀有偏见，总认为他们机关算尽，打个屁都要用树叶过滤，再带回家做肥料。但小生意人不精打细算，恐怕早就饿死了。

在卷烟都要烟票的年代，流动烟贩仍然有货源，只是档次太低，不外乎是"春耕""黄金叶""经济烟"等。那时节，烟枪们老瘾发作，别说卷烟，就是树叶也要点燃抽两口。我曾见到烟贩约好 5 个穷烟鬼，点燃一支烟，一人一口，每人出 1 分钱，吸到第三人时，尚剩约三分之一，他做了几次深呼吸，然后开始猛吸，直到烟头烧到嘴唇也停不下来，急得烟贩赶紧抢救，烟还剩 1 厘米长！看来，这是次亏本买卖。到 20 世纪 80 年代之后，流动烟贩逐渐不流动了，摆个烟摊，当起了坐商。由于烟摊比厕所还多，生意不见得比以前好！

● 卖清水

在川南等地区，20 年前仍有水夫靠卖水为生。这个清淡的职业如他们水桶里的水，凭着一种清洁的人品招徕买主，建立信任。杭州井水味咸，不可以泡茶，西湖多山泉，虎跑、白沙二泉之水，很快托升起一个"卖水"的职业。成都地下水虽然多，但井少人多，取水费时费力，清水夫应运而生。后来加之自来水供应不太正常，水管里经常流出褐色的锈水，这就维持住了清水夫的生计。他们一般要蹚两尺深的水，走到府南河的河心，才开始取水挑上岸，直接送到老主顾家里，管叫"河心的水"，意思是河心没有污染，水就比岸边的更干净。

川南一带至今仍有少量卖水的，只不过他们卖的是井水。天不亮，这些水夫就从农村的古井里汲好水，挑到住户或者茶馆的门口等着，水面上还盖着两片荷叶。买主揭开荷叶，清花亮色的井水刺肌浸骨，荷叶还可以送给买主煮稀饭，所以在川南一地，荷叶稀饭、井水茶馆的生意一直十分兴隆。

一挑水的价格是很低的，以前大约是一个铜子，后来是 2 分钱，水价按月计算。遇到节气，老买主一般要请水夫吃顿饭，再给些赏钱。

时至 20 世纪 90 年代，尽管水夫们十分注重生意道德，但用水的茶馆、餐馆已经被火爆的商业气息冲昏了头，再也不愿意多出一分钱来维持昔日的口碑了。尽管仍然打着井水茶馆、荷叶稀饭的幌子，但实际上已经是挂羊头卖狗肉的。现在，当很多挂着两个大水瓶的小摩托车呼啸而过时，路人都明白这是为饮用水公司送水的工人，他们能够将早年水夫的清洁精神发扬光大吗？

● 打蜂窝煤

在没有使用煤气、天然气的年代，蜂窝煤一直是城市里民用的主要燃料，有一段时期还需要煤炭供应票。打蜂窝煤的人，尽管一脸煤污，双手漆黑，但大权在握，找女人好像都很容易。只有上好的无烟煤，才适合做蜂窝煤。首先要经过粉碎、和黄泥、和水等工序，然后才能进行压型。和黄泥、和水都是有一定比例的，多了煤就不易点着，少了煤又会松散。模具是一个内有12根圆钢条的上下压模，把煤装进去，盖好上压板，再用二锤一阵猛打，压到某个刻度，去掉盖板，浑圆的蜂窝煤就倒出来了。

后来，有了压蜂窝煤的机器，速度大为提高，但一些大的煤核没有被粉碎就压进蜂窝煤里，其质量起起落落，并不稳定。

蜂窝煤一般有一大一小两种规格。那时，一个小蜂窝煤的价格大约是几分钱，二十年一晃而过，每个的售价也才两角钱，而且服务上门，这还包括运费在内。相比别的物品，蜂窝煤的提价幅度应该是最低的了。真不知道是煤炭太贱，还是人工费廉价到了不可思议的程度，这大概也是仍有购买者的原因吧。这就使人自然地联想起孟夫子"劳心者制人、劳力者制于人"的古话来。

● 串串儿木匠

既然叫串串儿木匠，他们的本事就凸显了出来：就是要串，要奔走，要四处揽生意。诗人陆游说"工夫在诗外"，对串串儿木匠来讲，就是工夫在"木"外了。

这些木匠都不愿意在家当木工，大概觉得憋得慌，也没有能耐开木器店，到城市里揽生意，看的新鲜事多，做工价钱往往比农村收得高，何乐而不为？

串串儿木匠干的工作有两类，一是为客人打造家具。城里人也找不到空地点，都是把木匠请到自己家里，自己备料，讲好工价，决不更改。在计划经济年代，这类似承包性质。木匠一般是两人为"担头"，根据当时的潮流，家具是按照家具腿的根数来决定工作量，做四十八条腿或二十四条腿，不外乎是立柜、平柜、写字台、梳妆台、床、方桌凳子，家具的式样就跟那时流行的中山服、草绿军装一样，全一个样。

他们干的另一个工作是为客人修理旧家具。早年人们财源枯竭，什么东西不到散架朽烂的地步，自不会放弃。串串儿木匠就派上了大用场。往往是东家的活儿还没完，西家就找上门了。一个木匠，常常会在一幢宿舍楼挨家干上一两个月。除下的刨花、锯木面，木匠就拉回家做燃料。

现在，这类木匠已经很少在城区出没了，主要是城里人已经改换眼光，都以购买成套家具为时尚了。串串儿木匠只好在乡镇山村小敲小打了。

● 灯草客

现在的都市里，再也见不到灯草客的身影了。雪白圆润的灯草如此之纤长洁净，甚至有些华丽，使人很难联想到它竟是一种植物的茎。

灯草盛产在四川东部，因此灯草客多为川人。卖灯草本是小本生意，赚不到几个钱。现在的灯草买卖自然不是为了点油灯，而是为了入药。灯芯草气味甘、寒，无毒，《开宝本草》说它"主治五淋，生煮服之。败席煮服更良"。此外，还可"治阴窍涩不利""止血通气，散肿止渴"。想想漫长的古代，灯草或棉纱捻成的灯芯，蜷曲在一汪清油里，飘立空心的火焰，它不可能照亮历史，只能照亮人们如豆的生命。

川籍灯草客的行头除了货物，还要带铜罐、米口袋、盐巴、刀子、草鞋、火石等等，三五成群结伴而行。头上包着几尺长的粗白布帕，在右耳朵边吊下几寸长的帕子头，就构成了灯草客的职业标记。口中吆喝："灯草、灯草、灯草，点灯浇油少不了。清热解毒是良药，今天吃了明天好……"声音清古，在住户窗畔回响，犹如招魂。而在一些民谣里，灯草客的声音得到了进一步确认："好哭佬，卖灯草，卖到河里狗子咬。狗子狗子你莫咬，他是我们家的好哭佬。"

灯芯草燃成的余烬，常结成灯花，并爆裂出火星，古人称之为喜兆。"昔陆贾言'灯花爆而百事喜'，《汉书·艺文志》有占灯花术，则灯花故灵物也"（李时珍《本草纲目》）。唐代诗人杜甫在《独酌成诗》中说："灯花何太喜，酒绿正相亲。"

清代文学家、翻译家林纾，曾写过一首《灯草翁》的诗，描写了一个卖灯草的老者的艰难生存境况，最后连半间栖身的破屋，也被官府夺去，读来令人潸然。移来比之昔日成都的灯草客，怕也是适用的吧！

● 哭丧婆

哭丧，是流行于各地民间的一种仪式。鉴于哭丧需要洪亮的嗓门和充沛的体力，老太婆肯定无法胜任，一般是由三四十岁的壮妇担当。这些人早已育子，什么也无所谓了。说"婆"，仅仅是四川民间对"婆娘"的简称。

以前，小康以上家庭死了人，照例是要大办丧事的。一来显示死者家族的势力，都是孝顺之辈；二来可以收取很多财物，丧事可以办成喜事，俗称"喜丧"。上百人聚集在灵堂，呼啦啦摆开几十桌酒席，为制造气氛，让来人知道先苦后甜，哭丧婆就派上了大用场。

来哭丧的婆娘一般是好几个人，宛如协作有序的工作小组，披麻戴孝，从天亮哭到天黑，呼天抢地，声嘶力竭，还夹杂着一些押韵的顺口溜，诸如赞颂死人的美德。由于眼泪有限，哭到中午，都成了一律地干号。主人也不好过多地苛求，因为主人自己也哭不出来，才请人代哭嘛，意思到了就行。这样，在哭丧婆宛转悠扬的连哭带唱中，奔丧的人都坐在桌子边，搓起了麻将。哭丧婆一天的代价是不一定的，遇到慷慨的顾主，会多给一些，哭丧婆要坚持到仪式结束才能吃饭，顾主还会送些没啥用处的礼品给她们。累死累活一天，也算小有进账。

时至现在，哭丧在民间仍有市场。哭声都能卖钱，大概是死者从来不会想到的。没准，悭吝的死者自己会从棺材里坐起来，自己给自己哭，再把钱带走！

● 打更守夜

打更有个更古老的名称叫"击柝"，听起来就像"寄托"，但你不要真的寄托什么。因为比起古时候的打更人，现当代的更夫除了称呼没变，职责范围已经大大缩小了，甚至流于形式。

旧时候的打更人，比较固定，靠防护领地内的人家"凑份儿钱"养活，玩忽职守的话，早就滚蛋了。他们通常提一个细棍灯笼，随时可以插到腰际，有的干脆一直插在腰上，腾出手来。他一手拿更棒，一手拿竹筒，一个时辰打一次，晚7点到晚9点为一更，打的声音是一响；9点到11点为二更，打两响，余者类推。一晚上总分为五更，最多为5响。除报时外，打更人还兼有威慑小偷，查看火情、水情的职责。他们腰上还背有一面铜锣，遇到紧急情况，就朝铜锣猛敲一气，唤来帮手。平素，他们悠长地呼唤着"各家各户——防——火——防——盗——哟"，所起到的作用，肯定比稻里的稻草人要大些。要不然，武侠电影里首先被干掉的，怎么往往都是倒霉、碍事儿的更夫？

在现在的一些农村或城市住宅小区，仍有打更人的手电光在晃动。只不过早已无须打更，就担负起防盗的任务。这些人不过是些半大孩子，提根烧火棍，稚嫩得很，当个保安，混口饭而已。在夜阑时分，自己念念有词，这是在给自己壮胆。至于这样能不能起到威慑歹人的作用，那就只有天知道了。

● 接生婆

接生婆并不都是女的。当代著名作家汪曾祺有篇脍炙人口的短篇小说《陈小手》，写的就是帮产妇接生的男人陈小手曲折多变的命运。按西方的观念，接生婆是新生命的施洗者，是第一个目睹奇迹降临的幸运之人。

有很多关于接生婆的传闻，说她们手持大剪刀，冲上去抓住脐带，手起刀落，满身都是血腥味等等。这等于是在描绘妖怪或刽子手了。接生婆实际上比较亲切，手脚麻利，尤其是对待初次生育的妇女，接生婆总会以"过来人"的姿态开导她，稳定情绪，并因势利导，辅助她生产。

接生这段时光，伴随着挣扎、哭泣，让家人们心烦意乱，接生婆成了主宰众人命运的大手笔。而当娃娃落地，接生婆喊一嗓子"是个男的！母子平安！"时，大家悬在喉咙的心，才会落回肚子。接生婆把娃娃抱出来，众人的注意力就完全集中在那个肉团儿上了。接生婆从救人于水火的伟大幻觉里，平静地回到现实中——她的使命胜利结束啦！

乐得找不着北的主人回过神来，赶忙吩咐给接生婆煮碗荷包蛋，并把一个红包塞进她手里，唠叨着一万个感谢，其实心思早已飞到媳妇那边去了。在有些地方，接生婆都会为娃娃准备好一份贺礼——一套漂亮的红色小衣服。

这样，踏着深夜浓浓的雾幔，接生婆在漆黑的空气里飘动，赶着回家。一个新的生命就这样诞生了，正如黎明即将到来……

（雨聆，寓居成都，对川西地区的历史文化有深入研究。本文选自《成都晚报》）

笙歌鼎沸的安仁婚俗

杨庆珍

头顶红盖头的新娘子羞答答地走进大红花轿,"起轿——"随着迎亲队的领头人一声高喊,火龙腾跃、金狮起舞、唢呐齐鸣、锣鼓喧天,一支红彤彤的队伍浩浩荡荡地出发了……清明小长假的第一天,大邑县安仁古镇虽然飘着丝丝冷雨,可很多群众和游客追随表演队伍欣赏了一盘红红火火的川西婚俗表演。

"男大当婚,女大当嫁",婚姻系人生大事,我国各地各民族都非常重视婚礼礼仪,并因所处地理环境、人文历史背景的差异,形成各具特色、丰富多彩的婚姻习俗,在全国各地开出异彩纷呈、绚丽多姿的婚俗文化之花。在以古镇安仁为代表的川西坝子,其传承的婚俗礼仪也与其他地区有所区别,可以说,川西婚俗是蜀文化的一面多棱镜,是川西民间文化的镜像。2008年12月,川西婚俗被列入成都市非物质文化遗产保护名录。

● **回归:传统婚俗如今又成时尚**

2015年春,安仁老时光婚庆公司负责人王长清接到一个陌生的越洋电话,是从法国打来的。成都女孩李丽娟与法国新郎久久(中文名)辗转打听联系到了他,希望由他主持,在安仁古镇举办一场中式婚礼。婚礼当天,整个古镇沸腾了,一下子拥来很多高鼻深眼的"歪果仁",老街上张灯结彩,处处洋溢着欢庆的气氛。龙灯、狮灯开道,鞭炮齐鸣,接着是浩浩荡荡的迎亲队伍,在布置簇新的刘元瑄公馆里,新郎新娘过同心桥、跨火盆、踩瓜子花生、拜堂、喝合卺酒……整个婚礼场面宏大、布局考究、内容丰富、设计合理,新娘新郎的父母还穿上唐装出席婚礼。当天,除了来自法国的几家电视台,还有国内十八家媒体同时进行了现场采访报道。"一场传统的中式婚礼,让我感受到中国文化的悠久历史和无穷魅力!"一身披红挂彩的新郎官激动不已。

具有千年历史的安仁镇,自古物产丰富、民风淳厚。长期以来,这里流行的婚俗虽隶属于川派婚俗,但具有浓厚的川西地域特点,"四川各地婚礼都有跨火盆、拜堂、挑盖头、结发等基本仪式,但与川东、川南、川北相较而言,川西婚俗融合了本土农耕文化、湖广移民文化、外族藏羌文化,经交融改良而形成独具特色的婚庆文化,具有重庚帖、厚妆奁、讲礼节等特征,喜庆热闹而不失庄重典雅。"王长清的话引起我的回忆,有一年在南充蓬安县,我领略过一次"坐歌堂"的川北婚俗。"感谢父母多辛苦,起早摸黑盘大奴。如今要舍父母去,怎不叫奴落泪珠。二唱父母心地好,自己喝稀干留到。干的拿给奴家吃,肥足树苗长得高……"新娘边唱边哭,唱到动情之处,往往哭得泪人一般,泣不成声。新娘父母在女儿唱完之后,接着也哭着回唱:"女儿女儿你莫哭,嫁到婆家更幸福。爹娘盘儿不容易,孝敬公婆胜父母。芝麻开花节节高,勤俭节约是诀窍。女儿女儿你莫哭,嫁到婆家更幸福。"果然是十里不同风、百里不同俗,同样是非遗项目,但川北婚俗中的"哭嫁"这一幕在川西就很少见。

王长清说他的父亲过去是个轿夫,曾经参与过许多次婚嫁迎娶,说起完整规范的川西婚礼习俗,老人记忆犹新,也曾向子女津津乐道、详尽讲解。但是,近年来民间婚礼中的传统文化元素越来越少,或盲目追求西洋化,或庸俗雷同、缺乏真情,有的甚至演变成一场闹剧,什么把新郎捆在树上、内衣外穿、砸臭鸡蛋等,极尽恶搞,十分丑陋。"不少婚礼仪程被简化,触及灵魂生活方面的部分尽被摒弃,失去了传统文化的内涵。"2004年,王长清成立了安仁镇老时光婚庆公司,全身心致力于弘扬川西传统婚俗文化。

安仁的民国公馆群和古朴的老街,也给安仁传统婚庆提供了绝佳的舞台,可喜的是,近年来到安仁举办婚庆的人越来越多,其中不乏高学历的新郎新娘。历史悠久的川西婚俗，薪火相传，如今又成时尚，2015 年还登上了中央电视台《欢乐中国行》栏目，为全国观众带去一场精彩纷呈的视听文化盛宴。

● **定亲：择下吉日待成亲**

"川西传统婚礼，程序环环相扣，包括说亲、提亲、合八字、下聘礼、订婚期、迎亲、出亲、拜堂、谢媒、回门等。"王长清介绍道。

"正规婚嫁讲究明媒正娶，即使男女双方早已相悦认同，都必须经媒人介绍，不然会遭乡邻笑话。"据熟悉安仁当地风俗的杨树生老人介绍，一般是男方主动请媒人到中意的女方家中说亲，如女方同意，就正式"提亲"。提亲时，媒人带上男方和男方亲戚，买上双份（以示吉利）的烟酒糕点等礼物来到女方家，双方开始交谈了解。按约定俗成的习惯，如女方中意，则欣然接受对方礼品，并邀留男方吃饭，否则会谢绝男方礼物。

男女双方接触一段日子后，要谈婚论嫁了，便进入下一步：合八字。择一吉日，由媒人带上男方到女方家取回女方的生辰八字（"八字"是指出生时的年月日时，共四柱干支，每柱两字，合共八个字）。需要注意的是，男方到女方家门口时要燃放鞭炮，以图吉利、喜庆，拿到女方生辰八字直接返回，路上不逗留不耽搁，也不能回首。取回后找算命先生看两人八字是否相合、生肖是否相克等。如两人生辰八字相合，则意味着能继续交往。

"婚俗中还包括很多传统礼数，比如在正式迎娶之前，男方每年端午、中秋、春节等都要到女方家送节，否则会被认为不懂礼节。"我的父母亲是在 20 世纪 70 年代初缔结婚姻的，那时四川农村刚刚实行包产到户，农活很重，且绝大部分靠人力，父亲说，结婚前，每逢农忙他都要到未来岳父母家帮忙干活，都是先忙完女家的再回来打理自家的几亩田。

有一天，我突然心血来潮，向母亲打听她和我老爸的婚恋往事。母亲笑道，以前的人保守得很，"虽然结婚证扯了，统共也没见过几次面，手都没有拉过。农闲时约起去赶场，一前一后隔好一段距离。"但是，对我父母这样朴实的一代人来说，这一点并不妨碍他们婚姻的稳固，两人在一起踏踏实实过日子，生儿育女，一辈子就这么过来了。如今到了晚年，儿女飞远了，老两口固守老家，彼此相依相伴，在皱纹和白发里安度岁月。"执子之手，与子偕老"，让人感慨。

● **迎娶：九斗碗里的高潮**

期待的日子终于到了。经过男女双方紧锣密鼓的筹措，布置新房、置备嫁妆、安排喜宴、延请宾客等，婚事日渐临近，新娘新郎的心在激动地怦怦跳。新郎家添丁进口，尤其是娶到贤惠的好儿媳，喜悦自不必说，倒是娘家父母打发女儿，内心却有几分说不出的滋味。

结婚前一晚，男家要进行簪花、上红的仪式，也就是布置新房，所以婚礼前夜也叫"花夜"，还要请客人吃"花夜酒"。当晚，惯例要放很多烟花爆竹，空气里弥漫着浓浓的硝烟味与酒肉饭菜香，交织在一起，飘散到夜空中，构成婚礼交响曲的前奏。

大喜的日子终于到了。天刚蒙蒙亮，迎亲的队伍就出发了，去时的车辆和人都是单数，娶亲回来则变成双数。杨树生老人告诉我，20世纪60年代他娶亲的时候，组合了一支共九辆自行车组成的车队，每辆车的龙头前绑着一朵大红花，相当于今天的豪车车队，风光得很。来回路上都站满了看热闹的乡亲，大家纷纷指点赞叹，打听谁家办喜事。

打扮一新的新娘蒙上红盖头，由母亲牵引出来，交给新娘的兄弟（舅老倌），舅老倌要背姊妹上轿，这是他的专利权，不过会得到丰厚的红包。临上轿前，新娘往地上撒一把红筷子，寓意快快生子，好在夫家养儿育女。女家送亲的队伍庞大，陪送的嫁妆有讲究，过去有句顺口溜叫"三转一响一咔嚓，还有四十八条腿"，"三转一响一咔嚓"包括自行车、缝纫机、手表、收音机、照相机；所谓"四十八条腿"指的是大立柜、梳妆台、高柜、低柜、单人沙发、三人沙发、双人床、写字台、椅子、饭桌等全套家具，那就是顶级豪华了。女方的嫁妆首先送到男家的是柜子（寓意早生贵子），紧跟着是子孙桶（便桶，称"子孙桶儿溜溜圆，子子孙孙考状元"）。

新娘的红轿抬到婆家，婚礼便进入了高潮。大红鞭炮啪啪响过，新娘跨过门槛，表示从此正式成为男家的女主人。堂屋的香案上，香烟缭绕，红烛高烧。"水有源，树有根，儿孙不忘养育恩，今朝结婚成家业，尊老敬贤孝至亲。"证婚人是专门请来的当地德高望重的前辈，随着他拖长声音高喊："一拜天地，天赐良缘结连理；二拜高堂，福寿康宁生贵子；夫妻对拜，白发不移甜蜜蜜……"一对新人拜堂成亲，步入婚姻殿堂。新人送入洞房，还要举行撒帐礼，喝子孙汤、交杯酒，表示今后二人同甘共苦，幸福之水源远流长。

婚礼当天，对到场的宾客而言，除了见证一对新人喜结良缘、送上祝福之外，一顿丰盛美味的"九斗碗"是预料之中的福利。"斗"在四川方言里意指大的容器，每席至少有九碗菜，故称"九斗碗"，是赞其菜多、量足的意思。其实酒席上往往远不止九道菜，十几二十道菜都是有的，民间沿用这一称谓，是因为视"九"为吉数，有"九九长寿""九子登科""天长地久（九）"等寓意。

直到今天，在川西农村仍可常见这一幅景象：数十上百人聚在一处，在一阵鞭炮响后，于漫天青烟中按男女的区别、辈分的高低，分散坐于一张张八仙桌旁，伸箸畅食，举杯畅饮，大快朵颐。不远的地方，随地而挖的土灶上叠着高高的蒸笼，热气腾腾，香气四溢，简易的案板上堆满菜肴、餐具。腰拴一截油迹斑斑围裙的厨师飞快地挥舞手中的锅铲或菜刀，一碗碗菜流水一样地端上桌，主人家不停地招呼客人说人手少，菜不好，大家多多原谅……这就是川西坝子吃"九斗碗"的热闹场面。

"九斗碗"的形式以蒸、炖、炒、拌为主，行话叫作"三蒸九扣"，锅蒸、笼蒸、碗蒸，扣鸭、扣鸡、扣肉等。在过去物资匮乏的年代，肉菜最能体现主人盛情，所以宴席上素菜很少。前两年我在一个山区乡镇吃过一次传统的婚酒，满桌都是鸡鸭鹅鱼，凉拌鸡块、清蒸全鸭、跑油墩子、姜汁肘子、炖酥肉、甜烧白……稍微能见点蔬菜影子的就是"镶碗"和最后上桌的杂烩汤，"镶碗"最好吃，上面一层摆成圆扇形、切成薄片的酥肉、猪肚条等，肥瘦相间，下面垫底的是白菜，再下面是炖得耙烂的雪豆，它们滋味交融、软嫩清爽、鲜香美味。据一起吃酒席的村里老辈人讲，这才是正宗的九大碗。他们见我吃得津津有味，自豪地笑问我："怎么样，还是农村的土酒碗好吃吧？哪像你们城里的宾馆菜，中看不中吃。"有一首川西地区至今流传的《九碗歌》，很能表现这种筵席的特色："主人请我吃晌午，九碗摆得胜姑苏。头碗鱼肝炒鱼肚，二碗仔鸡炖贝母。三碗猪油焖豆腐，四碗鲤鱼燕窝焯。五碗金钩勾点醋，六碗金钱吊葫芦。七碗墩子有块数，八碗肥肉炝噜噜。九碗清汤把口漱，酒足饭饱一身酥。"

● **回门：岳父母的回礼有讲究**

婚后三天，新娘偕同新郎一起回娘家，俗称"回门"，又称"三朝回门"，雅称"归宁"。回门是新婚夫妇真正意义上第一次回娘家省亲，夫妇二人双双对对，参拜女方父母，自然是必不可少的礼节。娘家父母亲戚非常重视回门，早早备好了佳肴，因此新郎从思想上、礼品上都很重视，争取给岳父岳母留下好印象。

"回门礼"事先已经备齐，烟糖酒肉茶什么都有，齐全丰厚，大背篓堆得冒尖。岳父母则需要回礼，回什么是有讲究的，一般包括两根红甘蔗（寓意今后日子甜美，节节高）、一瓶清水（水生财，象征财源广进）、淘米水一瓶（带回去喂猪喂鸡，祝福六畜兴旺）、芹菜一把（希望小两口勤快，勤俭持家）、六把挂面和两瓶酒（代表天长地久）。

回到娘家，新郎新娘问候老人，这时新郎就要改口，跟新娘一样称岳父母为爸妈，要叫得自然亲切，对待亲友邻居同样热忱大方，遇到男的散烟，遇到女的热情招呼，以礼相待。"回门宴"时，新娘要陪着新郎，向父母、亲友和邻里一一敬酒，感谢大家对自己新婚的祝福。俗话说"一个女婿半个儿"，在觥筹交错的愉快氛围中，几盅酒下肚，脸膛枣红的老岳丈看女婿，自然是分外顺眼了。

婚后第二年开春，选个春雨蒙蒙的日子，新女婿要到岳父岳母家"打毛儿尖"，就是到竹林里挖竹疙瘩带回栽种，据说丈母娘家的竹根才发得多、发得快。此外，逢春分、端午、中秋、春节，还要置备厚礼回去看望岳父母。礼尚往来，岳父母自然不会亏待女儿女婿，回礼毫不含糊。我记得，妹妹结婚后的次年端午，父母给新女婿回赠了雨伞、粽子、盐蛋、新衬衣等，礼物中包含的寓意耐人寻味。为什么有送雨伞的民俗呢？乡间有一种说法，丈母娘是希望女婿像许仙疼爱白素贞一样疼爱她的女儿。送粽子一则表示亲家的友情，二则也是显示娘家人包粽子的本事，送盐蛋是祝福家庭生活圆满、和和美美。至于新衬衣，自然是希望女婿帅气英武。

回娘家，通常还要住上一宿。七十多岁的杨树生老人至今谈起他当女婿，逢节气拜望丈母娘，还喜笑颜开，"第二天一早，丈母娘还要给女婿煮'福宝蛋'（即荷包蛋）。早先就算再困难，都要煮四个鸡蛋，加上当时稀罕的猪油和黄糖。要端到床前来，吃了才能下床。"老人抹抹嘴，似乎还在回味当年那一碗荷包蛋的香滑鲜嫩，热腾腾、金灿灿、香喷喷，浓浓的情意都在里面。

川剧『变脸』的历史真相

蒋维明

在很多外地人眼中，变脸简直成了四川文化的形象标识。那么，变脸特技当初是如何出现、如何丰富起来的，当年有哪些令人难忘的逸事呢？

● **棋逢对手**

清末民初，川剧进入一个兴盛时期。在四川城乡，会馆林立，班社如雨后春笋，名角辈出，其中就有以扮演文武小生而享盛誉的有康子林（1870—1930年）和曹俊臣（1882—1946年），追溯起来，当今风靡演艺圈的"扯线变脸"绝技，便是在他二人艺术竞赛、交流中催生出来的。

曹俊臣艺名"曹黑娃",曾拜名角谢海潮为师,操就一身过硬本领,在资阳、内江、宜宾、泸州一带被人尊称为"曹大王"。20多岁时,年轻气盛,专门来成都献艺,要挑战小生泰斗康子林。在光绪末年的一次庙会上,会首点了曹黑娃的《放裴》、康子林的《金山寺》,观众惊呼为"名角打对台"。

曹黑娃饰《放裴》里的裴生,有异彩纷呈的表演功夫,特别是他可以连打数十个"旋子"(单脚尖着地转圆圈,前后"褶子"飞平),功夫甚是了得,全场喝彩不断,气氛热烈。

康子林在《金山寺》中不演许仙,而是演韦驮,扮相俊美,神采飞扬,然而,细心的老戏迷却为他捏了一把汗:"哎呀,康子林化妆出问题了?"——拜佛烧香的人都晓得,大雄宝殿后,塑有护法韦驮,韦驮菩萨额间比凡人要多一只"慧眼",此眼能识破妖魔鬼怪的伪装。若无"慧眼",便非韦驮。康子林额间就少画了一只慧眼。

康子林不惊不诧,踏着锣鼓点子"亮相",领法谕后,行至台口:"何方妖魔至了,待吾睁开慧眼一观。"

康子林艺高胆大,上半身丝毫不动,轻轻踢起右脚,将一只画好后贴在靴尖上的慧眼,踢至双眉之间的部位,粘稳,顿时变出第三只眼来——"踢慧眼"自此成为川剧特技一直传承至今。

康子林大获成功,观众中间传扬:"曹黑娃的天旋子、地旋子,当不得康子林踢尖子。"

可是康子林不这样想。他听说曹俊臣闯荡江湖多年,在资阳河戏窝子跑码头,睡万年台,见多识广,又到川东发展,挣得"曹大王"的名声,必有绝活。

此后,康子林陆续观看了曹俊臣演的《盗银壶》,其飞檐走壁、身轻如燕的功夫令他叹赏。及至看了他演的《三变化身》更是受到很大启发。他二人棋逢对手,既竞争又相互促进。这一过程中,川剧扯线变脸的绝技应运而生。

● 三变化身

《三变化身》又名《归正楼》,是川剧高腔戏。描写富家子弟邱元顺抽鸦片、赌博,将家产当尽卖绝,走投无路之际,"打烂条"逼妻子苏月娘去接客卖淫。苏月娘幸遇侠士贝戎相救,义结兄妹,逃离苦海……由武生扮演的贝戎，不仅武艺高强，而且善于乔装改容，他在戏中有三次变脸，神秘莫测。

据康子林的幺徒弟刘宗林回忆：以前，扮演贝戎，需戴上事先准备好的纸脸壳，出场一亮相，扯去壳子再开唱，这便是"化身"最初的萌芽。后来曹俊臣改用草纸蒙在脸上，涂上色彩。演出时，撒上一把粉火（松香等物做成），用手一抹脸，抹去纸脸谱，现出原形，然后开板起唱，这是很大的改进。

康子林是一个虚怀若谷的人，他赞叹曹俊臣的钻研、改进精神。康子林原先也采用过先辈传授的纸壳变脸的技法，还很认真地用黄泥巴捏成头像，制作过适合自己头型的纸脸壳——在他死后若干年，还有艺人子弟在后台木箱里亲眼见过"康爷爷的纸脸壳"。他是一个德艺双馨的艺术家，艺不惊人死不休。他在曹俊臣的启发下，先是放弃纸脸壳，也不用撒粉火，只是扯草纸变脸。继又反复琢磨，将草纸蒙脸法加以改进，变草纸为韧性较好的夹皮纸，变一层为三层，连揭三次，变换容貌。在实践过程中，揭纸常有差错，不能得心应手，后来有次突然从"拉洋片"中得到启发，于是设计扯线，将线头一扯，便揭开一层脸谱，他获得了成功——借一丝拉线之助力，收瞬息万变之功效。

扯线变脸，由于具有新、奇、快、爽的特点，近年来在晚会上，在节日广场，在娱乐圈里大行其道，蔚然成风，在广场艺术演出中，甚至出现了多人同时变脸；省外一些剧种，甚至连木偶也大演变脸节目。其中，个别宣传品，误将川剧等同于变脸，这便出现片面性的误区了。因为，川剧表演艺术甚为丰富，摇曳多姿，仅以特技为例，除变脸之外还有"藏刀""变髯口（胡须）""钻火圈""打粉火""踢慧眼""梭椅子""大刀走路""软索套壶""滚灯""打叉"等等。

尤为重要的，川剧这些技巧、特技不是生搬硬套，孤立地堆砌在戏剧里面，它是和戏剧环境、戏剧情节发展、人物性格心态紧密结合在一起的。技巧是为艺术服务的，是作为刻画人物的手段而灵活运用的。康子林将技巧与艺术融为一体，精确地刻画人物，这在他的扛鼎之作《八阵图》里，表现得最为充分。

● 名成《八阵图》

《八阵图》里的三国故事发生在川东，最为川剧观众所喜闻乐见。陆逊困阵，险象环生，为人物提供了施展表演才能的空间。康子林博采众家之长，倾毕生心血，加工这一出艺术精品；唱腔优美，讲口铿锵，特别是有一系列高难度技巧,全面展示演员的翎子功、把子功、腰腿功、水发功,真是珠联璧合、璀璨夺目的功夫戏。

《八阵图》里也有变脸,但不是扯线变脸,而是"吹灰变脸"。这一特技也仅是变脸珠宝串链中的一颗宝石。

康子林演陆逊陷入八阵图,双眼注视地下,察看地形,虽然眼神不看紫金冠上的翎子,但是通过颈骨的用劲,双翎飘逸,美不胜收。据刘宗林描述:翎子如凤点头,太极图左右摆尾,用剑片刈草,腰弯触地。偏尖子、正尖子、施卡子,矫健灵活。在表演怒发冲冠这一情节时,只见他将花枪往身后一抛,一个倒踢腿把枪踢了回来,伸手接住。头向后一甩,抛去金冠,头发直立头顶。一个亮相,一声"擒不着刘备不回东吴"的拖腔,字正腔圆,余音绕梁。

怪石嶙峋,伏兵四出,陆逊迷失路径,万分焦虑地唱道:"本都督误入鱼腹浦,霎时间地黑天又乌。"他左冲右突,难以脱险,以至身心交瘁。忽然间,花枪脱手而飞,他一个"单手虎跳",用手接枪——在"虎跳"之际,已将预先安置好的"灰粉",吹向面颊(面上涂有油),接枪亮相时,猛然面如死灰,画龙点睛地揭示了陆逊绝望和极度惊恐的心境。

康子林是以身殉艺的伶界圣人,如同清代成都金堂籍戏曲大师魏长生于嘉庆七年(1802年)夏月在北京扮演《表大嫂背娃子》,下场气绝一样,康子林1930年夏月在重庆演出《八阵图》累病,数日后身亡,那情景是很悲壮的。

1930年,刘湘手下军需处处长冯石竹约请川剧"三庆会"去重庆演出,订的合同三个月。带去川戏《八阵图》《情探》《离燕哀》《归正楼》《彩楼记》等等。在会长康子林的率领下,戏班于1930年2月抵渝,农历春节上演于机房街"悦和戏院",每天日夜两场,剧目丰富,场场爆满。票价一元二角,高于平时演戏(五角)一倍多。康子林的《八阵图》票价高达两元一张。当时物价,一元可买大米30斤,冯石竹承包演出赚了很大一笔钱。合同期满,又要求续演一个月。这时已是阳历6月份,山城异常闷热,康子林年已六旬,体力渐渐不支。冯石竹又逼他临别演出高难度的《八阵图》,并称票已售出,不能退票。康子林常说:"戏场如战场,上台要忘身。"他带病上场,最后一次塑造了英姿勃勃的陆逊形象,与五彩戏楼壮别。

他活在万千观众的心里，万人空巷来悼念他。山城各界送来挽联、祭幛数以百计，其中有一副挽联是："功盖三庆会；名成八阵图。"

●《啜羹》变金脸

康子林在《八阵图》中的"吹灰变脸"特技，简称"吹脸"，其起源要早于"扯线变脸"，是晚清跑码头的江湖戏班的发明，目的是以特技吸引观众。按"吹灰变脸"的原理，艺人又创造了"吹金粉变脸"，运用在川剧《乐羊子·啜羹》之中，那是非常成功的。

东周列国时，魏国人乐舒来到中山国做官。中山国君姬窟让乐舒回家聘其父乐羊子亦来中山。乐羊子闻姬窟残暴，乃以"君子不投危国，不仕乱朝"为由拒绝。父子分道扬镳。后来，中山伐魏，魏国拜乐羊子为帅，挥师拒敌。姬窟先是挟持乐舒，逼乐羊子退兵；乐羊子不允，继续进兵。为了动摇魏国主帅的意志、瓦解军心，姬窟将乐舒杀害，残忍地把他剁成肉酱，烹成肉羹，遣人送与乐羊子。

两军阵前。乐羊子手捧盛羹的瓦钵，内心掀起情感的波澜，舐犊情深，撕心裂肺。可在强敌面前，在士兵面前，他稍微举止失措，便会祸及全军，功亏一一篑。然而，人非草木，孰能无情。激烈的矛盾冲突，重重悬念，给饰演乐羊子的演员提供了表演的广阔空间。乐羊子，由川剧生角扮演。重庆市川剧院表演艺术家、著名生角邹西池，演《啜羹》时，借用一些净角（花脸行）的功架，放大了动作幅度。为了稳定军心，挫败敌人的攻心计，他要含悲忍痛，啜饮儿子的肉羹；为了赢取战争的胜利，为了魏国军民的安全，他得大义灭亲。

在静寂无声、万目注视之际，乐羊子端起瓦钵，仰喝羹汤。演员趁势用巧力一吹，瓦钵内盛有的金粉飞扬，沾在演员化妆时抹在脸颊的油上，顿时变成"金脸"。与此同时，演员于低头、抬头的一瞬间，脸上挂着的"髯口"亦由青色变为白色。

"变脸""变须"神速完成，揭示了人物的心灵隐秘，给观众以极大的冲击力和欣赏乐趣。而且，脸上贴金，舞台上原先只有成仙成佛才如此化妆。乐羊子变金脸，隐喻着对他爱国情怀的道德评价。他的行为，使魏国转危为安，避免了一场战争劫难。

● 抹脸变色

除上述"扯脸""吹脸"的变法之外,还有一种抹脸变色,也经常被运用于舞台。有个突出的例子:20世纪30年代,成都悦来茶园演《白蛇传·断桥》,演得最好的是萧楷臣(继康子林之后任"三庆会"会长)扮的许仙、周慕莲扮的白娘子、谢国祥扮的青儿。

川剧《白蛇传》故事,青儿原是男身,因被白娘子收服,才变为婢女。他在狂怒时要现出原形,故《断桥》由男武生扮演。谢国祥在此剧中运用了"耍獠牙"与"变脸"特技。

据一位"三庆会"成员介绍:谢国祥用的獠牙,是他亲自到成都东门二巷子屠宰场去精挑细选来的,又将猪牙送到玉带桥玉石手工作坊加工,打磨光滑,并与自己的嘴形协调,獠牙的底部缠以棉线,便于在口腔内"吃紧",可控制,有挡力,不至于滑落。内中精微细致的"卯窍"全在于他的苦练,已达到得心应手、包吐自如,獠牙似乎就天生在他的口中。

当青儿与负义的许仙狭路相逢时,他愤怒至极,顿时显出青面獠牙、张口吃人的鬼怪形象,增强了全剧的神话色彩,衬托了白娘子的婉转柔情。谢国祥演出前便要为"抹脸"做准备。他用当时的纸烟盒内的锡箔纸,包了三团鸽蛋般大小的白、红、黑釉彩,开口的一方向上。

演出时,青儿由下马门上场,站在脚箱上面,面对负心的许仙怒斥:"你是姑爷,不得活!"左手虚晃,衣袖一抖,忽然用右手从额间往下一抹——"白彩"先已夹在"包额"之下,开口朝下方,脸便抹成白色,意即"脸都气白了"。

接着,青儿与白娘子对"式口",白娘子求他不要鲁莽行事,护住许仙。青儿伺机将左手夹着的"红彩"往脸上一抹,于是红色盖住了白色,脸被气红了。青儿又追赶许仙下场去。

谢国祥迅速在盆里洗手,揩干,又夹着"黑彩"追赶上场,在扑向许仙抓拿之际,将脸抹黑;同时,口中獠牙伸出,左右翻动,表现其青面獠牙的狰狞。

谢国祥是"川东花脸王"罗开堂的再传弟子,师从李兰廷学艺多年,在跑江湖搭班演戏中钻研、实践、改进,练成绝活。萧、周、谢合作的《断桥》珠联璧合,成为当时梨园的名作。谢国祥的表演后来得到继承和发展、改进,《断桥》的表演因此增添了浓郁的地方色彩。

还有，川剧《闹齐庭》，系清末民初作家黄吉安编写的"列国戏"之一，描写的是齐桓公死后，众公子因争夺君位大闹朝堂。公子昭请来宋国军队相助，击败几位对手，借武力登上国君的宝座。剧中公子昭为小生扮演，风流倜傥，颇令人同情。可是，他登位接印后，传下的第一道诏书却是"选尽天下美色，充实后宫"。如此荒唐，令人瞠目结舌。也即在传诏书的这一瞬间，演员迅速给角色的鼻梁上抹了块"白色豆腐干"——俊小生变成了小丑，真可谓神来之笔！

此外，川剧《活捉石怀玉》《放裴》都使用抹灰变脸的特技，表现人物胆战心惊、魂飞魄散的惊恐与绝望。

（蒋维明，作家、编剧，重庆璧山人。1958年毕业于四川大学历史系。著有《李调元》《巴蜀梨园掌故》等书）

天府文化 百年成都 丛书

成 都 百 年 风 俗

杜甫草堂光影 赖武 摄

2010年，崇州街子场的乡民 白郎 摄

成都百年风俗

2006年，青城山祖师殿的亭子 白郎 摄

崇州道明村竹里　白郎 摄

2009年，青城山太清宫道士 白郎 摄

川西山区竹器 赖武 摄

青城山天师洞的千年银杏 白郎 摄

天府文化 百年成都
Tianfu Culture, A Century-old Chengdu

Chengdu 100 Year
Customs

成都百年风俗

最忆是芙蓉

西洋镜,外国人眼中的老成都

唐 建

成都百年,沧桑巨变。从不同时期的外国人关于成都风俗的记载中,择选出具有代表性的话题和人物,有助于今天的成都人了解那些被岁月尘封的记忆。

1872年2月,德国人李希霍芬来游成都,他骄傲地称自己是继马可·波罗之后第一批穿着外国服饰骑着马进城观光的西方人。这位伟大的地质地理学家发现:方石铺就的成都街道清扫得很干净,商店里的一切都抛过光、上过漆,成都人很有礼貌,穿着绫罗绸缎,而且很有艺术细胞,房前挂着绘画的小纸灯笼,茶楼和商店的墙上都张贴有手绘的画。六天后在写给父母的信中,李希霍芬称赞成都"绝对是中国最美的城市"。

1898年,法国游客马尼爱认为,景色清丽的成都就像意大利的米兰城,远处的雪山如同欧洲的阿尔卑斯山。三年后,罗林·夏柏林在《美国国家地理》杂志上发表《登临中国西部的阿尔卑斯山》一文,称成都是中国最美的城市之一。

1910年,美国社会学家爱德华·罗斯评介成都是中国最富庶、建造最精良的城市之一。他在成都观察到,坐在有水有花的亭子里与友人吟诗饮酒也许就是中国绅士的幸福生活。文人们留着长长的指甲,长到一定尺寸后爱惜地用银白色护套保护起来。中国人重视的往往是尊严感,有钱人坐惯轿子,不屑步行,认为步行会降低身份,迈步成都街头的外国官员就曾因为步行而被误以为是外籍苦力。

无数的传教士和外国游客接踵而至，有些还在成都定居生活。具有地方特色的成都风俗丰富多彩，甚至光怪陆离，总会引起西方人或多或少的好奇或关注。

美国人那爱德在1911年写给家人的信中，对成都人的偶像崇拜和迷信十分不解，诸如四川省的最高行政长官祭春神时向一个假人和一只纸牛鞠躬，屋顶要修成尖形以便把鬼摔下来，葬礼上需须放鞭炮驱鬼，尸体下葬得等到"黄道吉日"。

出生于四川乐山的加拿大籍传教士文幼章，被誉为"世界著名的和平战士"。他在成都生活过较长时间，无法忘怀的童年经历是在成都放风筝，溜到街上买滋味无穷的糖果，偷偷爬到院墙上看校场行刑前一唱三天的连台戏。

美国外交官谢伟思出生于成都，12岁随父母迁居重庆，不久归国。他能说一口流利的四川话，记忆中的成都画面是如此生动："小贩们总是卖力地招揽着生意，他们怎么叫怎么喊，我们都熟得很，剃头的、磨剪子的、做锡器的、卖布的、卖小吃的，什么行当都有……间或有婚丧嫁娶的队伍来去过往。"

1933年，美国记者吉尔门来游成都，发现四川各地普遍有吸食鸦片的陋习。在冯小刚拍摄的电影《一九四二》中出现的光辉人物——美国著名记者白修德，抗战期间第一次来成都时，察觉街上充满了鸦片气味，乞丐随处可见，农民因将大部分粮食交给了地主而吃不饱饭。白修德和文幼章、谢伟思一样，不仅与周恩来熟悉，而且是1949年后极少数重返中国还回访过成都的外国名人。1983年4月，68岁的白修德故地重游。此时成都发生了巨变，吸食鸦片的陋习早已杜绝，街上没有乞丐，人们面带笑容，农民看起来很健康，这些都让白修德兴奋不已。

包括文幼章在内，民国时期有许多外国人在成都的华西协合大学任过教。华西协合大学即今天的四川大学华西医学中心的前身。这些外国教师之中，来自美国的戴谦和、葛维汉对成都的风俗最为用心。

戴谦和，1910年担任华西协合大学理学院院长，四年后筹建了华西大学博物馆。成都草堂寺精美的窗格图案，引起了戴谦和的兴趣。从此他花费二十年的心血收集、研究成都以及其他地区的窗格图案，1937年在美国出版了《中国窗格入门》一书，这本书收录了两千多幅窗格图案，堪称皇皇巨著。此外，戴谦和喜爱成都的皮影戏，收藏有四十件演戏时使用的影偶（包括场景道具、动物造型等）。1946年华西协合大学曾为外省来成都的难民组织演出过一场皮影戏，舞台所用影偶即借自戴谦和。1949年戴谦和归国，随行携带了这些影偶，后来将其捐献给丹尼森大学博物馆。

葛维汉，1911年以传教士的身份来到四川，之后一度归国学习。1932年接替戴谦和担任华西协合大学博物馆馆长一职。基于在四川所取得的一系列学术成果（如参与广汉三星堆的早期考古挖掘），他被公认为卓有成就的人类学家、考古学家。1927年葛维汉的博士论文《四川省的宗教》，1961年去世前出版的《中国西南的民间信仰》一书，对成都寺院道观的存续现状和没落原因，以及成都人宗教信仰的嬗变，均有详细的阐述，它们是研究民国时期成都风俗的重要文献。

在来过成都的西方人中，有三位特别值得介绍。他们个人的传奇经历，以及与成都风俗的渊源，都是不可复制的故事。

● 鸡公车与流浪王子

成都一带独轮手推车不少，尤其是平原上的泥路上最多，其余的则把城墙外的石板路碾出了深深的车辙印。即便按照中国人对独轮手推车的标准来看，这些车子也算是简陋的。我试着推着一辆车走几码，只是为了感受一下。这是一种年代久远、多少感觉体面的运输工具。虽然杨森已经下令不准其入城，不过只要你经得住颠簸，在城外还是能够坐上，至少价钱便宜。成都周边一带有不少赶路的人坐独轮手推车，以女人居多，她们觉得这种运输方式十分方便，而且一点也不贵，不像西方的出租车，这一点从她们满意的神情便能看出来。有时就算运的东西看上去不算太重，独轮手推车的车夫也会找个助理"司机"，走在前面。他们成群结队地聚在成都各个城门口附近，换作中国更现代一点的地方，那里聚集的会是人力车夫。

我们离开省城的时候看见独轮手推车排成长长一队，望不到头，脚步匆匆地赶往省城方向，一路吱吱嘎嘎响个不停，这不仅因为车轴上打的滑脂价钱不菲，与其浪费在车轴上，还不如吃掉划算，而且车辖辘吱吱嘎嘎的响声能带来吉利，消灾驱魔。车上运的多是两头大猪，虽然大多数情况都是一个人推着走，可有的得二人合力才推得动。两个人边走边鼓劲，再苦再累好歹也有人作伴……

我们一路经过了好几个镇子，有些正赶上集日，非常拥挤，马走在人群中就像船儿在波涛汹涌的大海上乘风破浪一般。唯一的一条街铺着石板，中间有六七条车辙印，都是独轮手推车压出来的，足有三英寸深。街面很快又重新矮了下去，变回了泥路。所有的独轮手推车都会在灌县与平原交界的一侧停下来，从这里之后又是山峦起伏，开始了入藏的山路。

以上内容选自哈利·弗兰克（Harry Franck）的著作《漫游中国南方》，中文出自符金宇的译作。

哈利·弗兰克出生于美国密歇根州，被誉为"流浪王子"。他是20世纪上半叶西方最有影响力的游记作家之一。

所谓"独轮手推车"，即四川人俗称的"鸡公车"。经李劼人考证，鸡公车本名称作"叽咕车"，因行进中发出的声响而得名。据说原型可追溯至诸葛亮发明的"木牛流马"。它是成都平原传统的运输工具和代步工具。20世纪70年代成都的农村还时常见到鸡公车，今天我们只能在崇州街子镇等处偶尔发现它的影子，不过已沦为儿童们游戏的道具。

西方人将鸡公车称作"wheelborrow"。真实的wheelborrow的结构与鸡公车相似，不过轮子被设计在推车的最前端，而不像鸡公车那样安装在中前部，因此承重能力远不如鸡公车。早在1877年，英国著名探险者威廉·吉尔就注意到成都的鸡公车，在游记中称之为"朋友"。1910年入川游历的英国著名植物学家恩斯特·威尔逊，以及美国学者葛维汉，均认为鸡公车主要在成都平原使用，中国西部的其他地区几乎见不到。

最早通过摄影图片将成都的鸡公车介绍给西方人的，是1898年法国里昂商会出版的考察报告。同年，具有传奇色彩的英国女探险家伊莎贝拉·伯德在成都也拍摄了鸡公车，她在游记中写道："我们离开通往省会的大路之前，独轮手推车不计其数。这些'车辆'有一个大木轮，安装在紧靠重心的地方。当推动负载的重物时，驾驭者肩上的负担尽可能小，承受货物靠轮子两边和后面的平板。车子很是结实。一个人能推五英担，沉重的则让一个人推，另一个人拖。他们排成长队前进，远处听起来，吱吱声并不十分刺耳，石板路由于独轮车不断的碾压形成深深的凹槽。"

1909年—1913年，德国驻成都领事弗里茨·魏司拍摄了一张乡村田埂道的照片，图中有六个乡民和两辆鸡公车，车上分别运载着两头猪和粮食。

1917年夏天，美国社会经济学家西德尼·甘博在成都郊外拍摄了一张撑有遮阳伞的鸡公车，车上坐着一个年青男士，而男士坐鸡公车的现象在成都平原很少见。三年后，美国人乔治·哈伯特拍摄了两张特写：一张是正在运煤的鸡公车，少年在前面拉，大人在后面推；一张是三辆运送盐包的鸡公车，六个人正在休息，最后一位冲着乔治·哈伯特憨笑。

1924年夏天，43岁的哈利·弗兰克来游成都。他对鸡公车的热情远远超过了前面提到的几位西方人。为体验鸡公车的代步效果，哈利·弗兰克坐在车上，让一位头戴草帽、赤着上身的乡民在后面推。之后，干脆让这位乡民坐在鸡公车上,自己则将木柄两端系着的麻绳背带套在自己的脖子上,试着推行了一段距离后,总结出推鸡公车的技巧就是一定要保持平衡。他请同行的伙伴当场拍摄了两张照片,将自己亲力亲为的"驴友"形象见证下来。

除鸡公车外,哈利·弗兰克对成都的其他风俗同样兴趣盎然。

他抵达成都时正值七月半,黄昏时分人们纷纷在自家门前或者店铺门口给死去的亲人烧纸钱,女人们站成一行,对着燃烧的纸钱弯腰磕头,街上烟雾缭绕,天际一轮明月高挂,火堆看上去更加明亮。

哈利·弗兰克坐着一辆体面的轿子去拜会四川军务督办杨森。后来,又随同杨森及其家人去看一场露天电影。西方电影里那些极尽夸张、耸人听闻的情节,让本土观众们一个个流露出不可思议的表情。

守城门的差役,带着枪,还挎着大剪刀,若发现有人留着辫子进城,就用剪刀把辫子剪掉;纺丝的街巷从头到尾都是色彩纷呈的,各种鲜活的色彩跳动在绞丝架和手纺车上;不少茶馆(如话云楼)在街角两面都开了门,客人们惬意地靠在竹椅上,场景跟西方的沙龙一样,总是让人流连忘返;住在满城的女子没有裹小脚,个子更高,也更显端庄,看上去并不落魄,与汉族女子和睦相处。

这些画面给哈利·弗兰克留下了深刻的印象。

哈利·弗兰克游历过拉美、欧亚大陆以及太平洋地区,其中用三年时间漫游了当时中国内地的所有省份。从1910年到1943年,他累计出版了三十部作品。"二战"爆发后,61岁的哈利·弗兰克志愿加入美国空军服役。1962年4月,他因帕金森病并发症去世,享年81岁,安葬于美国阿灵顿国家公墓。

● 《龙骨》与徐维理

图中的两个人在龙骨水车上劳动,他们一边聊天一边把水车上来灌田。这幅图最具有这个时代的代表性。劳动中总是有些让人高兴的事,无论是在小的家庭作坊中干活或者在街头卖货,几乎没有什么压抑的感觉或者是强硬的纪律约束。裁缝的小徒弟可以停下针线活去看狗打架;织布人听到什么声音可以放下梭子跑去听听谈的是什么;甚至好斗的鱼贩子也可以暂时离开他的鱼,参加到热闹的龙门阵中。

从很多方面说，这个时代是最后的"旧时代"，虽然很难称之为好时代，也有很多由贫穷、营养不良、疾病引起的悲惨事件；不过，和随后的日子比较：日本人侵略中国，政府腐败无能，通货膨胀的恐惧横扫全国还算相对好些。新中国成立后，实现了让千百万人吃饱饭，扩大了生产，建立起了更大更有效的工业，取代了画家给我们画的这些小手工业时代的景况。

因为，像图中这两个人边聊天边踏水车的时代已经成为过去。现在是抽水机灌溉农田的时代了。

1924年年底，新婚不到两年的英国人William Sewell携夫人来到成都，准备在华西协合大学任教。他取了"徐维理"的汉文名字，先在语言学校学习陌生的汉语。

为让对中国一无所知的老外尽快掌握基础汉语，中文教师俞子丹尽可能使用通俗易懂的教学方法，他不仅提供语言入门的教育，还告诉徐维理需要适应或了解的一些风俗。次年俞子丹将自己一幅题材为"挑水夫"的水墨画送给徐维理，徐维理非常喜欢，主动付给对方报酬。离开语言学校后，

俞子丹赠送给徐维理的作品《龙骨》

五年间徐维理又陆陆续续收到不少水墨画，而俞子丹都会将所画内容告诉徐维理。

徐维理归国后一直珍藏着俞子丹的水墨画。晚年他在夫人的帮助下把这些画进行整理加以文字解说，撰写了英文遗稿《龙骨——19世纪20年代成都百姓的肖像画》。1984年徐维理去世，享年86岁。两年后，遗稿出版。2004年旅英学者四川人萧冰将该书译为中文在成都出版。

该书收录的90幅水墨画，全是人物肖像，线条简练，惟妙惟肖。画的题材几乎都与成都风俗和百姓日常生活有关，大多涉及成都城内的名行各业，如家具搬运夫、卖花人、卖艺人、理发匠、卖鸟人、织布人、补碗匠、制伞人、算命人、唱戏人、泥水匠、手艺人、络丝、糖玩具等，少量则与农耕生产有关，如插秧、罩鱼、运粮、水牛、龙骨等。

龙骨的全名为"龙骨水车"，其图画的解说文字见本节前面所引。徐维理特意将这幅画排在书的末尾，解说内容从劳动引申至时事短评，传递出对1949年成立的新中国的好感。他以"龙骨"为书名，寓意中华传统文化犹如古老、坚韧的"龙之骨"，表达了对新中国良好的祝愿。

徐维理出生于英国纽克郡，在里兹大学取得硕士学位，初来成都时才26岁。他在华西协合大学化学系主讲染色学，并协助英国人苏道璞工作，数年后担任系主任。1926年徐维理的夫人在学校生物系任教，直到1940年卸职。

抗战时期，为满足国民政府提出染制百万军毯的需要，华西协合大学化学系的教师们在徐维理的指导下费时数月，经过数百次的试验，终于获得成功，因此得到国民政府军政部和经济部的奖励。

1941年12月，休假中的徐维理与夫人在香港停留，突逢"太平洋战争"爆发，日军攻占香港，拘押了包括徐维理夫妇在内的众多西方人。徐维理夫妇在集中营被关了四年，受尽苦难，直到1945年日军投降后才获自由。二人回英国休息一段时间后再次来到成都，徐维理继续在华西协合大学任教。

徐维理与同在华西协合大学任教的加拿大人云从龙、美国人费尔朴，均同情进步学生，也因此被镇压学生运动的四川省主席王陵基骂为"华西坝上三个外国共产党分子"。

萧冰母亲肖义菊是徐维理的学生。据其回忆，徐维理正直善良、平易近人、思想积极，乐于帮助穷人。他和夫人曾把遭国民党追捕的左派学生长期藏在家中。新中国成立后，徐维理热烈拥护军管，和中国教师一起积极参加各种学习，自觉改造思想。1952年，徐维理是最后一位离开华西协合大学归国的外籍教师。

徐维理曾撰写过一篇《松潘羊毛研究》的论文，发表于1929年华西边疆研究学会出版的杂志上。从1933年开始，他陆续撰写并在英国出版了23部著作，大多是讲述自己的中国经历，不少内容涉及成都的风俗。

"小巷两旁已打烊关门的商铺前有许多小摊，点着一盏昏暗的油灯，橙子和花生整齐地码成一堆，香烟可成双成单地卖。"这是徐维理记忆中的成都住家附近的夜景。从朴实的文字中，读者似乎可以感受到，某个瞬间，成都街头油灯的微光与这位异国人深邃的目光正交织在一起。

徐维理的成都住家，位于锦江河边（光明路北端）华西协合大学老校门的左侧。1954年4月，老校门被拆，镶嵌在老校门正上方的校牌石碑被盖在一口水井上，不久徐维理的房屋也不复存在。旧的时代翻过了篇章，传奇的人物如今鲜为人知。

● 说书艺人与蒙塔尔班诺

四川的说书艺人伴以丝弦讲述着古老神奇的故事。说书这个行当几乎同他们所讲的显赫一时的风云人物一样悠久，一样受人尊敬。

然而，在不久前进入20世纪的中国内地，说书艺人正在悄悄隐退，像他们所塑造的达官贵人一样，不久也会消失在中国历史的长河中。

在一间烟雾腾腾带有古老风味的竹椽屋子里，说书艺人钟春（音译）精神抖擞地高坐在一把摇摇晃晃的椅子边上。

他用粗犷的四川方言讲着三千年以前的故事。他用了两样世代相传的道具：一把有画的折扇和一块雕花的惊堂木。

这两样道具是为了加强说书中的戏剧效果，讲到蛊惑人的妃子时用扇子，讲到凶残的皇帝时用惊堂木。在讲到故事结局时惊堂木也用来表达凛然正气。

"皇帝迷恋上他的宠妃。"（折扇轻摇）

"皇帝和他的宠妃残酷地杀害了那位不幸的皇后。"（惊堂木啪的一声！）

在东鹅巷的茶馆里，老人们用长长的烟杆抽着烟，从有缺口的碗里抿着浓茶，发出一声声心领神会的叹息。苦命皇后这个故事是老人们在很早以前从他们的爷爷口中就听到的，他们几乎同说书人一样熟悉这个故事。然而如果不是一讲再讲，又怎能成为故事呢？

皇帝疯狂地宠爱他的妃子，把进逆耳忠言的人投入一个蛇窖里，或者把他们绑在柱子上，剖腹挖心（啪！），他甚至还把自己的两个儿子逐出宫廷。（啪！啪！）

听书的老人们对两个王子的命运不太担心，因为这是两个健壮的小伙子，老人们都知道在下一回书中将会说到他们回来为被害的母亲报仇。

三十七岁的钟春瘦长而结实，穿着一套不称身的蓝布工人装，同紧紧挤坐着的听众穿戴得一样。白天他在这有三百七十万人口的成都市一家墨水厂里工作，晚上到茶馆里说书。他是成都市大约二十名（其中三名是妇女）说书艺人之一。他们使口述的历史故事生动地流传在成都市。

钟说：“一个好的说书艺人像舞台上的演员一样，必须善于表演、口齿清楚、语言简练，而且要始终使听众感兴趣。他的表情和手势要产生戏剧效果。"

成都的说书艺人，轮流在十几个偏僻小巷的茶馆里说书。钟用嘶哑的嗓子说，他们每人由一位著名的说书师傅亲自传授。每人都必须记住五部流传几个世纪的古典小说。

在中国，人人都知道几个故事。这些故事内容生动、情节曲折、书段很长。钟说，最长的故事每天说两个小时，需要三个月才能说完，他每说一场书大约能挣二美元。

四川省是中国人口最多的一个省份，说书是这个省的地方传统艺术。在这个有两千年历史的省会成都市，茶馆里总是顾客满座。那些有耐心的人总是从故事的开头一直听到结尾。

钟说：“真理永远战胜邪恶。每个故事的结尾总是大团圆。"

但是对说书艺人本身来说，结尾就不一定是愉快的了。

来听书的老人们都不富裕，大多数是退休的人，往往还是孤寡老人。他们的一天很漫长，待在狭小的屋子里无所事事。他们的主要娱乐就是几个朋友坐在一起听书，喝两分钱一碗的茶。

七十多个听着暴君故事的老人中除了两位老太太之外，其余的都是老头儿，平均年龄接近七十岁。

青年人对古老的故事并不那么感兴趣。像其他大城市一样，成都的青年人在晚上花几分钱就可以看公用彩色电视机播映的节目。

这篇英文报道 1981 年发表于美国的《迈阿密论坛报》，作者是威廉·蒙塔尔班诺（William Montalbano），由周惠芬译成中文。

成都的说书艺人形象，早在百年前傅崇矩撰写的《成都通览》一书中就有所表现。傅崇矩记述"每在茶铺内高座演说，所说之书为'说部书'。座客出一二文不等"，并用图画形式定格说书时的一个瞬间：艺人站立，右手高举惊堂木，左手前伸，五指用力张开，桌上的木匣内摆着一把收束的折扇。

民国时期成都的说书人众多，最出名的先后有钟小凡、白超脱和李润民。每当夜晚，在僻静街巷的茶社，或外北城隍庙附近的茶社，均有说书人高谈阔论。多数听众是做生意人家的女眷和未成年人，听书与喝茶的费用加起来不过一元多。1943 年，周止颖撰文称这些说书人"利用巧妙的词令、婉转的喉咙，和玲珑的表情，使沉闷萎靡的社会露丝微笑"。

在蒙塔尔班诺的笔下，说书艺人钟春跃然纸上，活灵活现。他和半个世纪前的钟小凡有无传承关系不得而知。与旧时的说书相比，不变的是艺人手中的惊堂木、折扇，变化的则是听众的年龄构成。听钟春说书的都是年迈的老人，这个画面昭示着当时成都传统评书的没落和无奈。

1981 年 3 月，蒙塔尔班诺以《迈阿密论坛报》驻北京记者的身份与美国记者麦尔纳尔蒂同来成都采访。二人参观了量具刃具厂等工业企业，与新都天元公社负责人座谈农村经济政策，和四川大学历史系的教师、四川日报社的同行分别进行交流，又到卧龙了解大熊猫保护的境况。四川省副省长何郝炬曾专程接受二人的采访，就他们所关心的农村经济改革和工厂自主经营等方面的许多问题进行了解答。

当时在中国的西方记者大多戴着有色眼镜进行报道，而蒙塔尔班诺相对来说比较客观，他重点关注中国的经济变革、社会风貌、民情习俗、环境保护等方面。1984 年新华社编辑出版《西方记者报道中国作品评介》一书，收录了 52 篇尊重现实的新闻特写，其中出自蒙塔尔班诺的就多达 15 篇。

蒙塔尔班诺出生于美国纽约，二十岁就进入新闻行业，在全球许多地方工作过，期间旅居中国三年。他曾把自己的作品描述为"流浪者的兴奋生活"。蒙塔尔班诺拥有惊人的天赋，被同行们公认为"真正的语言艺术家""卓越的故事讲述者"，获得过不少新闻报道类奖项。

1998 年 3 月，蒙塔尔班诺因心脏病突发去世于伦敦，享年 57 岁。由于引人注目地报道了黛安娜王妃之死，他被美国《洛杉矶时报》提名为当年的普利策新闻奖候选人。

1952年的中山街

铁波乐

我是甲辰年出生的,属猴。1952年我8岁,放寒假的时候随叔父到成都中山街住了半个多月。从此,这一生便与这座城市结下了不解之缘。

我是坐火车到的成都。那时候成渝铁路通车还不到半年,很多人都把乘火车视为了不起的超级享受。车上的乘客几乎个个都喜形于色,在车上东张西望,样样都感到新鲜。为了观看窗外的景色,有些旅客把头和身子伸出了窗外,列车员就会拿着铁皮话筒大声呼喊:"旅客们,旅客们,请注意安全,不要把脑壳伸到窗子外面,以免把火车撬翻!"听到这个警告,我吓得倒吸了一口冷气,连忙把身子缩回车厢,以避免一场"撬翻火车"的灾难。

我叔父有个表叔是一家中药铺的坐堂医生,家住中山街。叔父是贩卖冰糖、白糖的行商,经常都要到成都,每次都是住在他的表叔家里。他的表叔我喊表叔公，其实只比叔父大几岁。表叔婆也只有40多岁，但身体不好，怕冷，还未到冬天就要用"烘笼"取暖；他们有个女儿名叫雪儿，只比我大一岁，却要我喊幺姑，她倚"老"卖"老"，喊我"侄娃子"。

表叔公瘦精精的，身上穿了一件藏青色的府绸长衫，两只衣袖挽了半圈起来，现出雪白的袖口，显得斯斯文文。墙壁上挂了两个相架子，里面装满了照片，从青年到老年，各个时期的都有，全是穿的衣襟右开、长及腿部的长衫子。镜框中还有几张他与别人合影的照片，他告诉我谁是他的父亲、母亲，谁是当官的，谁是教书的，谁是开药铺的……

奇怪的是，不管那些人是干什么的，几乎全穿着长衫子。更奇怪的是，这种衣服似乎任何人穿上它都很适合：当官的穿上它，显得那么尊贵、威严；商人穿上它，显得那么老练、圆滑；教书先生穿上它，显得那么文雅、博学。表叔公年轻的时候是个学生，还是穿的这种衣服，只是在颈项上多围了一块围巾，就显得那么英俊、潇洒。我叔父是个做冰糖生意的行商，穿的对襟短褂，头上戴了顶遮阳帽（又叫"解放帽"），一点都不像商人。

表叔公戴的帽子像半边皮球壳壳，硬硬的，黑色。他说这是瓜皮帽，又叫"瓜儿皮"。他那顶帽儿是成都有名的万福全帽庄做的，是呢绒的，贵得很，要值5万多元。那时是旧人民币，一百元为一分，一千元为一角，一万元为一元，那时的5万元可供一个人一个月的生活开支，确实够贵的了。

他见我未带书本，便将他女儿的5册书拿来叫我阅读。见我有好些字都不认识，他便叫幺姑教我。可是幺姑成绩不好，还没有我认的字多，他便在空闲的时候亲自教我。待我照着书本能够结结巴巴地把全文通读了，便用一张废纸，中间剪个小洞，蒙在书本上，小洞中现出一个生字、难字，便叫我认。那时我记性好，认的生字比幺姑还多。他又教我书写毛笔字，方法是他在纸上写几个字，然后另外拿一张白纸蒙在上面，叫我一笔一画地照着写，这叫"写蒙格"。他写的是"抗美援朝、保家卫国""增加生产、厉行节约"等一类当时的常用字，遇到笔画多的字我就特别吃力，如美、援、朝、国、增、产、历、节等，那时没有简化字，很不好写，再加上又是用的毛边纸，吸水性强，笔尖稍微触久一点墨水就会浸透一大团，打"墨粑粑"。因此，我就只写笔画少的，不写笔画多的。他说不行，必须一笔一画地照着他的写，写好了，就不能蒙着写，而要临写字帖了。字帖有多种，王羲之、颜真卿、柳公权等，都是大书法家，但是千万不要学赵孟𫖯，那个人没有骨气，写的字也华而不实，没有骨力。他找出一本颜真卿的《多宝塔》字帖，叫我学颜字。我说我不学颜字，也不学啥子多宝塔，我只学表叔公的。他说："学不得，学不得，凡是郎中、账房先生、刻章的人写的字，都学不得。这些人尽管写了一辈子的字，却是越写越死板，只能算个字匠而已，永远也当不了书法家。"

　　表叔公是在金玉街一家名曰华云堂的小药铺坐堂行医,他带我去过一次。药铺左边是一排高大的药柜,柜上是一格一格的小方屉,里面盛着各种药材,药柜前面是一张长长的柜台,柜台上首是一张案桌,坐着一个胖子,可能是这家药铺的老板。我表叔公也有一张案桌,靠着右边的墙壁,墙上挂着一块"医者,仁术也"的黑匾。小店的生意很清淡,来找表叔公看病的病人也不多。可能是为了招揽顾客,抓药的柜台上放了个留声机,外壳是方形,里面的转盘是圆形,唱片放在转盘上,转动木箱外面的手柄,再把箱盖上的针头往唱片上面一放,声音就出来了。他们的唱片很多,大部分都是川剧,有吴小雷唱的《五台会兄》、陈淡然唱的《反徐州》、陈书舫唱的《陈姑赶潘》《三祭江》、筱舫唱的《拷红》等,全是上海百带公司制作的。在那些川剧唱片中,偶尔也有几张当时的"流行歌曲",如"雄赳赳,气昂昂,跨过鸭绿江""北风那个吹,雪花那个飘,雪花儿那个飘飘,年来到……"我最喜欢听。

　　我表叔公看的病人不多,他的收入也可能不会很多,但他的日常生活却显得颇为富裕的样子,每天都要吃肉、喝酒。哪里来的钱呢?

　　叔父悄悄地告诉我,他喝的是"云吞酒",吃的是"折窝子"。所谓"云吞酒",是酒店里那些顾客没有喝完的酒,店老板全部收罗起来,以半价卖给另外的顾客。"折窝子"则是席桌上的那些剩菜,杂七杂八的肉皮皮、猪骨头、鸡爪爪,一股脑儿倒入菜盆内,以很低的价钱卖出去。我那绅士模样的表叔公就是吃的这些残汤剩羹。叔父说有的成都人有这些毛病:外头绷面子,屋头糊糨子。

　　表叔公爱抽烟,但抽的不是人们常见的纸烟(香烟),而是与众不同的水烟。他有个铜烟斗,外形像个鸟儿,"鸟头"是烟锅,"鸟尾"是吸烟的烟嘴,"鸟身"是一半装烟丝、一半装清水的烟斗。吸烟的时候,烟锅里的烟雾通过"水箱"才能进入烟嘴,起过滤的作用,所以叫水烟。表叔公吸烟的时候,烟斗中的清水会发出"咕噜咕噜"的响声,声声入耳。

　　烟锅只有半颗花生米那么大,装一锅烟吸上两三口就没有了,便把烟灰抖掉,另外装一锅。把纸捻子吹燃明火,放到烟丝上又吸。

　　所谓"纸捻子",是用草纸搓成筷子大小的空心圆筒,接上火之后像一支香,轻轻一吹就会发出明火。表叔公叫我吹,我鼓起腮帮子猛吹,始终吹不燃,他便慈祥地告诉我要用巧力,在吹的时候必须要用舌头弹一下。我照他说的方式试了试,果然一吹就燃。他摸着我的"火铲脑壳"(那时的一种儿童头式,除留下头顶上一撮撮儿头发,其他全剃光,像把火铲,故名）说："孺子可教也！你比那些美帝国主义洋鬼子聪明多了！"

　　他又说，我们中国人有三大绝技，是外国人搞不来，也学不会的。这三大绝技首先就是吹纸捻子。他们的舌头可能是僵硬的，不会反弹，不管怎么教都吹不燃，所以他们抽烟就只能用洋火，用打火机，哪有我这纸捻子方便！中国人的第二大绝技是嗑瓜子。那前头边有个剑青茶馆，你可以去看看那些老茶客，他们最爱剥瓜子，但是不用手剥，而是用舌头剥，瓜子从右边嘴皮丢进去，舌头一搅，眼睛眨一下的工夫瓜子壳就从左边嘴皮弹出来了。边丢边弹边吃，就像一台剥瓜子的机器，循环不已，比外国人用两只手剥还快。第三大绝技是用筷子，两只小竹棍夹在我们中国人的手指上像玩魔术似的，随心所欲，运用自如，想吃哪样就拈哪样，桌子上再多的东西都可以一扫而光。那些外国人就不行，笨手笨脚的半天都拈不起一样东西来，还没有你这个青勾子娃儿能干。我被他表扬得怪不好意思，于是，很想找个"美帝国主义"比试比试。

　　中山街是条只有百米长的小街，东西走向。表叔公说的剑青茶馆在西首，只摆了十多张茶桌，里面果然有几个边喝茶边剥瓜子的"奇人"，还有两个是女人。女人泡茶馆的现象在我们县上是很少见的。在这个茶馆里，还有个女人唱清音，那个女人胖胖的不怎么漂亮，唱的曲儿却十分好听，她唱的白娘子我至今都还记得几句："一把手拉官人断桥坐，妻把这从前事细对我的夫君说。你的妻原本不是人一个，白莲洞中我苦把道来学……"这是《断桥》中的片段。还有《秋江》的"适才间有位相公呀临安去，但不知赶的哪家船。我站在江边仔细看，江水滔滔望眼穿。我要追赶负心汉，他名叫必正本姓潘。艄翁，开船来，我给你银子二钱三……"一曲罢了，便端起一面小铜锣做出半哭半笑的样子，向茶客们要钱，但很不好要，好些人都是把头昂得高高的，面孔转向一边，她便知趣地走开，把锣儿朝向另外的客人。若是遇到"大方"的客人丢了一百钱或者两百钱（即一分钱或者两分钱），她就会激动得千道谢万道谢，每要一次，最多不过角把钱而已。看到她那可怜兮兮的样子，我万分同情，可惜我腰无分文，如果有，我肯定会有多少给多少。这个女艺人如果现在仍然健在，大约80来岁，要是她看到现在的一些什么歌星影星明星，一出场就是几十上百万元，还要扭扭捏捏，臭架子拿得高高的，而艺术水平又远远不及她，心中又会做何感想呢？

　　茶馆隔壁是卖柴草和炭灰的。那时成都人未烧煤炭，更没有什么天然气、液化气，烧水煮饭全用木柴。这家店子里的木柴有两种，一种是"捆子柴"，每一捆约五六十斤，我表叔公那样的"大户"人家就是买的这种柴；另一种是"把把柴"，把捆子柴分成十多把，卖给那些吃一顿是一顿的穷家小户。捆子柴和把把柴统称"块子柴",有别于引火之用的"松毛子",那是一种枯黄了的松树叶子,火柴一点就燃,再把块子柴放在上面就火势熊熊了。

还有一种桴炭火,是将木炭烧红,用草木灰焙住,卖给那些用烘笼取暖的人。我表叔婆就经常叫我去买,每次一百钱,可烘烤两天。所谓"烘笼",是用竹子编的,里面是个砂罐,木炭和柴灰放进去,双膝夹住,双手放在上面,确实十分暖和。我表叔婆一到冬天就要用它,每天都离不了。她有消渴症——这种病现在叫糖尿病,表叔公说要多吃南瓜,买了很多堆在灶屋里,她天天吃,全家人也跟着她天天吃,连我都吃伤了。幺姑说:"妈有消渴症,好像我们大家都有这种病,跟着她受罪!"那时的黄南瓜很像弥勒佛的肚皮又大又圆。不知什么原因,现在所谓的南瓜要长不圆、弯七八拐,难看死了。那种圆滚滚的黄南瓜哪里去了?

茶馆外面是个补瓷碗的,干活的时候很像一个拉胡琴的琴师,将破碗夹在双膝中间,用拉胡琴的动作拉动一只圆棍,棍头上安了金刚钻,在破碗上钻孔,然后把一颗一颗的小铜钉嵌进小孔中,碗就补好了,装开水都不会漏。我真不明白成都人为啥会那么吝啬,一个破碗值几个钱呢?破了都还要补起来再用。后来我才知道:瓷碗又叫细碗,是家道比较殷实的人家才有,穷家小户只能用粗碗(土碗)。我表叔公家中就是用的细碗,内中也有一个破成了两半边又用金刚钻补好了的,钉钉疤疤的,很难看,表叔公用来装冰糖,说那是硬资二五的景德瓷,装的东西不会变质,吃了消痰化食。

中山街上还有一家弹棉花的小店子,我最爱去看那些手艺人的优美动作。他们背上背着一把木弓,棉花铺在一块宽大的木板上面,用手锤弹奏弓弦,发出"咔哧咔哧嘭嘭嘭,咔哧咔哧嘭嘭嘭"的声音。那声音可动听啦!配上那满街飞来飞去叽叽喳喳的麻雀的欢叫声,形成一组自然而和谐的都市小街交响乐。那时中山街的麻雀特别多,树上屋檐下到处都是。燕子可能也很多,因为每家人的屋檐下都有燕儿窝,虽然当时是冬季"燕南飞"了,但每家人都把它们的窝儿保护得好好的,等待"春风殆荡燕归来"。

令人痛心的是:这些可爱的小燕子、小麻雀,如今在中山街,在成都,在整个四川已所剩不多了。

中山街上有七八个小孩,最爱玩打玻弹子的游戏。玻弹子是跳棋上的那种玻璃球,玩的方法是用食指和中指将珠子夹住,用大拇指的弹力瞄准别人的珠子弹击,击中了,那颗珠子就归赢家了;如果没有击中,就原地不动,让别人打击。这游戏很好玩,但是我没有"武器",只好可怜巴巴地站在一旁观战。叔父便给我买了几颗，我豪气十足地前去"参战"，几下就输光了，县份上的确实敌不过"大城市"的。

还有一种游戏是弹击牌盒子。牌盒子是将旧书上的纸撕下来折成豆腐干形状的小方块，玩耍时在地上画一个篮球大小的"田"字，在"田"字的四个方格内分别写上"太平天国"四个字。比赛时站在"田"字头上将牌盒子往远方弹，谁弹得最远，谁就可以首先返身往回弹；每人可弹四次，弹一次念一句"口诀"，叫作"一弹弹，二宝莲，三番中，四拿钱"。只要弹入了"田"字格子内，输家就要"拿钱"。"钱"是火柴棍、龙眼米米、包水果糖的糖纸等一类乱七八糟的稀奇宝贝。

中山街还有几个女孩子，她们不打玻弹子，也不玩牌盒子，却喜欢喂养一种叫"洋虫"的小昆虫。这种虫子只有绿豆米米那么大，棕褐色，小姑娘们将它们裹入棉花内，塞进玻璃瓶子里，像宝贝似的放在身上，时常都拿出来观赏把玩。在那些姑娘们中，我幺姑喂得最多、最好，因为洋虫要吃沙参、莲米、红枣等一类补药，表叔公坐堂就诊的中药铺里有的是。洋虫吃得肥滚滚的，便拼命地繁殖后代。姑娘们是以洋虫的多少定优胜，我幺姑自然是首屈一指的"超级杀手"了。她经常都要把小瓶子取出来细细观赏，有时还要自言自语："才放那么多莲米，又吃光了！""啊呀，又生了这么多小崽崽！"我便情不自禁地接过来观看，只见那些虫子像夜空中的星星似的，懒洋洋地在棉花里钻进钻出，爬上爬下，的确好看。她还经常把洋虫捉在手上辨别公母，方法是用舌头舔洋虫的屁股，舔到有一股辣味，便满面笑容，连称："母儿！母儿！"若有一股甜味，便很不高兴的样子："狗日的，又是一个公子！"拿起就甩了。对于这种小昆虫的确切名称，我问了很多人，也翻了很多书，至今都未搞清楚。至于喂养它们有什么用处，更是莫名其妙，那时的成都女孩为啥那么喜欢呢？

中山街东面口子上的街道边有根粗大的洋槐树。一天，幺姑拿来一张红纸，叫我同她一起，把红纸贴到洋槐树上。那纸上写着："天皇皇，地皇皇，我家有个哭儿郎。过路君子念三遍，一觉睡到大天亮。"她说街上的马婆婆叫她张贴的，要童男童女张贴才灵验，因此拿两百钱给他"转糖粑儿"。听说有钱，重赏之下，必有勇夫，我连忙抓了几颗饭，端了张小板凳，站上去将纸条贴了，并首先带头念了三遍，当了一次"君子"。

洋槐树下有个"转糖粑儿"的摊子，用两张矮桌子组成。一张桌上放着一张光洁的大理石石板，地上放一个熬糖的小火炉，炉子上是个铜瓢，把糖熬化了，摊主就用一个小瓢瓢舀一点起来，向石板上倾斜，流出一线细细的糖水，弯来绕去，"画"出各种图案，有龙、凤等各种动物和孙悟空、牛魔王等各种人物。糖画中间有根竹签，待到那些画面一冷却下来就把竹签提起来，插入一个冬瓜形状的谷草包上，卖钱。卖的方式有两种，一种是直接用钱买，一百钱可以买5个小棒棒糖（薄薄的，只有拇指大一点），两百钱可以买猫儿、狗儿，龙和凤要卖五百钱。另一种方式是作画那张桌子上有个转盘，上面像阴阳八卦图似的画着各种动物和人物。中间有个做成箭头的竹片，轻轻一拨就会转动，箭头停在什么图案上就按照图中所示的给予不同的奖品。如果指到龙，就该"吃龙"，从那稻草包上把龙取走，如果转到一样都没有的空白处，就只能得到一块小棒棒糖，这就叫"转糖粑儿"，每转一次一百钱。幺姑得到两百钱，我们二人每人转了一次。幺姑读书不行（她后来连中学都未考上），转糖粑儿却很内行，一转就转到个"赵子龙"，价值三百钱，我就不行，只得到一个薄薄的小糖饼，塞牙齿缝缝都不够。

洋槐树下还有一个摊子，是画炭精相的。摊主是个眼镜，能把一寸的小照片放大二十倍，用一种名叫"炭精"的黑粉粉逼真地画出来。他还能够给黑白照片涂上"彩色"。那时没有彩色胶卷，他就用各种颜色的颜料在照片上涂抹。中山街的儿童们最爱前去观摩，还爱帮他当参谋、出主意："这朵花给它染成黄色的嘛！""这个老公公的白胡子给他画成红颜色嘛！""那个老婆婆的脸上给她打个摩登嘛！"他很"民主"，孩子们怎么说，他就怎么画，画得花花绿绿、面目全非。居然很多人都把照片拿来请他"彩几笔"。

他还会在钢笔上刻字，刻的字只有米粒那么大，再用两种不知什么名称的颜料抹一下，字上就会出现金色或银色，鲜艳夺目。那时的钢笔是奢侈品，好些人都爱在上面刻上自己的名字或古今格言，有的还用毛线编织一个套子，把笔套起来。那时手电筒也同钢笔一样的贵重了，有的人也用毛线打个套子，大白天都挂在肩上，以此"摆阔"。如果你见到某人梳的干部头或者戴的解放帽，身上穿的是4个口袋的干部服，左上方小口袋里插了只有线套子的钢笔，肩上挂了只有线套子保护的手电筒，脚上穿了一双细密板结的线耳子草鞋，那么，此人准是政干班或"土地改革""三反""五反"一类的公事人。

俗话说"管中窥豹，略见一斑"，中山街当时的风貌，是五十年前的成都缩影。"秦时明月汉时关"，它那沧桑的时代风貌一去不返，人们是再也见不到的了。

水井街，本色忆念

蒋维明

那是 20 世纪 50 年代中期，我就读于四川大学历史系。从川大跨过高拱的九眼桥石桥，西行进城，须得经过被统称为水井街的街道。实则，这一段路，按光绪三十年（1904年）《成都地图》，包括新（星）桥街、金泉街、双槐树街、水井街、水津街，止于东门大桥。这条街虽不如东大街、春熙路那样繁华，却也是东门外河码头上的一处商业区。

● **馆子**

过九眼桥头左拐，有一处三开间的红锅大馆子。前厅后楼，厅堂一边摆了几张桌子及条凳，另一边是火旺油辣的厨房，在锅瓢碗盏的合奏声中，爆炒肝腰的香味弥漫开来。大铁锅里垒起一人多高的蒸笼，直冒热气。中午时分"打拥堂"，胖厨师还要站上高木椅，在堂倌"粉蒸肉，出堂"的吼声中，动作麻利地揭开蒸笼盖子，笑吟吟，不顾烫手，将"扣碗"里的蒸菜，翻进盘子里。

从前面店堂登上几步石梯，是升高了半层的吊脚楼。雕花木窗尽都撑起，敞开的窗下，便是碧波荡漾的锦江了。顾客既品美食，又品美景。那时江面还有打鱼船，供食客尝鲜。渔歌婉转，把人引入《水浒传》里描写的临江酒楼的意境中去。

"拥堂"打过之后，胖厨师心境甚好，必满脸堆笑，又微露狡黠地向大学生"请教"，指着饭店悬挂的招牌，"大×春"，问你中间一个是啥子字。新同学十有八九被考住。胖厨师脸上露出一丝笑意，自问自答地说："陶亮生先生晓得，山水土合在一起，便是'地'字。"（若干年后，读黄稚荃先生的《杜邻存稿》，始知这是武则天造的字）

在"大×春"的斜对面，有座一楼一底的青砖抹灰的"洋房子"，木框窗棂，嵌上玻璃。整条街上，只此一家新式建筑，犹如鹤立鸡群。此楼原属盐业部门，后来一度是成都市科委的机关所在。首任科委主任是蜀中名儒周太玄（与郭沫若、李劼人、魏时珍是同学）的哲嗣周孟朴先生。

再往西行，过了金泉街，在双槐树一带街的两边，开有几家小食店。屋檐伸出，与街边的槐树相接，屋子又矮，店铺因之光线暗淡。然而桌椅擦得很干净，内中不乏清代的方桌、太师椅，黑漆斑驳，透出古色古香的幽光。多为住户自行开店，个体经营的女老板，兴许便是鼎革之际急剧衰落了的中等家庭的闺秀。为了谋生或接济亲人，只好抛头露面，守着红泥土灶，烹调出可口的麻酱面、甜水面、酸辣面；抑或三合泥、油茶或汤圆粉子、荷包蛋什么的，卖给路人解饥饿。食品干净可口、价廉物美，按当时物价，仅几分、角把钱一碗（大米当时一角七分一斤）。亦有冷啖杯酒馆，下酒菜肴相当的平民化：炒胡豆、落花生、豆腐干、盐蛋、皮蛋、卤肉而已。喝酒的人，大都默默地想着自己的心事，谋划着如何挣钱填饱肚子。即使彼此交谈，也都是轻言细语、欲说还休。没有使酒任性的张狂，更没有划拳呐喊的喧嚣，那是一个刚经过疾风暴雨全面整肃的年代。

● **黄伞巷**

在统称作水井街的金泉街段、双槐树街段的南侧，像毛细血管一样，平行地向锦江方向伸出几条小巷：孙家巷、存古巷、大同巷、黄伞巷。内中，黄伞巷大有来头。据父老相传：清乾隆时翰林院编修顾汝修住此巷内，家有御赐黄缎伞一柄，小巷以此得名。然而民国《华阳县志·人物》予以否认，认为汝修未受此赐。

顾汝修是一位不应被遗忘的乡贤。汝修字息存，号密斋，成都府华阳县（管辖成都东城及东郊）人。乾隆七年（1742年）壬戌考中进士，点翰林，后升任直隶顺天府尹（管辖北京及京郊区县。治所在大兴）。有一年闹春荒，粮价大涨。朝廷为了平抑物价，发售平价米，分四门各发售米十五万石。每天来买米的人有七八千。由于顾汝修组织得好，"先为厘定章程，收钱发米，先后次序，无不井井有条，民人均沾实惠，口碑载道。"史书上说他"为人强毅正大，有古大臣风"。（《锦里新编》）

乾隆二十一年（1756年），他请假还乡扫墓，回到成都双槐树街南的小巷故宅：

才作还乡人，不作他乡梦。

亲友喧草堂，周旋事迎送。

问讯有存忘，喜报翻或痛。

当时素心人，晨夕朝与共。

新豆初破荚，宿酒特开瓮。

蔬蛙韭弄黄，竹林笋逆缝。

鸡黍纷相邀，订者如聚讼。

芳鲜日罗列，各为归客供。

……

诗歌生动记述左邻右舍对他的欢迎，极富于人情美。可是，刚刚住满两旬，一道圣旨颁来，要他出使安南，代表朝廷去对安南国王"册封"（当时安南是清朝的藩属国）。

当时，对代表皇帝出使藩属国的钦使极为看重。士大夫中间有"不能为帅愿能为使"的说法。为了"钦使"的威仪，皇帝特赐予一品官（顺天府尹为四品官）的绣有麒麟图案的官服，以及龙旗、御杖、裘马、珠冠（四十年后四川罗江李调元堂弟李鼎元出使琉球"册封"琉球国王亦享此殊荣）。由于时间仓促，颁旨之日，即令随从人员将珠冠、官服、龙旗、御杖奉送至成都会合，取水路出川转赴安南。

御杖即御用仪仗，内中就有黄绸伞盖。当这支撑有诏旨和冠服仪仗的队伍来到水井街顾府时，四川总督必偕川西道、成都府、华阳县恭候迎接。那情景定是人山人海、热闹非凡，"黄伞巷"便从这天起被民间命名了。

御仗威仪、黄伞高张，那是"钦使"礼制所然，其实顾汝修不喜张扬，是个淡泊名利的人。退休后，曾受聘掌教四川的最高学府锦江书院，造就人才甚多。他待人接物极为谦逊温和，优游林下二十年"小帽敝服，往来村市间，人不知为旧京兆也"。他著有《钓引编》《味竹轩集》等作品。

● 望江剧场

过黄伞巷不远，便是水井街了。街北，原有一座真武宫庙宇，因年久失修，到民国年间便已坍塌了。1950年6月，"民乐川剧团"成立。主要由"银联票社"川剧组的部分成员及流动艺人徐伟鸣、罗文彬等组成。"民乐川剧团"利用真武宫废弃的庙坝搭起竹棚，因陋就简敲锣鼓唱川戏。由于水井街口子是东门外的"回水沱"，留得住人，演出一直红火。1952年正式修建起一座剧场，命名为"望江剧场"。"民乐川剧团"也更名为"望江川剧团"，归属成都市东城区文教局领导。

由于当时文娱场所不多，艺术品种稀少，川剧几乎成了"一花独秀"，观众踊跃。望江剧场或为东门外民众的精神乐园，工农兵学商，男女老少，都喜欢看戏。夜场天天演，逢星期日加演三场，早、午、晚。不愁没有观众。

以望江川剧团为中心，四周饮食业、茶馆业逐渐兴起。等候看戏，等亲戚朋友，常常在望江剧场对面的小茶铺喝茶，茶客喝的是"溜溜茶"，泡两三开，匆匆走人。

老茶客却喜欢选择这一带最大的茶铺，名叫"映月"。铺面宽敞，屋宇又有"进深"，能安下几十张茶桌，容纳一两百茶客，茶客多为手艺人、商贩，或从锦江河上岸来玩的船工，淘河沙、卵石的工人。不少中年以上的妇女带着手工活儿，邀邀约约，来这里围一桌，边喝茶边摆闲龙门阵、街巷新闻；嘴里说三道四，手中或勾网子，或织毛线，或纳布鞋底，从从容容，消消停停，休闲干活两不误。

望江川剧团的剧目、演员，必是茶客的重要话题。有一年，望江川剧团到重庆巡回演出归来，在剧场门口用玻框展览演出《红楼梦》的照片。照片小，人又围得多，太君老娘们挤不拢去，又极想知道"本地新闻"，便选派两位年纪轻、手脚麻利的小媳妇去"打探"，她们仍坐在"帐中"（茶馆）等听消息。

不一会儿，小媳妇奔回"禀报"："国家副主席董必武来观看了'我们望江'演的川剧……"另一位抢着"补充"："'我们望江'当家小旦李素彬演《红楼梦》，苏联专家上台跟她合影，好安逸！啊，不只是苏联专家，还接待过波兰、德意志、保加利亚、匈牙利的外宾……他们与剧团休戚相关，他们对演员敬重而亲昵。太君传令：今晚都去看《红楼梦》！"说罢小心翼翼地从荷包里掏出几张已经购得的预售票。

冬日苦短，当马力不足的昏昏电灯刚一拉亮，"望江"的锣鼓敲响了，茶客们戏呼之为"唤狗锣"，唤出一大批戏迷拥进"望江"。大茶馆顿时门庭冷落。茶倌们抓紧时间收茶碗、扫瓜子壳做卫生，准备迎接下一批喝夜茶的客人。

● 名教授

看"望江"川剧的不只是国营厂矿工人、工商业者、船夫运工，以及家庭主妇、婆婆大娘，内中还有几位颇负盛名的教授、学者。

就在"望江"正对面有一座精巧的小院，是四川大学的一所教职工宿舍。居住在这个室外有大小天井，室内有木地板、天花板的宿舍内住着蒙文通、林如稷、任二北等教授。

蒙文通先生，四川盐亭县人。父亲蒙君弼，为盐亭县"禀生"（秀才中的优秀者，每月奖以官银若干）。伯父蒙裁成，晚清名儒，曾被李劼人写入《大波》之中。文通先生幼承家学，后来至成都进入四川省城高等学堂附属中学，与郭沫若、李劼人、周太玄等是同学。1924年南走吴越，曾拜谒国学大师章太炎，与谈今、古文之变。后入佛学大师欧阳竟无所办之"支那内学院"，研习佛家哲学，与同窗好友汤用彤、熊十力交游，学问精进。1933年执教于北京大学历史系，与汤用彤、钱穆共事，三人切磋学问，"竟夕未寐、曙光既露，而谈兴未尽"（钱穆《师友杂记》）。

抗战军兴，蒙文通回川，任川大教授。先后写成《周秦民族史》《中国史学史》《古地甄微》等著述。

20世纪50年代，蒙文通先生在川大讲授元史。先生中等身材，较胖，是一位美髯公。整洁的深蓝色中山装上，银须飘拂，俨然仙风道骨。先生是位雅俗共赏的达人，有次抛开讲稿大纲，在课堂上盛赞他家对门望江川剧团演出的《王华买父》既新颖又深刻：皇帝扮孤老访贤，插草标自卖。樵夫王华怜之，将其买回侍奉。皇帝察觉王华心灵纯美，但生活拮据，乃送以宝珠，王华持珠典当，县官诬以通匪而夺珠，并拘捕孤老入狱。事为丞相得知，入狱见驾，恶徒受惩。蒙先生把这出戏和儒家的"民为邦本"的思想和佛教的惩恶扬善理念联系起来，总结出"来自民间的川剧，其剧目大都具有人民性"。

与蒙先生结邻的林如稷先生，则是清癯古貌、文质彬彬。先生是资中人，1919年五四时期，他在京、沪求学。他于1921年约集京沪两地的文学青年陈炜谟、陈翔鹤、邓均吾，组织了文学社团浅草社，创办《浅草》季刊。他们的文学创作，曾受到鲁迅的赞扬。他又远涉重洋，赴法兰西留学，如饥似渴地吸收西欧先进文化的滋养。1930年回国后，在坚持创作的同时，还翻译了不少外国文学精品，其中有左拉的代表作《卢贡家族的命运》。

抗战爆发，林如稷于1937年8月离京回川。先后在四川大学、光华大学任教。20世纪50年代，任川大中文系主任，兼任成都市文化局副局长。因之，几次川剧剧目鉴定工作，他都付出了心血。望江川剧团近在咫尺，每有新剧目（如《李秀成》《金田起义》等）他都责无旁贷地去看戏，并提出中肯的修改意见。1957年为准备成都市川剧团首次赴京演出，林如稷还应李宗林市长之约，参加过川剧传统剧目的剧本加工。他还创作了反映川东乡土题材的电影文学剧本《西山义旗》。

居住在水井街川大教师宿舍的任二北（中敏）教授身体很健壮，人不高，很敦实，走起路来像小跑，脚下蹬出声音来，"人还未到，足音先闻"。任二北先生由于曾经担任过胡汉民（国民党右翼首脑）的秘书，长时期未安排讲座，因而有更多的时间从事伏案工作，1950年代出版《唐戏弄》等专著，发表了颇有影响的研究敦煌变文的论文。

二北先生喜欢饮酒，有时酒醉微醺，便扶醉入梨园，过街进入"望江"，欣赏巴歌俚曲，以与他心目中的古曲雅音相对照。1980年代，先生被调到北京，任中国社会科学院文学研究所研究员，后以气候不适，请调回故里江苏，任扬州师范学院教授。

● **唐火神**

水井街上，有一位儒医唐步祺。步祺先生是四川荣昌人，潜心医术，经验丰富，善用"扶阳"类热性药品（如生姜、附片之类），味少而量重，被人称为"唐火神"，尤精于治疗中老年人虚弱病症（亚健康体质）、咳嗽、哮喘、虚痨慢性病等。他用药精，颇享盛誉。先生既明医理，又多实践，后来陆续写作出版了《咳嗽之辨证论治》《医理真传阐释》《医法园通阐释》《伤寒恒论阐释》等专著。1980年代以后，"唐火神"应邀去德国治病，由于疗效显著，很在德意志"火"了一把，还收了一些碧眼金发的女弟子传授中医药学。后来水井街拆老街，唐先生迁至交大广厦小区，依旧有患者老远地驱车来求医。

● **水井坊**

　　水井街、水津街、金泉街，都因水而取名，因此地自古以来水质很好，有"清泉珍贵如金"的记载。水好宜烤酒，六百年间，全兴酒坊在这默默奉献出佳酿琼浆。

　　明末清初的战乱，成都受害惨烈，全城毁于一旦，虎豹横行，城东一带亦是一片废墟。清康熙四年诏令移民入川，继后成都重修城坊，恢复元气，城东又趋繁荣。老井新泉，重被利用，全兴酒坊又恢复生产，1950年代，在"望江剧场"斜对门便有全兴厂的曲酒生产车间和售酒的铺面。整日酒香飘散，异醴芬芳。

　　1998年全兴酒厂改装天然气输气管道，招民工挖沟，挖至两米深处，发现酒坊遗址。1999年春，报经国家文物局批准，由省、市文物考古单位在厂方的大力协助下进行发掘。随着发掘的深入，奇迹不断涌现。

　　在水井街酒坊遗址，惊现了三座"晾堂"——用于拌料、配料、堆积和前期发酵的场地，"晾堂"依次重叠，始建年代分别属于近现代、清代和明代。同时掘露出酒窖、灶坑、蒸馏器基座等酿酒遗址，还出土了数百件陶瓷酒具等遗物。水井坊当即被评为1999年全国十大考古新发现之一。后来又被国务院列为"全国重点文物保护单位"。水井坊遗址因其具有丰富的酒文化资源，被评为"最古老的酿酒作坊"，载入世界吉尼斯名录。

老成都的叫卖声

罗亨长

　　举凡经商者，其商品欲要人们知道，接受购买，往往需通过一种或数种媒介手段，才能达目的。这规律，大小生意皆然。

　　当年，成都少城的小吃经营者，深谙此道。少城卖马蹄糕的（又叫梆梆糕。马蹄糕因形而名，梆梆糕因声而名），不用口吆喝，而用一截楠竹片击打竹筒，发出"梆梆"之声，作为宣传媒介，既清脆又能播远，效果极佳。当人们第一次听到"梆梆"之声时，或许有点诧异，那人在干什么？听惯不惊了，便知晓是推销马蹄糕的。时日一久，妇孺皆知，童叟明白。所以，在屋头玩耍的儿童，一听见此种声音，便条件反射，嚷着父母掏钱去买那梆梆糕吃。

　　初夏，成都还不算炎热，近郊地里的玉麦和田埂上的黄豆次第成熟了。

一些知道抓住机遇的村嫂们，便来少城走街串巷，兜售熟玉麦和毛豆角。她们穿的"对门襟"衣裳干干净净，头发也梳得光光生生；左手挽一个装有熟玉麦或毛豆角的船形竹篮，上面盖一张双层阴丹蓝布或洁白的厚毛巾，右手提杆小秤，挨家挨户小声唱了起来："买玉麦，买熟玉麦，买热热的——熟玉麦啰！"接下来，另一个村嫂亦念念有词："买毛豆角，新鲜的毛豆角，五香盐煮的毛豆角哦！"大约每隔两三间铺面，如此这般轮流，反复吟唱。这叫卖的声音令人愉悦，仿佛是从川西坝子特有的林盘头，或从清清的堰河水边飘来的咏叹调，给初夏阳光照耀下的少城，抹上了一层淡淡的绿意。

那时，少城公馆所在的小街小巷行人不多，闲适宁静。个别年轻的妈妈便抱着孩子，来到自家公馆门口，坐在有靠背的矮竹椅上逗乐。她搂着娃儿从自己的怀里一仰一合地唱道："扯锯，还锯，家婆门口有本戏，请外孙，去看戏，没得啥子吃，吃个牛肉包子夹狗屁——屁、屁、屁、屁、屁、屁……"逗得那还没有牙牙学语的娃儿脆生生哈哈笑。卖熟玉麦的村嫂，便机灵地从篮子中拿出一小捧嫩晶晶、黄灿灿的熟玉麦，递到那年轻妈妈面前，说："没得啥子吃，吃这个？"住少城的成都女子最爱吃"过街店"（吃了街这边的又吃街那边的）；面对送到嘴边的，又是一年一度才能吃到的好东西，当然会毫不迟疑地买上两三包，甚而再称上斤把毛豆角。她晓得嫩玉麦养人，五香味诱人。

那时，我家住在长顺上街与东胜街交会处，左侧有一棵高大的、枝繁叶茂的泡桐树。夏季，约莫上午11时，便有一个糖豆花，和一个麻辣豆花挑担停在那树下。卖豆花的姓李，眉宇间给人一种祥和之感。他身穿阴丹士林长衫，头缠漂白布帕子，与老照片上磨豆花的人打扮一模一样。

"李豆花"也不用吆喝。他的扁担后半截挂有一个盛大半桶清水的小木桶。他把一副盛豆花的碗匙沉在桶底，将右手潜入水中抬起碗匙，用大拇指轻压匙柄，那"多、多、多"的声音便响出水面。这声音的原理，类似于《桨声灯影里的秦淮河》所描写的桨橹从河水中一入一出的声音，所以，很独特，有韵味，有情趣，极易招揽食客。可以说，这声音是"李豆花"的同义语。他这种宣传方式和技巧是很独特的。

少年好奇，我常去观察他摇碗匙的动作，细听那从小木桶中"升起"的含有浪波的委婉的"碗音"。我常时不时地提了他的小木桶，回家为他换上清凉水。于是，我的麻辣豆花上的油酥黄豆总要比别人多一些。我吃完麻辣豆花后，便给父母各端一碗糖豆花让双老解渴。我双亲都是会做、会吃、会品味的人，吃罢连连称赞："李豆花太好吃了！"

但愿像李豆花这样的名小吃和他们的"叫卖声"，在成都重现！

一个人的茶馆生活史

张哮

大约在 40 年前,我就跟着父亲在凌晨 5 点去澡堂,泡澡,喝早茶,这算是我与茶馆最早的结缘吧。在后来的几十年光景中,我有幸一直生活在细致的茶水里。在茶水里浸泡的人生有个好处,就是可以让茶水冲淡生活中诸多的不合时宜。充满暖意的茶水,总是盛满时光的美妙!

● **茶香与呼吸**

成都是一个慢节奏城市,你漫步于大街小巷,随便抬眼一望,就会看见家家的阳台上多少都栽有一些花花草草。你在慢下来的城市里,可以找到很多档次、大小不一的茶馆或茶铺来。我特别喜欢去那种古老的小巷吃茶,尽管茶不一定好,但你在这样的茶铺,是不会去挑剔茶的质量的。在那样时光缓慢的小巷里,在一间极普通的茶社,独自一人在那些种满植物和花草的茶铺里,在一棵不大的树下,把自己交给清香的茶水,让本来就淡泊的日子透出几分清明来。我喜欢在吃茶的时候观赏那些就在眼前的花草,要是刚下过一场雨的话,那些花草就会显出生机。每当这个时候,我就会出神,就会把自己置身在这座城市不太多的古老小巷的往昔时光里,想象着自己身穿长衫,在一个悠长的梦里寻找着什么。

平时，和生活在这座城市里的人一样，我喜好饮茶也喜欢种花。在茶色清明的每一天，我都把简单的自己融入这座到处有茶香和花香的城市。生活在这样的城市里，我如鱼得水，在家里种植了大量植物，打理花草是每天的事情，就像每天饮茶一样。

这座城市，有着数量众多的茶客。他们整天什么也不做，只是散坐于各个风格不同的茶铺或茶楼里消磨时光。他们的眼睛里是翻来覆去看过不知多少遍的报纸，是路上让他们眼前突然一亮的美人。他们在喝茶时的表情各不相同，有的不厌其烦地看着报纸上过时的新闻，有的抱着一本永远也读不完的书，有的与邻桌天南地北瞎吹，有的干脆就闭目养神。我曾经一度想做一个茶客，连续很长一段时间，骑车去很远的西门上的一个大茶铺。那里幽静极了，喝茶的人很少，但都是常客。在那里喝茶，你听不到大街上喧嚣的噪音，你被各种植物所包围着，你根本就不想离开那样的茶客生活，那是一种自在、悠闲、适合写意的生活方式，清香的茶水会将一切冲淡。

用成都一帮资深老茶客的话说，他们都记不清喝垮了多少家茶铺。我或许没有他们那么长的喝茶历史，但也有三十余年了，能够让自己记住的还是那些简单、有生活气息的茶铺。

● 已逝的青石桥茶馆

青石桥花鸟市场的形成，是几个种花农民自己推着车叫卖，慢慢地就在那里固定下来了，这就是最早的青石桥花鸟市场，自然形成于20世纪70年代，到80年代开始活起来。

当年的青石桥是我最喜欢去的地方，因为那里不光有很多接地气的茶铺，也有喜欢的各种植物的香气。因为花鸟市场紧邻锦江宾馆、岷山饭店，所以偶尔也还会有在那里喝茶的老外。有时他们在茶铺坐下来，像一个地道成都人那样喝茶，这也是他们了解这座城市最好的方式之一。

2007年11月11日，青石桥拆离前花鸟市场和现在原址的花鸟市场相比，真是不可同日而语。当年的青石桥，具有这座城市的特有味道，散布在花草上的晶莹露珠盛满柔软，温暖着茶客。

● 在大同巷

最先去大同巷喝茶还是一位诗人过生。去了才发现居然离家那么近。在林立高楼间，很少有人会想到那些青砖瓦房、错落的小巷会悄然存在于此。那个茶铺，是在两条小巷的路口，看上去有些破烂，但极有人情味。那天去的人很多，在茶铺喝茶，也在茶铺吃饭。而且是地道的家常菜，随意、简单，又很实惠。

那次去过之后，几乎有时间就泡在那间茶铺，甚至有一年大年初一也和朋友在此喝茶。有一法国朋友李安，他就住附近，也常一起喝茶，他拍了很多那里的照片。他用相机记录下的平常百姓的平常生活，非常有价值，现在那里已被两座大酒楼所取代。

我自己常独自一人在那里喝茶，也能听到很多新鲜或老的龙门阵，都非常有意思。那家茶铺的主人是个性情中人，摆了个烟摊，但卖不卖只看心情。有一次，一个人去买烟，说："买包烟。"他根本就不理那个人，那人连说几声买烟。最后他终于说话了，他说："人都不会叫，不卖。"最后硬是没有卖给那个不懂礼貌的人。

对一个茶客来说，能在冬天晒太阳是很幸福的事情。在那样的茶铺里，细致的茶水浸泡缓慢时光，穿着一身布衣的我，动作细微，只是怕惊动光线的轨迹，而心透过另一些人看见自己。

那天，我在李安家喝他家乡的法国野花汤时，还提到那一起喝茶的大同巷茶铺。我们都喜欢那种极具生活气息的地方，看上去尽管有些破旧，馆子也是成都人说的那种"苍蝇馆子"，但人一坐下了，就立即融入市井中。在那样的地方喝茶，可以让自己很自在、欢喜。

● 东方茶楼

东方茶楼在红石柱街和镋钯街之间的民国老建筑里。红石柱街，因存有古大慈寺前华表六棱红砂石一段，得此街名。而镋钯街曾是古大慈寺僧人练武放置镋钯的地方，后因以为街名。大同巷拆迁后，我们这些茶客必须另选地方，刚好一朋友散步，无意中发现此处茶楼，于是我们这些茶客总算有了一个比较满意的喝茶之地。

在朋友告诉我的第二天，我就迫不及待地独自去了那里。进门就能看到二层砖木结构的房子，两边各两间厢房。中间是一爬满牛马藤的院子，茶客们不是在下面喝茶，就是在房间打牌，在这样的地方喝茶与大同巷相比另有一番味道。这个茶楼常年有一群川戏票友，喝茶、打牌，偶尔也唱几段川戏。

记得一个下午，阳光斑驳的光影洒满整个院落。在这样一个宁静时刻，茶楼的院子里没有多少茶客。与我邻近的茶座上，坐着一位气质高雅的老太太。在后来的交谈中，得知她已八十五岁，但看上去比实际年龄小很多。她告诉我每天都诵读《金刚经》。由于这个原因，她活得很健康，子女也很平安、成功。当时，我儿子还小，她看到我儿子的照片后，很是喜欢，一定让我送给她，于是，我把儿子的照片送予了这位素不相识的老人。此后在茶楼里，我再也没有见到过这位老人，只能默默地祝福老人家。

● **茶客和他的茶铺**

　　近年，城市常常大兴土木，所以我喝茶的历史，也是不断寻找茶铺的历史。除了周末在东风大桥和东门大桥之间的天然居固定不变的茶聚外，偶尔也在其他茶铺散喝一下，比如"小秦淮"。听说"小秦淮"是一位诗人取的名字，当然此"小秦淮"非彼"小秦淮"，因为，这里少了些许的脂粉气。这里有两岸的小叶榕枝繁叶茂，有楼台亭阁，有成都茶铺传统的竹椅子。在这样的"小秦淮"喝茶，看阳光从树叶间泻下来，和朋友聊天，即便是独自一人也能感受到另一种味道。

　　在位于东风大桥和东门大桥之间，有一处暂时还没有被拆的老房子门前的树林，那就是我现在常去喝茶的地方——"天然居"。每到周五晚上，或是其他有空闲时，都会和朋友在天然居喝茶。这里紧邻河岸，可以看巨大的榕树上南北来往的鸟，可以听茶铺里各种龙门阵，当然有时也会让自己有写诗的冲动，比如《在河边喝茶》：

一把发黄的竹椅
一些树叶中透过的阳光
一种好的心情
最后被一杯清茶安顿
一些蝉鸣
一些周围听不清的话语
一些人在眼前来去匆匆
某些人在脑海不断闪回
都被一种取舍安顿
这样的取舍
无论是否善巧、方便

（张哮，作家，现居成都，出版有《张哮文集》《张哮散文集》）

成都井

赖 武

随着时代和生活的急剧变迁,曾经水盛井多的成都人已适应了没有水井的日子。2002年夏天,我几次去了向明巷(内有三口井)六号杨家院子。那里最让我流连的是院中有口打得出水的老井,井台周围是土地,有树,有草,有青苔。后来这口井也消失了。念着它的消失,跟想起已然没了影踪的情人一样,令我懊丧。在人们都使用井水的时代,谁会料到与浮世人生那么亲密的井,会落到如此地步,而今天又有多少人挂念着它的存亡?

● **家家都依赖水井的日子**

走进窄巷子33号门洞,见碎瓦烂土堆上有个外方内圆的石井圈,边长约3尺,内圆孔径约2尺,有高约15厘米的凸起的井沿,沿口磨损很凶,不晓得年深好久了。这是以前打好井后,必然要嵌在井孔上的石井圈(俗称"井箍")。我向院里一个正在搬土坛子的婆婆打听这石井圈是从哪儿弄来的,她说不晓得。这个院里住小洋楼的人已经搬走,相邻的东侧,有些老房子拆成了光架架，西侧新砌了护墙的院子，也在拆除之中。我一下联想到老街巷中老井的命运，各种相关的记忆一下子浮现出来。

成都自古地下水丰富，水井多，地卑湿。老成都人对水井的印象是深刻的，因为在有自来水之前，几乎家家都依赖水井过日子。1951年，我家从忠孝巷搬到上南大街25号巷子里住，一直住到1970年代。那之前的岁月似乎都与水井分不开。25号里共有6个院坝，祥堂的门斗儿有4个，其中有3个院坝里有水井。我家住附1号院，没水井，常到附3号院里去挑井水，斜对门附2号院里也有水井，但从没去里面打过水。妈说附3号院的井水好，能吃；附2号院里的水不好，大家都不去那儿打水。再说，附2号院门斗儿的大门槛二门槛太高，挑水进出不方便。

20世纪60年代之前，成都市井百姓家普遍吃井水；当时的河水（指岷江分流绕城的水）很干净，但城里人多半不可能雇请挑水夫去担，一是远，二是贵。挑水夫在老成都是一种专门的职业，既挑河水，也挑井水，挑河水比挑井水要贵很多（据载，清末井水一挑2文钱，而河水一挑16文钱）。后来有自来水桩，挑水夫也给街户挑自来水。为茶铺挑水，一般是包月，住户则多临时喊，因为每条街都有挑水夫。

我家隔南门大河（即锦江）两条街：中南大街、下南大街，再穿过南门城门洞，好几百米远，基本上不可能自己去挑河水吃。我奶奶只在偶尔要点豆花时，才雇挑水夫。她说点豆花，非得要河水点的才好吃。那时，豆花儿一年吃不了几次，都是有客人或过年过节才吃，是奢侈品。在自家院子里用小石磨推泡涨了的豆子，在柴灶上煮，做出来白生生的，用更洁净的河水是当然的。我爸说，成都的井水吃多了并不好，因为含盐碱重；此外，成都的水井一般都不深，即地下挖个两米多便见水了，容易与地面或阴沟渗进的污水混合。所以，富裕的家庭或生活讲究的人家多半不吃井水。

水井这个成都人与大地灵性相接的管道已被堵塞了。

成都人历来爱喝茶，坐茶铺可说是除了"好吃"之外的第一大嗜好，故其他可以随意，泡茶的水却不马虎，一定要河水而不用井水。清末学人傅崇矩就说过如用"井水烧茶，水面必有油垢一层"，因"味咸而恶"，故"不可烧茶"（《成都通览》）。城内井水口感不好，败茶味，爱喝茶的人一沾口就品出来了，所以，城里茶铺基本上都烧河水泡茶。这河水是城外（过去称城垣外即城外）都江堰那头分流过来的岷江水（即今称府南河的水），而不是城内御河、金河水，因为城内的河都是市民排污和下雨的混合水。

过去茶铺都有老虎灶，有很大的水瓮子，并雇挑水夫从河里挑水。市井巷院的百姓也多习惯去茶铺打开水来吃。李劼人在《大波》中描写清末成都茶铺，为了告诉市民茶客本店用的是河水，"都要在纱灯上用红黑相间的宋体字标明是河水香茶"。这种情形久而久之使成都居户户无意中形成了茶铺打的开水比自家烧的好吃的印象。及至1960年代，我爸都还常叫我提茶瓶去"利宾宴"（一家著名馆子）那边一家茶铺打开水。虽然那时，成都街上已有自来水桩，我爸却说，老虎灶上铜壶烧出来的水吃起舒服。

成都井水不好喝，但市民却须臾离不开井水。过去在没有自来水时大多用井水煮饭，日常生活中淘菜洗衣及打整房外屋里清洁卫生等都要用井水。按《成都通览》统计，清末成都城内共有水井2515眼，该书还统计当时成都城内街道438条，加上少城内59条街巷，总共497条，算下来平均每条街巷有5个多井。听宽巷子的老宋说，以前，这条街上的井不下十口。有不少井在深院里，也有在街巷上的。如我家曾住过的忠孝巷里有口井，相连的南灯巷也有口井，各院子里的人都出来在外头提水或挑水。我家住南大街时，最近的粮站在中南大街过去的二巷子（与文庙前街相对），肉架子（猪肉店）、国营蔬菜店也在那条街口子或附近，我常去买米打清油买豆芽等，就看得到距巷口十多二十米远的双眼井。那井两个眼，但下面的井却是一个，很大很深，看下去有点吓人。当时在街巷外面的水井，多立根很长的竹竿在旁边，底下竹节瘿儿处挖了个方孔，方便拴桶绳提水。若水井是在院子里，有的会放一只专用提水桶。

在吃井水的年代，人们想办法让水更干净。除了"禁止井旁淘米洗衣倒污水"一条不成文的规矩外，就是刚打出井的水，挑回去都要加少许白矾（即明矾），让水澄清，实际起到杀虫、消毒的作用；另外是烧开两次，第一次烧开后晾冷，同时澄清泥垢，再烧开，这种方法由来已久，同样是为了有效杀菌，据说水的味道会更好；还有一种让井水干净的方法——淘井。井用久后会淤积污泥，淘井就是把井底的淤泥挖出来。旧时市井有专干这一行的人，在清末《成都通览》"七十二行现相图"上便有"淘井挖泥"工的图像：肩扛一根竹竿，手提一只木桶，打光脚板儿，穿半截裤。这与宽巷子老宋给我摆起的他亲眼看到的淘井师形象一样，他说竹竿头上还绑了个铁钩。经常到井台上打水，平日里娃娃们爱在井台边耍，难免不掉进各种小东西，如刀剪、钱币、钢笔等。老宋说，那时的淘井师不管在井里淘出什么值钱的东西都不得要你的，一定会交出来给主人家。

从不吃井水到不用井水，甚至到没有井的日子是什么时候来的，怎么经历的，今天的成都人已经很模糊了。按过去的旧说，成都的自然之水有三：河水、井水、堰塘水，后来又有了自来水，即经过人工处理的水。但自来水的诞生并不是井水停止使用之时，就像流行"河水香茶"之时，人们仍然依赖水井度日一样。只有当市民陆陆续续搬进楼房，大水缸砸了，水桶挑子干罐了，才是成都人告别水井的开头。

大部分老街尚存之时，即使自来水管都已通到了每个巷院，仍有居民不时打自家院里的井水用。在普遍使用水龙头的时期提井水，也许会特别感受到大地的恩赐，在井口俯身的刹那间，从井里看到自我（我们小时候是很爱俯身井口，通过井水照自己身影的）的同时，在内心深处隐隐地牵挂着往昔的悠悠岁月。

再后来，地下水下降，井水枯竭而成干井，成都人才彻底地告别了水井。水井的命运是同老街巷里的市井人生相始终的。地下水下降，水井干涸，许多院落或加盖或填塞（怕小孩掉进去），但井还在，即使枯了，人们总可以看着它想起那平凡而亲切的往昔生活。但老街巷拆除后，水井消失了，人们的记忆无所依托，这样一个城里人与大地灵性相接的管道似乎永远被堵塞了。

● **古井的追忆与传奇**

在水井同成都人密切相关的年头，以井称街是再自然不过的事，其中还多有些说头。

著名的水井街，原先老发生火灾，街上居民遂供火神，建荧惑宫（即火神庙），又多在院坝里打井并在大门上钉"井"牌，故称水井街。

双眼井，即正通顺街，因井在街边，方便居民用水，后以双眼井称本街。因巴金故居在本街，此井保留至今，作为见证巴金所居成都之遗迹。

少城的井巷子，巷内街沿上有水井一口，井旁石碑上刻："此井乃康熙年间满蒙八旗军驻防成都时饮水而凿，地处原少城明德胡同清军营房前。辛亥革命后因巷中有此井，改名为井巷子。"

诸葛井街（东锦江街）上有传为三国时诸葛亮所凿双眼井，明嘉靖年间还建有诸葛井祠。此井很神，"自上观之，只见其三边，更一边不知其际涯也""俗传有人入井，闻其中有鸣声"（《方舆胜览》）。本街上的人都说诸葛井通锦江，故有锦江街、诸葛井街之称。明人说此井"中虚方丈，深二丈，口径尺许，精工坚固，非俗工所能制"（《诸葛井祠记》）。诸葛亮治蜀，有口皆碑，以一井托其名，自然无人怀疑。据说武侯祠侧开锦里一条街，街中则移有"诸葛井"一口。

北门铁箍井街，因街上有铁箍水井而得名；东门铜井巷，巷内有井底铺凿眼铜板的水井，故名。铁箍井街和铜井巷都是清时街名，街上或相邻街上有龙王庙，民间传水井为龙王之眼。

北门的大井巷（与线香街相连）、大井口（青龙街的岔巷）都因有大水井供街上人饮用而得名；南门还有一条凉水井街，因街上古井水质清凉而传为街名。

以上所列有些已作为有特殊意义的文物保留下来，如正通顺街的双眼井和井巷子的井；有些则因老街格局已变而从此湮没无闻，如大井巷与大井口。

● **传奇古井**

今天，成都最知名的古井莫过于望江楼的薛涛井，"古井澄千尺，名笺艳一生"（清张文陶《游薛涛井》），盛传唐才女薛涛用此井水创制出供题诗作的深红小彩笺，世人称"薛涛笺"。其实，按宋人所记，薛涛家住百花潭，那里水好，故造纸尤佳，是唐宋时蜀中造纸业的中心所在，因为"浣花之人多造十色彩笺"，薛涛也能借此创制色彩鲜艳的笺纸而名声大噪。不过，薛涛井（旧名玉女津）紧临锦江，水质极佳，明代蜀王府确曾用此井水仿制薛涛笺。后人也是钦服薛涛的才气与诗名而乐于把玉女津称为薛涛井（传薛涛坟即在望江楼侧，郑谷诗曰："小桃花绕薛涛坟"），如此可以长久满足人们对风流遗迹的追慕之情。

到清康熙三年（1664年），成都知府冀应熊书"薛涛井"石碑，其后再陆续围绕其井建浣笺亭、吟诗楼、濯锦楼、崇丽阁等，遂成蜀中一大名胜。现在薛涛井上加了石盖，但据窥视过薛涛井的人说，其内部比常井大好几倍，而且，无论如何干旱，井内之水，离井口不过一尺多，取之不竭，更远比紧临的锦江水味道好，清冽异常，说是井内通泉眼。

据载，原皇城（明代蜀王府）内还有一口铜井（非铜井巷的铜井），清代每三年在省城举行一次的乡试期间，薛涛井不准其他人饮用，专供朝廷派来的考官们茶水之需，并派身带腰牌的人员驻井监视或沿途监督挑水夫送水到考场（《蜀游闻见录》），而学子们饮的却是皇城内"卤毒甚重"的铜井水，考棚里的泥井水，更是腥臭不堪。

蜀王府萧墙内，还有口"菊井"，明人诗咏"蜀国秋香秋气清，黄花古井溢金精"，为成都八景之一，名"菊井秋香"。到明末，蜀王府成了张献忠大西国的皇宫，张撤退时，一把火把蜀王府烧得一干二净，清人遂写出"井花清冷无人汲,留得丹心万古寒"的诗句来"哀蜀藩"(张象华)。

北侧通井巷子的西胜街,为晋代龙渊寺故址,唐改名空慧寺、圣寿寺,明代改称石犀寺,寺内有两样宝物,一是传为李冰凿二江所遗之石犀,二是大殿上的龙渊井,据传该井与海相通(《蜀中广记》)。清代建满城时,在寺址上建管理兵、刑、工三部的右司衙门,清末又在其址建尊经书院,及至民国,作为古迹的龙渊井尚存。

传得神的还有旧天庆观里的"三台井",说是隋文帝梦到三台星陨落于西南化为井,遂派人寻访,没有找到。有个叫冯善英的道士修池,却发现有三口井,打这口井的水,另两口井的水也动。这种传说源于《晋书·天文志》所载:"三台星坠于蜀,化为三井。"不过,后来城北确有三井桥之名(《蜀中广记》)。如今,这神奇的三台井与龙渊井同样故迹难寻了。

1930年代的春熙路　和习联 提供

民国时的成都城楼 和习联 提供